KB260787

어느 철학자의
농활과 나누는
삶이야기

어느 철학자의 농활과 나누는 삶 이야기

김성한 지음

연암서가

참된 봉사활동이나
봉사 리더를 꿈꾸는 분들께

사랑이란, 배려와 관심 속에서 경작되어지는 끊임없는 정성의 산물입니다. 사랑의 가장 큰 걸림돌은 무관심입니다. 무관심은 폭력만큼이나 무서운 적입니다. 생활 속에서, 사랑의 여린 싹이 잘 자라도록 항상 배려와 관심을 놓지 말아야겠습니다. 지금 부드러운 서로의 두 눈을 바라보세요. 감싸 안고픈 관심이 우러날 것입니다.

— 신영복, 『감옥으로부터의 사색』 중에서

들어가는 말

내가 이 책을 쓰기로 마음먹은 것은 크게 세 가지 이유 때문이다. 하나는 사람들이 우리 농촌에 관심을 가지고 직접 농촌을 위해 무엇인가를 하기를 바라는 마음에서, 다른 하나는 더욱 많은 사람들이 올바른 사유를 바탕으로 실천하고자 하는 의지를 다지고 하루 빨리 주변 사람들을 이끌어 나눔의 실천에 나서길 바라는 마음에서, 나머지 하나는 실질적으로 도움이 되는 봉사활동이 이루어질 수 있도록 학교, 종교 단체, 기업 또는 공공 기관 등이 기부 작업장이나 기부 아르바이트 센터 등을 만들었으면 하는 바람에서다. 물론 이렇게 이야기하는 나 자신이 얼마나 열심히 나눔을 실천하고 있는지는 잘 모른다. 그럼에도 내가 분명히 말할 수 있는 것은 나같이 평범한 사람도 조금만 궁리를 하면 참으로 할 일들이 많고 나눔을 실천하면서 살아갈 수 있다는 것이다. 이는 공연한 이야기가 아니다. 나는 소위 말하는 실천가가 아니며, 그저 학기 단위로 학생들과 농활을 가고, 거기에서 인연을 맺은 학생들과 작은 실천을 하는 사람일 따름이다. 나는 연구와 교육을 하면서 틈틈이 조그만 나눔을 실천하는 사람에 지나지 않는다. 하지만 나처럼 특별난 것이 없는 사람도 조금만 생각을 달리하면 의외로 많은 일들을 할 수 있으며, 잘만 하면 그 파급 효과 또한 적지 않을 수 있다. 나는 이러한 생각을 많은 사람들과 공유하길 원하며, 때문에 별로 내세울 것이 없으면서도 용기를 내서 책을 쓰게 되었던 것이다.

사회적으로 명망 있는 사람들이 글을 쓸 경우 그 글을 읽는 독자들은 '이래서 유명 인사구나'라는 생각을 하면서 자신과 그 사람의 삶을 분리시키고 그저 찬탄하는 데 머물기 십상일 것이다. 하지만 자신과 별로 다를 것이 없는 평범한 사람의 글은 많은 사람들에게 '이런 사람도 하는데 나라고 못해?'라는 자신감을 줄 수 있을 것이다. 나는 보통 사람이 쓴 이 책을 읽고 많은 사람들이 용기백배하여 나누는 삶을 살아가길 바란다.

이 책은 나의 실천[1]에 관한 사유, 그리고 이를 기반으로 한 구체적인 실천의 여정을 담고 있다. 책에서 나는 내가 왜 실천에 관심을 가져야 한다고 생각하는지, 실천에서 유의해야 할 사항이 무엇인지를

---

[1] 실천이 의미하는 바는 여러 가지일 수 있다. 이는 소극적으로 '~을 하지 말아야 한다'고 생각하여 무엇인가를 하지 않으려는 것과 적극적으로 '~을 해야 한다'고 생각하여 무엇인가를 하는 것으로 나누어 볼 수 있을 것이며, 소극적 실천과 적극적 실천 또한 각각 여러 방법으로 분류될 수 있을 것이다. 내가 이 책에서 말하고자 하는 실천은 소극적인 실천이 아닌 적극적인 것, 구체적으로 어려운 이웃과 함께 나누는 것을 말한다.

말하고 있으며, 이를 바탕으로 어떤 실천을 어떻게 하고 있는지, 그리고 더욱 많은 사람들과 생각을 공유하면서 실천할 수 있는 방안을 모색하는 과정 등을 서술하고 있다. 이 책의 내용을 소개한다는 의미에서 지금까지 내가 겪어 왔던 사유와 실천의 여정을 간단하게 정리해 보도록 하자.

윤리학을 전공하는 나는 공부를 하면서 자연스레 나누는 삶의 문제에 관심을 갖게 되었다. 윤리학에도 다양한 분야가 있지만 특히 나는 이러한 문제를 윤리학자들이 어떻게 다루고 있으며, 종교에서 어떻게 파악하고 있는지에 관심이 많았고, 이로부터 어떻게 사는 것이 올바른 것인가에 대한 영감을 얻을 수 있었다. 구체적으로 나는 종교로부터 내 자신에게 돌아올 바를 기대하지 않고 이웃을 사랑하라는 헌신의 정신을, 공리주의로부터는 최대다수의 최대행복을 도모해야 함을, 그리고 그렇게 하기 위해서는 나 혼자만의 실천에만 머물러서는 안 되며, 내 능력이 닿는 한에서 최대한 많은 사람들의 실천을 이끌어내야 한다는 것을 배웠으며, 칸트로부터는 모든 사람들이 온전한 인격체로 살아가게 하는 데 힘써야 함을, 아리스토텔레스로부터는 어려운 이웃들에게 힘이 되기 위해서는 합리적 사유 능력을 기반으로 실천 방안들을 모색해야 하며, 여기에서의 결론이 습관이 될 수 있도록 노력해야 함을 배웠다. 또한 롤스J. Rawls로부터는 설령 내가 이기주의자일지라도 객관적으로 판단해 보고자 할 때 극빈자에 대한 배려가 필요하다는 지식을 습득할 수 있었다.

한편 대학에서 교양 교육을 담당하는 나는 평상시에 우리나라의 교육에 문제가 적지 않음을 느끼고 있었다. 나는 이러한 현실이 우려되었고, 내가 공부한 윤리 이론과 종교적 입장 등을 이용하여 어떻게

하면 이러한 현실을 타개해 나가는 데 작게나마 도움이 되는 방법을
마련할 수 있을까를 고민해 보았다. 그러던 어느 날 개인적으로 농촌
에서 일을 도울 기회가 있었다. 이때 꽤 오랜 시간을 나름대로 열심
히 일을 했음에도 일을 마무리하지 못했는데, 서울로 돌아오면서 나
는 내 수업을 듣는 학생들과 함께 농활을 가봐야겠다는 생각을 했
다. 그리고 그 다음 학기, 무턱대고 별다른 준비도 없이 농활을 가본
결과 뜻밖에도 성과가 매우 좋았다. 농활은 내가 생각했던 것 이상으
로 장점이 많은 활동이었던 것이다. 그 후 학생들과 학기마다 농활을
함께 가면서 나는 농활이 우리 교육의 문제에 조금이지만 도움을 줄
수 있는 활동임을 확신하게 되었다. 이후 나는 현재 이루어지고 있는
공교육 기관에서의 봉사 교육의 현황과 농촌의 현실에 대한 진단을
통해 농활의 장점을 더욱 구체적으로 확인할 수 있었다.

이처럼 농활을 다니던 중 나는 우연한 기회에 농활에서의 긍정적
인 느낌을 계속 이어갈 수 있는 방법을 찾아냈다. 수업을 들은 학생
들과 함께 하는 봉사 모임. 나는 이 모임을 적절히 활용하면 수업의
연장선상에서 학생들이 지속적으로 나눔을 실천할 수 있을 것이고,
그들이 미래에 봉사활동의 리더로 성장하는 데도 도움을 줄 수 있을
것이라 생각했다. 이러한 생각으로 나는 내 수업을 들었던 학생들을
중심으로 한 '사유와 실천'이라는 모임을 만들었고, 모임은 지금까지
잘 운영되고 있다.

이후 한동안 나는 농활과 '사유와 실천'을 통한 실천에 만족을 하
고 살았던 것 같다. 하지만 무엇이든 더 할 일은 항상 남아 있는 법
이다. 이러한 생각이 문득 든 나는 그 한 가지 방안으로 주변의 뜻
이 있는 선생님들에게 농활을 가자는 제안을 해보았고, 이왕이면 봉

사 모임 또한 만들어 운영해 볼 것을 권유해 보았다. 나의 사유와 실천의 경험을 다른 사람들과 공유하고자 노력하는 것이 최대다수의 최대행복을 도모하는 방법이라는 데 생각이 미쳤던 것이다. 고맙게도 선생님들은 농활을 가는 데 흔쾌히 동조를 해주셨고, 그렇게 해서 학생들과 함께 농활을 가는 선생님들이 늘어나게 되었다. 그런데 지난 겨울, 나는 또다시 다른 실천을 모색할 여지가 있음을 의식하게 되었는데, 다시 말해 내 주변을 넘어서 내가 모르는 사람들에게까지도 실천을 권유할 수 있는 방법을 찾아봐야겠다는 생각을 하게 되었던 것이다. 그리고 그 방법의 하나로 이렇게 책을 쓸 결심을 하게 된 것이다.

이 책을 쓰고 나서도 내가 해야 할 일은 계속 있을 수밖에 없다. 왜냐하면 단순히 책을 출판한다고 해서 내가 이 책에서 권하고 있는 활동을 하는 사람들이 쉽게 늘어나지는 않을 것이기 때문이다. 때문에 출판 이후 나는 실제로 사람들이 나눔을 실천해 나가는 데 도움을 줄 수 있는 이런저런 활동을 해보고자 하며, 이 책에서 권유하고 있는 활동을 적극적으로 홍보하기 위해 노력할 것이다. 이런 활동이 어디에까지 이를지, 앞으로 어떤 새로운 사유와 어떤 새로운 실천을 하면서 살아가게 될지는 막연하게 상상만 할 따름이다. 당연히 시행착오를 겪을 것이고, 그 과정에서 암초에 부딪혀 좌초하게 될지, 아니면 불굴의 의지로 꾸준히 새로운 실천을 모색할 것인지는 장담할 수 없다. 그럼에도 지금으로서는 그저 묵묵히 앞으로도 당위로서의 삶을 계속 이어갈 수 있으면 좋겠다. 설령 이루고자 하는 바를 거의 이룰 수 없다고 하더라도, 그러한 꿈이 몽상에 지나지 않는다고 하더라도 나는 내 힘이 닿는 데까지 더 많은 사람들이 나눔을 실천하는 계기를 만들기 위해 노력할 생각이다. 어쩌면 많은 사람들에게 책을 통해 공언을 하는 것은 약해질 수 있는 내 의지에 자물쇠를 건다는 의미가 담겨 있는지도 모른다.

이 책에서 내가 말하고자 하는 핵심은 일일 농활 내지 단기 농활을 가자는 것이고, 이를 계기로 크고 작은 봉사 조직을 만들어서 다양한 방법으로 이웃 사랑을 실천하자는 것이다. 그리고 이 모든 것들을 적극적으로 홍보하고, 홍보 자체의 중요성 또한 널리 알리자는 것이다. 이들은 개인들이 도모할 수 있는 나눔 실천 방안들이다. 이와는 별개로 나는 기부 활성화에 기여할 수 있는 제도적 방안을 제안하고 있다. 구체적으로 나는 기부, 그리고 아르바이트를 통한 기부 등을 봉사 점수로 인정해 줘야 한다고 말하고 있으며, 기부 작업장과 기부 아르바이트 센터를 만들어 볼 것을 제안하고 있다. 이를 통해 이루어지는 기부는 봉사 수요자에게 진정으로 도움이 되는 활동이 될 수 있을 뿐만 아니라 봉사자들에게도 봉사와 관련된 일을 했다는 만족감을 줌으로로써 단순 기부보다 긍정적인 효과를 산출할 수 있을 것이다.

이 책에서 언급되고 있는 일부 내용들은 모든 사람들이, 모든 상황에서 활용할 수 있는 것들이 아닐 수가 있다. 왜냐하면 내가 이야기하고 있는 내용들은 대체로 '대학'에서의 나의 개인적인 생각과 경험을 반영하고 있기 때문이다. 실제로 이 책의 1장과 3장의 일부에서 언급되는 내용들은 '나의' 실천을 뒷받침하기 위한 '나의' 사유와 관련한 것들이다. 만약 자신에게 주어진 상황에서 훌륭한 근거를 갖는 더 좋은 실천 방안들이 있다면 그 방법으로 사유하고 실천하면 되는 것이다. 글을 읽는 다양한 상황 속의 다양한 독자들은 이 책에서 권하고 있는 구체적인 실천 내용을 자신이 활용할 수 있는지에 지나칠 정도로 연연해하지 말고 이 책의 커다란 형식, 다시 말해 사유로부터 실천에 이르는 방법에 관심을 가져 보기 바란다.

책을 준비하면서 나는 책의 서술 형식에 대해 고민하지 않을 수 없었다. 당연히 많은 사람들이 이 책을 읽길 원하기 때문에 지나치게 딱딱한 논설문을 쓰는 것은 바람직하지 않다고 생각했고, 그렇다고 아무런 근거도 없이 이런저런 좋은 이야기만을 담고 있는 수필 또한 좋을 것 같지 않았다. 이 밖에 농활을 가는 방법과 봉사조직을 만드는 방법에 대한 상세한 매뉴얼을 제시하지 않을 수도 없었는데, 아무리 취지가 좋다고 하더라도 그 방법을 모른다면 뜻을 실천에 옮기기가 쉽지 않을 것 같다는 이유 때문이었다. 그래서 나는 다소 파격이라고 하더라도 논설문과 감상문, 그리고 설명문을 뒤섞은 글을 쓰지 않을 수 없었다. 일반적인 형식의 글을 통해 독자의 관심을 끄는 것보다 사유에서 실천에 이르는 구체적인 방법을 보이고, 구체적인 실천을 유도하는 것이 더욱 중요하다고 판단했기 때문이다.

책을 쓰면서, 또 연구를 하면서 늘 눈에 밟히는 분들은 부모님이다. 이처럼 사유하고 실천하길 강조하면서 막상 가장 가까이 계신 부모님께 내가 얼마만큼 불효하고 있는지 너무나도 잘 알고 있다. 나이든 자식이 장가도 못 가고 늘 분주하게 지내고 있는 모습처럼 부모를 괴롭히는 일도 별로 없을 것이다. 더욱 마음 아픈 것은 그런 감정을 내색하지 않고 늘 자식의 길을 밝혀 주고 용기를 북돋아 주시려는 모습이다. 10여 년 전에 돌아가신 외할머니께 제대로 효도 한번 못한 것이 지금도 마음에 걸리는데, 이처럼 정신없이 지내다가 또다시 전

철을 밟는 것이 아닌지 모르겠다. 효자가 되는 것은 차치하고라도 불효자가 되어선 안 될 텐데…… 그저 믿고 따뜻하게 격려해 주시는 부모님께 속절없이 감사할 따름이다.

부모님 외에도 감사드려야 할 분들은 너무 많다. 하지만 여기서는 이 땅의 빛으로 살아가면서 많은 사람들의 실천을 이끌고 있는 많은 분들께 감사드리며, '사유와 실천' 회원들, 앞으로 주변 사람들을 이끌어 많은 실천을 해 나갈 모든 분들께도 미리 마음 속 깊이 감사드린다. 이 세상에 실천을 주도하는 사람들이 많아져 더욱 많은, 소중한 실천이 이루어지길 간절히 기원해 본다.

이 책의 일부는 호남대학교『인문사회과학연구』(2012. 11), 경성대학교『인문학논총』(2012. 10), 고려대학교『철학연구』(2009. 9)에 실었던 내용이다. 에필로그의 일부 내용은 내가 2011년 가을에『숙대신문』에 쓴 글을 다소 수정한 것이다.

2013년 4월
김성한

P. S. 이 책을 얼마만큼 많은 사람들이 읽게 될지는 모르겠지만, 나는 이 책의 인세 중 상당 부분을 기부에 사용하고자 한다. 이는 주변 사람들을 이끌어 무엇인가를 하라고 요구하고 있는 이 책에서의 주장을 실천하는 한 가지 방법이 될 것이다.

차례

대한민국의 현실과
인성 교육으로서의 농활

교육은 바땅히 이념을 가져야 하며,
이에 부합하는 개선을 위해 노력할 필요가 있다.
그렇다면 우리의 현실을 감안해 보았을 때
교육이 추구해야 할 바는 과연 무엇일까?

1. 경쟁 소용돌이 속의 대한민국

대한민국은 한마디로 경쟁을 극단적으로 부추기는 사회다. 이 땅에 살고 있는 사람들은 어릴 때부터 귀에 닳도록 경쟁에서 승리할 것을 권유, 아니 강요받는다. 이에 따라 사람들은 자신도 모르는 사이에 경쟁을 해야 하고, 또한 하고 있으며, 여기에서 승리를 거두어야 한다는 강박 관념에 사로잡혀 살아가게 된다. 적어도 이 땅에 살고 있다면 경쟁은 피할 수 없는 운명인 것처럼 느껴진다. 이러한 사회 속에서 살아가는 우리 국민들은 대부분 극단적인 경쟁 속에서 살아가다 삶을 마감하는 가엾은 존재들이다. 어디에서든 등수가 매겨져 경쟁이 부추겨지고, 대학 입시에서부터 좋은 직장에 들어가기 위한 경쟁에 이르기까지, 그리고 직장에 들어가서도 살아남기 위한 치열한 경쟁이 이루어진다. 이는 사회 시스템이 조장한 결과이기도 하고, 이러한 시스템의 영향을 받은 사람들로 인해 확대 재생산된 결과이기도 하다. 아무리 사회 시스템이나 주변 사람들이 부추긴다고 하더라도 만약 경쟁을 하지 않고서도 얼마든지 넉넉하게 살아갈 수만 있다면 사람들은 굳이 경쟁 패러다임 속으로 휩쓸려 들어가지 않을 것이다. 하지만 치열한 경쟁 속에서 승리를 거두지 못할 경우 생존 자체가 위협을 받는다는 사실을 너무나도 잘 알고 있기 때문에 우리 국민들은 싫어도 어쩔 수 없이 치열하게 경쟁을 하지 않을 수가 없다. 이로 인해 대한민국은 말 그대로 경쟁 공화국이 되어 버린 것이다.

이러한 사회 분위기는 국민들의 행복감에 직접적으로 영향을 준다. 말할 것도 없이 국민들의 행복감은 현저하게 낮을 수밖에 없다. 최근 이루어진 행복 지수에 대한 조사에서 우리나라는 OECD 30개 국가 중에서 25위를 차지했다고 한다. 물론 지나친 경쟁이 행복 지수가 낮아지는 필요 충분한 조건은 아니다. 그럼에도 이것이 행복 지수에 부정적인 영향을 주는 중요한 요인임에는 분명하다. 왜냐하면 경쟁에서 승리를 거두지 못한 사람들은 대부분 패배의 쓰라림을 맛보게 되기 때문이다. 특히 대한민국에서는 경쟁에서 승리를 거두는 사람들이 극히 일부이고, 승패가 불공정 경쟁의 결과로 갈라지는 경우가 적지 않으며, 이것이 생존이나 삶의 질에 주는 영향이 매우 크기 때문에 좌절감과 박탈감을 느끼는 정도는 다른 OECD 국가에 비해 클 수밖에 없다.

이렇게 이야기한다고 해서 경쟁 자체가 부정적인 측면만을 가지고 있는 것은 아니다. 실제로 경쟁이 사회 발전에 적지 않은 기여를 했으며, 이것이 대한민국의 국가 경쟁력을 향상시키는 데 도움이 된 것은 어느 정도 사실이다. 땅덩어리가 넓은 것도 아니고, 지하자원이 풍부하지도 않으며, 남북이 분단 상태에 놓인 대한민국이 생존할 수 있는 길은 사회 분위기를 경쟁으로 몰고 가면서 국민들에게 끊임없이 경쟁심을 부추기는 방법이었을 것이다. 문제는 경쟁이 지나칠 정도로 이루어지면서 사람들이 오직 경쟁에서 승리해야겠다는 생각만 가지고 살아가게 되었다는 것이며, 이로 인해 살아가면서 마땅히 관심을 가져야 할 문제들을 도외시하게 되었다는 것이다.

이처럼 우리 국민은 경쟁 패러다임 속에서 평생을 살아가길 직간접적으로 강요받으며, 어떤 경우에는 기꺼이 그러한 패러다임 속에서 살아가려 하고, 이를 벗어날 경우에는 불안감을 느끼기까지 한다. 이것이 오늘날을 살아가고 있는 대한민국 국민들의 현주소다. 사회 안전장치가 사실상 부재한 이 사회에서 경쟁에서 탈락하면 당장 생존이 어려운데, 누구를 탓할 수 있겠는가? 이것이 현실이기 때문에 경쟁에 도움이 되는 방안들을 마련해 주는 각종 장치들이 다양하게 마련되어 있는 것이며, 심지어 교육마저도 이러한 조류에 휩쓸리면서 경쟁을 부추기고 있는지 모른다. 하지만 모든 분야가 마찬가지겠지만 적어도 교육만큼은 이러한 시대적 상황을 당연하게 받아들이면서 이를 뒷받침하고 조장하는 데 머물러서는 안 된다. 교육은 마땅히 이념을 가져야 하며, 이에 부합하는 개선을 위해 노력할 필요가 있다. 그렇다면 우리의 현실을 감안해 보았을 때 우리 교육이 추구해야 할 바는 과연 무엇일까?

2. 우리나라의 교육 현실과 인성 교육

'교육'의 사전적 의미는 "사회생활에 필요한 지식이나 기술 및 바람직한 인성과 체력을 갖도록 가르치는 조직적이고 체계적인 활동"[2]이다. 이를 나누어 살펴보면 대체로 교육이란 (a)사회생활에 필요한 지식이나 기술을 갖게 하는 것과 (b)바람직한 인성과 체력을 갖게 하는 것을 이념으로 하고 있음을 알 수 있다. 교육이 제대로 기능을 수행하기 위해서는 (a)와 (b)를 동시에 달성해야 한다. 이 중에서 현재 우리의 교육이 (a)에 초점을 맞추고 있음은 의심의 여지가 없다. 하지만 우리의 교육이 과연 (b)에도 적극적으로 관심을 가지고 있을까? 이에 답하기 위해서는 우선 바람직한 인성을 갖게 하기 위해 무엇에 초점을 맞추어야 하는지부터 따져보아야 할 것이다.

인성 교육이 지향하는 바는 간단히 말해 인격적 성숙의 중요성을 느끼게 하고, 이를 계기로 올바른 삶의 터전을 마련하게 하는 일일 것이다. 인성 교육을 하는 방법은 다양하겠지만 나는 인성 교육이 사유 능력 함양과 도덕적 감성을 바탕으로 한 올바른 실천 능력을 도모하는 것을 목표로 삼아야 한다고 생각한다. "사유 없는 실천은 맹목이고, 실천 없는 사유는 공허하다." 이는 인성 교육이 지향해야 할 바를 압축적으로 나타내는 말이다. 아무리 인간과 사회 등에 대해 많이 안다고 해도 이러한 앎을 기반으로 올바른 실천이 이루어지지 않으면 그러한 지식은 공허할 수밖에 없다. 칸트의 윤리학이나 공리주의 이론 내지 아리스토텔레스의 덕 윤리를 배웠는데 이에 따라

---

2 이 정의는 daum 어학사전에서 가져왔다.

실천하려 하지 않는 사람은 인성 함양을 위한 교육을 제대로 받은 것이 아니라고 할 수 있다. 그저 단순하게 호기심을 충족시키기 위한 공부는 공허하기 그지없다. 인격적인 삶이란 단지 지식에 머물러서는 안 되며, 배움을 통해 도출된 결론이 내면화되고 실천에 옮겨져야 하는 것이다. 거꾸로 삶에 대한 진지한 학문적 노력이 전제되지 않은 실천은 맹목일 수 있으며, 이에 따라 방향을 잘못 잡을 가능성이 있다. 충분한 숙고와 이론적인 배경이 뒷받침되지 않는 생각 없는 실천은 사상누각에 머무르기 쉽다. 간단히 말해 진정한 인격으로의 성숙을 이루기 위해선 사유와 실천의 조화를 도모해야 하는 것이다.

사람들 중에는 인성 교육이 이루어져야 할 이유가 무엇인가라고 묻는 사람들도 있겠지만 교육이라는 정의에 (b)가 포함된다면, 그리고 단기적이 아닌 장기적인 안목을 가지고 사회의 앞날을 고민해 본다면 (b)는 분명 교육의 일부로 포함되어야 한다. 대체로 (a)는 경쟁 사회에서 살아남기 위한 방법에 관한 지식을 전달하는 기능인데, 경쟁에서 살아남기 위한 노력은 굳이 부추기지 않아도 모든 사람들이 알아서 잘한다. 그런데 우리의 제도권 교육은 이러한 경향을 지나치게 부추기는 경향이 있다. 달리는 말에 채찍을 가하는 것이 반드시 나쁜 것은 아니고, 필요한 경우도 있겠지만 대한민국이라는 환경은 이러한 채찍질이 지나칠 정도로 이루어지고 있다. 이에 반해 교육의 중요한 측면인 (b)는 단기적으로 보았을 때 살아가는 데 직접적으로 도움이 되지 않는 것처럼 보이기 때문에 그냥 내버려둘 경우 외면될 가능성이 적지 않다. 때문에 교육을 하는 사람들이 이에 적극적인 관심을 기울이지 않으면 인성에 대한 관심은 희박한 수준에 머물 수밖에 없다. 이를 의식하고 교육은 마땅히 인성 교육에 적지 않은 관심을 기울여야 하며, 인성 함양을 위해서는 개개인의 노력뿐만이 아니라 이를 제대로 이끌어 줄 사람, 나아가 사회적인 분위기마저도 이에 우호적이어야 한다. 그런데 과연 우리나라의 교육 기관과 사회 전반적인 분위기가 이에 적극적으로 관심을 가지고 있다고 말할 수 있을까? 나는 이에 그다지 긍정적이지 않은 편이다.

먼저 우리나라의 가정에서 자녀의 인성에 제대로 관심을 가질 가능성은 크지 않다. 최근 들어 우리나라의 가정은 한 명의 자녀를 두는 경우가 적지 않으며, 이에 따라 부모들은 아이를 극진히 보살핀다. 이로 인해 자녀들은 자칫 자기 위주로 생각하고 행동하기 십상이다. 이러한 경향은 매우 어렸을 때부터 이루어지는 사교육과 컴퓨터 게임 등 다양한 요인들로 인해 강화될 수밖에 없다. 예컨대 컴퓨터가 없었던 수십 년 전만 하더라도 아이들은 주로 밖에서 친구들과 어울려 놀았다. 그리고 이를 통해 부지불식간에 다른 사람에 대한 배려를 어느 정도 익힐 수 있었다. 하지만 친구와 접촉할 기회가 상대적으로 적어진 오늘날에는 타인에 대한 고려를 학습할 기회가 훨씬 줄어들었다. 게다가 대학 입시에의 부담이 늘 어깨를 짓누르는데, 과연 집에서 인성 교육이 제대로 이루어질 수 있을까?

현 상황을 감안해 보았을 때 공교육을 통해 중고등학교에서 인성 교육이 충분히 이루어질 수 있다고 생각하는 것은 지나친 낙관이다. 중고등학교 과정이 이른바 좋은 대학에 입학하기 위한 경쟁의 현장이라는 사실은 우리나라 사교육 시장의 규모를 비롯해, 교육 정책의 초점이 어디에 맞추어져 있으며, 학부모들의 관심이 어디로 향해 있는가를 조금만 살펴봐도 쉽게 알 수 있다. 이처럼 미쳐 돌아가는 대학 입학을 위한 몸부림은 교육에 관심이 있는 많은 사람들이 합심 노력을 하고 있어도 좀처럼 바뀔 조짐이 보이지 않는다. 참교육이라는 것이 무엇인가에 대한 고민의 일환으로 어떤 정책을 내놓아도 이는 얼마 있지 않아 입시라는 거대한 암초에 부딪혀 좌초하고 만다. 이는 학생들에게 고전을 읽혀 사유 능력을 함양하겠다는 명분으로 시작된 논술 시험을 둘러싼 상황을 봐도 어느 정도 짐작할 수 있다. 서점에는 논술 대비용 고전 요약집이 깔렸고, 수험생들은 사유 능력 함양보다는 직접적으로 논술 시험을 잘 치러서 원하는 대학에 가기 위해 고전의 핵심 내용을 정리해서 암기했던 것이다.

이러한 현실은 당분간 중고등학교에서 입시를 위한 경쟁을 벗어난 수업이 이루어지기 힘들다고 짐작하게 하는 대목이다. 입시를 벗어난 수업을 하려는 교사가 있다면 아마도 학부모들의 항의로 얼마 있지 않아 자신의 의지를 관철시키길 포기해야 할 것이다. 안타까운 현실이고 바람직하지 않은 현실임은 말할 것도 없지만 이는 우리나라라는 특수한 상황에서 어쩔 수 없는 일일 수 있다. 문제는 원하는 대학에 입학하고자 청소년기를 불사르면서 강화된 경쟁의식이 우리나라 국민들의 마음의 중심부를 차지하면서 평생을 따라다닌다는 것이다. 이는 '입시 패러다임에 경도된 경향'이라고 부를 수 있을 것이다. 입시를 마치고 대학에 입학한 젊은이들은 얼마 있지 않아 스펙 쌓기에 열중하면서 또다시 취업 준비를 시작한다. 취업을 하고 나면 더 높은 자리에 오르기 위한 경쟁이 시작되며, 경쟁에서 밀려나서 좌초되지 않기 위해 안간힘을 쓰면서 하루하루를 살아간다. 이러한 상황 속에서 사람들은 정작 살아가면서 중요하게 생각해야 하는 것들을 망각하고 살아가게 된다.

그런데 만약 중고등학교가 대학을 보내는 것 외에 다른 것들에 초점을 맞추는 데 한계가 있을 수밖에 없다면 적어도 대학에서라도 교육의 양대 이념 중의 하나인 (b)에 초점을 맞추어야 할 것이다. 대학은 과연 (b)에 얼마만큼 관심을 가지고 있는가?

과거 군사 정권 시절을 전후한 시기의 대학은 비록 공교육을 통해서는 아니었지만 인성 교육이 이루어질 수 있는 여건이 마련되어 있었다. 그 당시 젊은이들은 이전까지 사회 문제에 관심이 없었다고 해도 대학에 입학하면 좋건 싫건 우리 사회에 대해서, 그리고 그곳에서 살고 있는 사람들의 삶에 관심을 갖지 않을 수가 없었다. 대학생들은 이러한 문제들에 대한 세례를 피해 가기가 힘들었다. 그런데 이러한 분위기는 사실상 인성 교육이 지향하는 바를 이루는 측면이 있었다. 무엇보다도 국가와 민족의 현실, 그리고 그 안에서의 자신의 역할을 고민하는 것 자체가 그런 기능을 발휘했던 것이다. 하지만 사회적으로 중요한 이슈들이 점차 사라져가면서 대학 사회 또한 빠른 속도로 면모해 나가기 시작했고, 최근 들어서는 대학에 들어와서 자발적으로 이러한 문제들을 고민하는 학생들의 수가 현저하게 줄어들었다. 과거의 대학생들이 소위 운동권으로 인해 사회에 진출하기 전 올바른 삶에 대해 크건 작건 고민을 할 수 있었음에 반해, 오늘날의 대학생들 중 상당수는 걸러짐이 없이, 앞에서 언급했던 소위 '입시 패러다임에 경도된 성향'을 가지고 사회에 진출하게 되어 버린 것이다. 경쟁 속에서 살아남는 문제 이외의 것에 대한 관심사를 가슴에 품지 않은 채 그들은 평생을 경쟁 속에서 살아남는 것만을 생각하며 살아가게 되었다.

최근 대학은 학생들의 인성에 도움을 줄 수 있는 교양 교과 과정을 마련하기 위해 노력하고 있다. 대학이 한국 사회에 대한 진단을 바탕으로 이러한 노력을 기울이고 있는지, 아니면 단순히 외국 유명 대학의 커리큘럼을 그저 따라하는 데 그치고 있는지는 모르겠지만, 대학이 인성 함양에 도움을 줄 수 있는 교과목들을 교양 과목에 포함시키려 하고 있는 것은 참으로 다행스런 일이다. 대한민국이라는 특수한 환경을 고려해 볼 때, 대학의 교양 교육에서 인성에 초점을 맞추는 것은 아무리 강조해도 지나치지 않다. 이 시기에 인성 교육이 제대로 이루어지지 않을 경우, 대다수의 국민이 평생 인성에 대해 별다른 관심을 기울이지 않고 살아가게 될지도 모르기 때문이다. 물론 모든 사회적 현실이 그대로인 상황에서 1~2년 정도 인성 교육에 초점을 맞춘다고 과연 얼마만큼의 변화가 있을지에 의문을 품을 수도 있다. 나 또한 이에 의문을 품지 않는 것은 아니다. 하지만 아예 포기하기보다는 일단 해봐야 하는 것은 아닐까?

사유 능력을 함양하기 위해서는 풍부한 인문·사회·자연과학적 지식 등을 포괄적으로 갖추어야 하는데, 현재 교양 과목들 중에서 이들 능력을 함양하는 데 도움이 될 수 있는 과목, 특히 사유 능력의 함양을 도모할 수 있는 과목들은 적지 않다. 예를 들어 글쓰기와 읽기, 발표와 토론, 인문학 고전 읽기 등의 과목을 비롯해, 각종 인문, 사회, 자연 과학적 지식을 가르치는 과목들은 모두 직간접적으로 학생들의 사유 능력을 함양하는 데 기여할 수 있는 과목들이다. 그런데 이러한 폭넓은 지식의 습득이 올바른 실천으로 이어지기 위해서는 양자를 매개하는 도덕적 감성의 발달이 필요하다. 하지만 이의 발달을 도모하기란 생각보다 쉽지 않다. 동물의 도덕적 지위에 관한 논의를 예로 들어 보자. 다소 논란의 여지는 있지만 어떤 방식으로든 동물에게 일정한 도덕적 지위가 부여된다는 것은 이제 윤리학자들에게 거의 상식이 되어 있으며, 정리되지 않은 사유로 반론을 제기하지 않는 이상 글을 읽어 보는 독자들은 대체로 그들의 논의에 수긍을 한다. 그럼에도 막상 채식으로 전환하는 사람들의 비율은 극히 낮은데, 이는 단지 사유만으로 실천을 이끌어내기가 어렵다는 점을 보여준다. 사유를 실천으로 연결하기 위해서는 도덕적 감성이 역할을 해주어야 하는 것이다.

그런데 구체적으로 어떤 방법을 사용해야 우리의 도덕적 감성이 함양될 수 있을까? 이를 위해 생각해 볼 수 있는 한 가지 방법은 실천을 통해 동기를 유발하는 것이다. 그렇다면 이를 위해 개설된 교과목에는 어떤 것이 있는가? 실천 능력을 함양하는 데 도움이 될 수 있는 대표적인 과목으로는 사회봉사 과목을 들 수 있다. 사회봉사는 최근 들어 만들어진 과목으로, 현재 거의 대부분의 학교들이 이를 채택하고 있으며, 이는 바람직한 현상이라고 할 수 있다. 사회봉사 과목은 실천을 통해 인성을 함양하는 데 도움이 될 수 있다. 이러한 과목은 지금까지 강의실 교육에서 배제되었던 실천이라는 또 다른 축을 제공함으로써 사유와 실천의 조화를 도모하는 데 기여할 수 있다. 성명옥 등이 밝히고 있는 바와 같이 우리는 "사회봉사를 통해 자신이 겸손해지고 사랑을 깨달으면서 자신 스스로 성장해 가는 것을 배울 수 있을 것"[3]이다.

---

[3] 성명옥, 오효근 편, 『대학과 사회봉사』, 지혜의샘, 2004, 28쪽.

도덕적 감성을 함양하는 한 가지 방법은 나눔의 실천을 통해 동기를 유발하는 것이다. 연호, 영혜, 성희. 이들은 뒤에서 언급할 봉사 모임 '사유와 실천'의 핵심 구성원들이다.

3. 인성 교육으로서의 농활

이처럼 사유와 실천에 개별적으로 관심을 갖는 과목들이 많이 생겨났음에도 정작 사유와 실천이 밀접하게 연결되어 있음을 부각시킬 수 있는 과목은 찾아보기 힘들다. 사유 쪽에 초점을 맞추고 있는 과목들은 실천의 중요성까지 강조하지 못하는 경우가 대부분인 듯하다. 거꾸로 실천의 중요성을 강조하는 과목들 또한 사유의 중요성까지 부각시키진 못하는 것처럼 보인다. 그렇다면 이와 같은 문제를 보완하여 사유와 실천의 중요성을 동시에 부각시킴으로써 명실상부한 인성 교육이 이루어질 수 있는 통합 과목을 만들어낼 수는 없을까?

이에 대한 방안으로는 사유에 초점을 맞추는 과목에서 학생들에게 일정 시간 봉사활동을 요구하는 방법을 생각해 볼 수 있을 것이다. 하지만 이러한 방법은 자칫 다른 봉사 과목에서의 활동과 중복될 가능성이 있고, 설령 중복되지 않는다고 하더라도 학생들이 교수자가 원하는 진정한 의미의 봉사활동을 할지가 분명치 않을 수 있다. 실제로 학생들이 진정성을 가지고 활동을 하지 않을 경우, 그리고 이로 인해 봉사 수요자에게 도움이 되지 않을 경우, 교수자가 원하는 소기의 목적을 달성하기가 힘들어질 수 있다.

그렇다면 수업을 통해 교수자가 함께 봉사활동을 하는 방법은 어떤가? 이 경우는 상대적으로 교육 효과가 있는 것처럼 보인다. 교수자가 솔선수범하면서 학생들과 함께 활동을 할 경우 학생들과의 소통은 물론, 학생들에게 교수자 자체가 교육적 영향을 미칠 수 있기 때문이다. 하지만 아무리 교육 효과가 있다고 하더라도 교수자 또한 주말에는 휴식이 필요하며, 자신이 담당하는 모든 과목 수강생들을 대상으로 봉사활동을 간다면 아마도 한 학기 내내 주말마다 봉사활동을 나가도 모자랄 것이다. 이런 문제는 대규모로 함께 봉사활동을 할 경우 어느 정도 해소될 수 있을지 모른다. 하지만 대규모로 함께 봉사활동을 한다고 할 경우 과연 그것이 봉사 수요자에게 도움이 될 수 있을까? 현실적으로 대규모의 인원이 도시의 복지 시설을 방문한다는 것은 어려울 뿐만 아니라 이러한 방문은 당장 시설에 도움이 되지 않는다. 아니 오히려 피해를 준다고 말하는 편이 옳을 것이다. 아무리 교육 효과가 있다고 해도 봉사 수요자들에게 피해를 준다고 한다면 그것은 진정한 의미에서의 봉사활동이 될 수 없다. 이렇게 보았을 때 도시에서 대규모로 어떤 활동을 하기는 힘들며, 이에 따라 불가피하게 소규모로 나누어서 빈번하게 봉사활동을 나가야 할 것이다. 그런데 교수자가 일일이 학생들과 함께 할 경우 교수자는 금새 지쳐 버릴 것이고, 한 학기 시도를 했다가도 그 다음부터는 아예 포기하게 될지 모른다. 이러한 문제점들을 최소화할 수 있는 방법은 무엇일까?

지금까지의 이야기를 정리해 보자. 대학의 교양 과목은 인성 교육에 초점을 맞추는 것이 마땅하며, 이러한 교육의 양대 축은 사유와 실천 능력의 함양이다. 그런데 대체로 거의 대부분의 교양 과목들은 사유 또는 실천에만 초점을 맞춘다. 이 두 가지를 통합하는 과목을 만들어서 실천까지 어느 정도 책임지고자 할 때, 교수자가 한 학기에 과목당 1~2번 정도 학생들과 함께 실천에 나서면 좋을 듯하다. 그 이상이 되어 버리면 교수자 또한 지쳐버릴 가능성이 크기 때문이다. 그런데 1~2번 정도만 함께 봉사활동을 하려 한다면 비교적 많은 인원

농활은 학생과 교수자가 어우러져 땀의 의미를 느낄 수 있는 훌륭한 봉사활동이다.

이 함께 할 수밖에 없는데, 도시에서 그런 활동거리를 찾기란 어렵다. 우리는 현재 이와 같은 문제점을 해결할 수 있는 방법을 모색하는 지점에 와 있다.

비록 주관적인 경험이긴 하지만 지금까지의 경험으로 미루어 보았을 때 나는 강의실 수업과 농촌 일손 돕기를 병행하는 것이 사유 능력과 실천 능력을 아울러 고려하게 하는 방법으로 적절하다고 생각한다. 여기서 말하는 농촌 일손 돕기란 주말 등을 이용해서 하루 동안 농촌의 일손을 돕고 오는 것을 말한다. 나는 지난 1997년부터 2013년 현재에 이르기까지 매 학기 3~6번에 걸쳐 학생들과 함께 농촌 일손 돕기(이하에서는 이를 농활이라 부를 것이다)를 해왔고, 이를 통해 농활이 교육적인 효과가 있음을 확신하게 되었다. 이것이 그리 긴 기간이 아니라 내세울 수 있는 것이 아닐 수 있지만, 만약 농활이 교육적인 효과가 없었다고 한다면 아무리 활동을 함으로써 봉사 수요자에게 도움이 된다고 하더라도 굳이 이를 지금까지 이어 올 이유는 없었을 것이다. 아니 학생들의 부정적인 시선이 무서워서라도 이를 계속해 올 수 없었을 것이다.

이러한 활동을 한 후 나는 내가 지도교수로 있는 봉사 모임에 학생들의 가입을 권유하는데, 교육을 담당한 사람으로 자신이 맡은 학생들의 인성, 나아가 자기 자신의 인성에 대해 더욱 관심을 갖고자 한다면(이는 당위로 요구되는 바이기도 한데) 모임을 만들어서 계속적으로 나눔에 관심을 갖게 하면 좋을 것이라 생각한다. 이는 강의실을 떠나서도 평생 교육이 이루어지는 장場으로서의 기능을 발휘할 수 있을 것이다.

그런데 우리가 이처럼 함께 하는 삶에 관심을 가져야 할 이유는 무엇인가? 다음 장에서는 우리가 나누는 삶에 관심을 가져야 하는 종교적·윤리적 이유를 살펴보도록 하자. 이는 봉사활동을 하고자 하는 사람들이라면 마땅히 한 번쯤 생각해 보아야 할 문제다. 반복해서 언급하는 바와 같이 사유 없는 실천은 맹목이다. 봉사자가 어떠한 마음가짐을 갖느냐는 무엇을, 어떻게, 얼마만큼 할 것인가를 결정할 때 매우 중요한 역할을 한다. 봉사자가 어떤 마음가짐을 갖느냐에 따라 그가 초래하는 결과가 크게 달라질 수 있는데, 심지어 최악의 경우에는 봉사활동이 많은 사람에게 상당한 피해를 줄 수도 있다. 때문에 무턱대고 '좋은 일이니까 하자'라는 생각을 갖기보다는 더욱 확고하게 일정한 방향으로 마음을 이끌기 위해 노력할 필요가 있는 것이다.

여기서 올바른 마음가짐이란 구체적으로 무엇을 말하는가? 필자가 염두에 두는 올바른 마음가짐이란 적어도 자신의 이익에 초점이 맞추어져 있는 것은 배제한다. 그 이유는 그러한 동기가 "자기 이해를 돌보지 않고 노력이나 힘을 들여 친절하게 보살펴 주거나 일함"[4]이라는 봉사의 단어적 의미에 어긋날 뿐만 아니라 그러한 이기적 동기 자체가 적절한 윤리적 기반 위에 서 있는 것이 아니기 때문이다. 우리가 많은 경우 이기적인 동기로 행동하려 한다는 것은 분명 사실이다. 하지만 우리가 명심해야 할 것은 '어떤 마음가짐을 갖느냐'와 '어떤 마음가짐을 가져야 하는가'는 분명 차이가 있다는 것이다. 다시 말해 설령 우리가 이기적인 동기로 행동하려는 경향이 있다고 하더라도 그것이 윤리적으로 옳은 것은 아니라는 것이다. 당연히 우리는 봉사활동을 하면서 어떤 동기를 갖는다. 이러한 마음 상태는 다양할

---

4 신기철·신용철, 『새 우리말 큰사전』, 삼성출판사, 1990, 1508쪽.

수 있다. 하지만 이러한 마음 상태가 모두 도덕적으로 옳다는 평가를 받을 수는 없다. 만약 우리가 적절하지 못한 동기를 가지고 있다면 우리는 마땅히 그러한 마음을 '당위로서의 마음', 다시 말해 올바른 마음 상태로 바꾸기 위해 노력할 필요가 있는 것이다.

봉사활동을 하고자 할 경우 우리는 나눔의 삶을 살아야 하는 종교적·윤리적 이유를 분명히 머리에 담아두고 있어야 하며, 이러한 기준이 결여된 봉사활동은 나침판 없는 항해에 비할 수 있을 것이다. 또한 우리는 이를 따르고자 할 때 구체적으로 어떤 선택을 해야 하는가를 고민해 보아야 한다. 바로 이와 같은 마음을 견지하는 것이야말로 올바른 마음가짐이라 할 수 있을 것이다.

제 2 장

어려운 이웃에게 관심을 가져야 하는 이유

우리가 어려운 이웃과 함께 나누는 삶을 살아야 하는
이유는 무엇인가? 구체적으로 "많은 사람들이 버림받고
거절당하고, 격리되고, 소외되어 고독과 절망과
불안 속에 팽개쳐지고 있다"는 주장이
우리에게 도와야 할 의무를 갖게 하는 이유는 무엇인가?

우리가 어려운 이웃과 함께 나누는 삶을 살아야 하는 이유는 무엇인가? 구체적으로 "많은 사람들이 버림받고 거절당하고, 격리되고, 소외되어 고독과 절망과 불안 속에 팽개쳐지고 있다"[5]는 주장이 우리에게 도와야 할 의무를 갖게 하는 이유는 무엇인가? 만약 이에 대한 합당한 이유가 없다면 우리가 굳이 나눔을 도모할 필요가 없을 것이다. 우리는 다른 사람들이 어떤 상황에 처해 있는지와 무관하게, 그저 내가 원하는 대로 내 갈 길만 가면 되는 것이다. 하지만 일반적으로 우리는 어렸을 때부터 일정한 교육을 받음으로써 어려운 이웃에 관심을 가져야 한다고 생각하며, 설령 실천으로 옮겨지는 경우가 많지 않다고 하더라도 그 타당성만큼은 부정하지 않는 편이다. 이와 같이 어려운 이웃들에게 관심을 가지라는 교육이 이루어지고 있다는

---

[5] 이성록, 『자원봉사활동관리 이론과 실제』, 미디어숲, 2007, 18쪽.

것은 그만큼 거기에
나름대로의 이유가 있
기 때문일 것이다. 실
제로 많은 신자를 확
보하고 있는 종교에서
는 이웃과의 나눔을
강조하고 있으며, 윤리
또한 예외가 아니다.
이하에서는 어려운 이

우리가 어려운 이웃에 관심을 가져야 하는 이유는 무엇일까?

웃에 관심을 가져야 하는 종교적·윤리적인 이유를 살펴보도록 하자.

1. 종교적인 이유

종교적 입장에서 어려운 이웃들에게 어떠한 태도를 취해야 하는가
를 따져보고자 할 경우 우리는 해당 종교가 신봉하는 최고의 권위자
내지 주창자의 명령에 주목해 보면 된다. 신자의 입장에서 보자면 해
당 종교의 최고 권위자 내지 주창자의 명령은 더 이상의 정당화가 요
구되지 않는, 거스를 수 없는 절대적인 권위를 가진다. 신자들은 어떤
문제 상황에 처할 경우 그의 명령을 진리로 여기고 따르면 된다. 우리
나라의 대표적인 종교로는 가톨릭과 기독교, 그리고 불교를 들 수 있
을 것이다. 이러한 종교는 각각 사랑과 자비를 근본으로 하고 있는데,
이로 미루어 보건대 어려운 이웃들에 대한 관심은 이들 종교에서 신

의 무조건적인 명령인 동시에 신자들의 의무인 것처럼 보인다.

1) 가톨릭과 기독교의 관점

가톨릭과 기독교는 인간을 비롯해 삼라만상을 창조한 유일신을 믿는 종교다. 이들 종교에서 인간은 전지전능한 신의 형상을 따라 창조된 유일한 피조물로 파악된다. 이로 인해 인간은 다른 피조물과는 질적으로 다른, 세상에서의 특별한 위치를 부여받게 된다. 이처럼 특별한 존재인 인간은 신의 사랑과 관심의 대상이다. 그는 다른 존재들과는 달리 영원불멸의 영혼을 갖추고 있으며, 죽고 난 후 내세에서 살게 되어 있는 유일한 존재다. 이와 같은 이유로 기독교와 가톨릭에서는 모든 인간을 존엄한 존재로 파악한다. 그리고 신이 사랑하는 존재이기에 기독교와 가톨릭에서는 가난하건 부자이건, 지위가 낮건 높건, 장애가 있건 없건 어떤 경우에도 모든 인간을 사랑할 것을 요구한다.

이러한 맥락에서 성서에서는 이웃 사랑의 중요성을 강조하고 있다. 이에 대한 가르침은 도처에서 살펴볼 수 있다. 예를 들어 「고린도전서」 13장 13절의 "그런 즉 믿음, 소망, 사랑, 이 세 가지는 항상 있을 것인데 그 중의 제일은 사랑이라"는 너무나 잘 알려진 문구이고, 「누가복음」 10장 25~37절의 착한 사마리아인 이야기는 예수가 얼마만큼 이웃 사랑을 중요하게 생각하고 있는지를 잘 보여 주고 있다. 이 이야기에서 율법 교사는 예수에게 영원한 생명을 얻고자 할 경우 어떻게 해야 하는가를 묻는데, 예수는 "네 마음을 다하고 네 목숨을 다하고 네 힘을 다하고 네 정신을 다하여 주 너희 하나(느)님을 사랑하고 네 이웃을 너 자신처럼 사랑해야 한다"는 율법의 문구에 따라

행하면 된다고 답한다. 이러한 대답에 대해 율법 교사는 또다시 누가 우리의 이웃인지를 묻는데, 이때 예수는 강도를 만나 폭행을 당하고 옷까지 벗겨진 참혹한 상황에 놓인 사람의 이야기를 들려준다. 예수는 지나가던 사제도, 레위인도 그를 외면하고 지나가지만 사마리아 여인은 그를 정성을 다해 돌보아준 이야기를 해 주면서 율법 교사에게 "누가 강도를 만난 사람에게 이웃이 되어 주었다고 생각하느냐?"고 묻는다. 그러면서 그는 사마리아 여인이야말로 강도를 만난 사람에게 진정한 이웃이며, 그처럼 어려움에 처한 사람의 이웃이 되어 주는 것이 진정한 구원을 얻을 수 있는 길이라고 말한다.

이러한 성서의 이야기가 시사하는 두 가지는 먼저 이웃에 대한 사랑은 율법에 적혀 있는 신의 명령이라는 것이다. 이러한 명령은 조건부 명령이 아닌 무조건적인 명령이다. 다시 말해 우리가 구원을 얻을 수 있는지와 무관하게 신이 원하기 때문에 거기에 따라야 하는 것이다. 이는 우리 모두가 신의 형상에 따라 만들어진, 신의 사랑을 받는 존재들이기 때문에 마땅히 받아들여야 하는 명령인 것이다. 다음으로 이러한 이야기는 어려운 이웃에게 관심을 갖는 사람은 그가 누구이건, 또한 어디에 속해 있건 신의 명령을 따르는 사람이며, 만약 고난에 처해 있다면 상대가 누구이건 상관없이 도움을 주기 위해 노력해야 한다는 의미를 담고 있다. 그 당시 유대인들은 사마리아인들을 저주받은 사람들로 생각했으며, 이에 따라 그들은 차별의 대상이었다. 그런데 사마리아인을 구원을 얻을 수 있는 대상이라고 생각했다는 것은 예수가 당대의 편견을 넘어서 어려움에 처해 있는 사람을 돕는 사람이라면 어떤 인종이나 민족에 속해 있건 상관없이 누구나가 구원을 받을 수 있다고 생각했음을 알 수 있다. 다시 말해 예수는

설령 차별의 대상
이 되는 종족에 속
해 있는 사람이라
할지라도, 만약 그
사람이 어려운 이
웃을 사랑하기 위
해 노력하면 구원
을 받을 수 있다고
생각했다는 것이
다. 또한 그는 '특
정 집단에 속해 있

하나(느)님을 믿는 사람들은 마땅히 착한 사마리아인 이야기에 귀를 기울일 필요가 있다. 사진의 종욱이는 사회 문제에 관심을 갖는 데서 한 걸음 나아가 그러한 문제를 적극적으로 해결해 나가기 위해 노력했던 '사유와 실천'의 초기 성원이다.

는 어려운 이웃'이 아닌 '고난을 겪고 있는 이웃'에 초점을 맞추고, 그들에게 적극적으로 관심을 기울일 것을 강조하고 있는데, 이는 오늘날을 살아가는 우리에게 시사하는 바가 적지 않다. 일반적으로 사람들은 '우리'를 먼저 생각한다. 그리하여 같은 학교, 지역, 종교 등으로 편 가르기를 하며, 그 영역 내의 사람을 우선적으로 배려하려는 경향이 있다. 하지만 예수는 그러한 기준이 일종의 편견이고, 고통 받고 힘들게 살아가는 사람이라면 모든 경계를 넘어 그를 돌보아야 한다고 생각했던 것으로 보인다. 예수는 고통 받는 사람들을 위해 실천궁행하는 사람이야말로 신의 뜻에 따라 살아가는 사람이며, 궁극적으로 구원의 길에 이를 수 있는 사람이라고 생각했던 것이다.

2) 불교의 관점

불교는 기독교에 비해 상대적으로 경전도 많고, 교파도 적지 않다. 하지만 불교가 자비慈悲를 근본으로 한다는 것에 대해서는 별다른 이견이 없다. 여기서 자비란 사람들의 고통을 없애고 즐거움을 주는 것을 말하는데, 좀 더 구체적으로 자慈는 중생들에게 사랑을 통해 즐거움을 주는 것을, 비悲는 중생들을 불쌍히 여겨 그들의 고통을 덜어주는 것을 말한다. 불교가 처음부터 자비를 강조했던 것은 아니다. 초기의 불교는 대체로 속세를 떠나 깨달음을 얻기 위한 개인적인 수행에 초점을 맞추었다. 하지만 이후 대승불교는 이타심을 발휘하여 널리 중생을 구제할 것을 강조했다. 대승불교의 입장에서 보았을 때 불자들은 마땅히 이와 같은 불교의 근본 이념을 생활 속에서 실천에 옮겨야 한다.

그렇다면 속세에서 살아가면서 불교에서 말하는 자비로운 삶을 살기 위해 할 수 있는 것은 무엇일까? 지장보살의 발원은 불자들이 지향해 나아갈 바를 보여 준다. 지장보살은 중생들을 하나도 빠짐없이 구제할 때까지 자신의 성불成佛을 미루고, 중생 구제를 위해 보살도를 실천하겠다는 발원을 한 보살이다. 지장보살은 이와 같은 발원을 함으로써 오히려 사실상 성불을 했다고 말할 수 있는 것처럼 보인다. 그 이유는 성불에 대한 바람마저도 포기했다는 사실이야말로 역설적으로 완전히 자신을 버린 모습으로 여겨지기 때문이다. 그런데 만약 이와 같은 방식으로 성불할 수 있다면 우리는 소아小我에 매달려 있지 않고 고통 받고 어려운 이웃들에게 관심을 가짐으로써 불교에서 지향하는 깨달음이라는 목표에 다가설 수 있을지 모른다. 그리고 가능한 범위 내에서 최대한 많은 중생을 구제하고자 노력하는 모습이야말로 지장보살을 더욱 닮아가고자 하는 모습인 동시에 진정한 불자의 모습일 것이다.

불교에서는 중생을 구제하고자 할 때 자신이 베풀고 있다는 생각을 버릴 것을 강조한다. 그 이유는 불교의 입장에서는 나와 남이 둘이 아니기 때문이다. 나와 남이 둘이 아니라면 다른 사람에게 베풀었다고 해서 특별히 좋은 일을 했다고 생각해야 할 이유가 없다. 내가 나에게 베풀었는데 굳이 그것이 특별히 좋은 일이라고 할 수는 없는 것 아닌가? 이렇게 보았을 때 내가 베풀었다거나 좋은 일을 했다고 생각하는 것은 진정한 의미에서 자비심을 일으킨 것이 아니다. "보살은 이웃을 이롭게 하면서도 '나'라는 생각, '남'이라는 생각, 베푼다는 생각이 전혀 없다."(「화엄경 십행품」)[6]

또한 불교에서는 베풀고자 할 때 구분을 두지 않고 평등하게 베풀어야 함을 강조하기도 한다. 이것 역시 나와 남이 둘이 아니라는 자타불이自他不二라는 생각에서 연원하는데, 이에 따라 불자는 불자이건 아니건, 인간이건 동물이건 이에 구애받지 않고 묵묵히 자비를 베풀어야 한다. "불심이란 큰 자비심이다. 차별을 두지 않는 사랑으로써 모든 중생을 구제하려는 마음"인 것이다.(「관무량수경」)

이처럼 무차별적 사랑을 강조하는 것은 불교가 갖는 장점 중의 하나다. 이로 인해 자신의 종교를 적극적으로 포교하기가 힘들 수도 있겠지만 다른 한편으로 구분을 하지 않고자 하는 불교의 태도는 일상생활 속에서 자기를 강요하지 않으면서 타인을 인정하는 관용의 태도를 갖게 하는 장점이다.

---

6 여기에서의 인용문은 법정스님의 『화엄경』에서 재인용한 것이다.

　이상에서 간략하게 살펴본 바와 같이 불교는 불자들에게 가급적 많은 중생들을 차별 없이 구제하길 요구하며, 구제를 하면서도 자신을 내세우지 말 것을 요구한다. 이것이야말로 진정한 의미의 보살행인 것이다. 「화엄경 십행품」은 이를 다음과 같이 적절히 지적하고 있다. "보살은 평등한 마음으로 자기가 지닌 물건을 모든 중생에게 널리 베푼다. 베풀고 나서 뉘우치거나 아까워하거나 대가를 바라거나 명예를 구하거나 자기 이익을 바라지 않는다. 다만 모든 이웃을 구제하고 이롭게 할 뿐이다."

　이제는 고인故人이 되신 법정 스님의 『텅빈 충만』에는 "빈방에 홀로 앉아 있으면 모든 것이 넉넉하고 충만하다. 텅 비어 있기 때문에 오히려 가득 찼을 때보다도 더 충만한 것이다"라는 구절이 나온다. 나는 범부가 현실 속에서 이러한 충만감을 느낄 수 있는 방법은 지장보살의 길을 따라 어려운 이웃에게 헌신을 하면서 기쁨을 느끼는 것이라 생각해 본다. 실제로 성심을 다해 나눔을 실천하다 보면 곤경에 처한 이웃들의 웃는 얼굴을 보는 것처럼 마음이 기뻐지는 경우가 그리 많지 않다는 사실을 깨닫게 될 수 있으며, 이와 같은 웃음이 더욱 많이 퍼질 수 있도록 노력함으로써 참된 행복이 무엇인지를 느끼게 될지도 모른다. 그리고 이러한 느낌을 갖는 것이야말로 완전한 깨달음은 아닐지라도 깨달음의 경지를 맛보는 방법일 수가 있는 것이다.

나눔을 통해 깨달음의 경지를 느껴보는 것은 어떨까? 사진은 직장생활을 하면서도 '사유와 실천' 활동을 꾸준히 계속하고 있는 태경이가 보육원 아동과 시간을 보내고 있는 모습.

2. 윤리학적인 이유

종교는 신의 권위에 의거하여 사람들에게 복종을 요구한다. 만약 신의 뜻에 따르지 않을 경우 그 사람은 신의 노여움을 사게 될 것이고, 결국 현세 또는 내세에서 벌을 받게 된다. 사람들은 최소한 이러한 벌을 받지 않기 위해서라도 신의 뜻을 따르지 않을 수 없다. 그런데 이와 같은 종교적 논의의 문제점은 그 종교를 신봉하지 않는 사람을 설득하는 데 한계가 있다는 것이다. 만약 특정 종교의 신이 내린 명령임을 내세워 그 종교를 믿지 않는 사람에게 특정한 행동을 요구한다면 그 사람은 단순히 그 종교를 믿지 않는다는 이유로 그 요구를 무시해 버릴 수 있다.

종교와는 달리 윤리에서는 이와 같은 전지전능한 힘을 가진, 외재하는 신을 전제하지 않는다. 윤리에서는 스스로의 이성 능력 내지 양심이 행동을 제약할 따름이다. 이성 능력을 발휘해서 곰곰이 생각해 볼 경우 우리는 거부하기 힘든 어떤 결론에 도달하게 되는데, 윤리는 이처럼 양심이나 이성 능력의 요구에 따라 행동할 것을 우리에게 요구한다.

그렇다면 어려운 이웃들에 대한 관심을 정당화할 수 있는 구체적인 윤리학적 근거는 무엇인가? 이를 정당화하는 방법에는 여러 가지가 있을 수 있다. 나이절 다우어Nigel Dower가 밝히고 있는 바와 같이 "타인들을 보살필 의무가 우리에게 있다는 도덕적 직관은 많은 사람들이 공유할 수도 있지만, 그런 직관을 뒷받침하거나 해석할 수 있는 방식은 가지가지다."[7] 이하에서 살펴볼 내용은 오늘날의 대표적인 윤리 이론인 공리주의와 칸트주의, 아리스토텔레스의 전통을 이어 받은 덕 윤리, 계약론의 전통에 놓여 있는 롤스의 정의론이 어떤 방식으로 어려운 이웃들에 대한 의무를 정당화하는지에 관한 내용들이다.

1) 공리주의의 관점

공리주의의 특징은 크게 네 가지를 들 수 있다. 공리주의는 쾌락주의적 특징을 가지며, 결과주의적 입장을 취한다. 또한 공리주의는 보편주의를 지향하며, 최대다수의 최대행복을 추구한다.[8]

먼저 공리주의는 쾌락을 선, 고통을 악으로 파악하고 있다는 점에서 쾌락주의적 특징을 가지고 있다. 여기서 말하는 쾌락이란 육체적인 쾌락이라기보다는 행복에 가까운 것을 이야기한다. 이러한 측면에서 보았을 때 공리주의는 행복을 도모하고 고통을 없애는 것이 도덕적으로 올바르다는 입장을 취하는 윤리 이론이다. 유의해야 할 점은 공리주의자들이 말하는 쾌락과 고통이란 풍부한 지식과 지혜를 갖춘 매우 현명한 사람인 이상적 관찰자(ideal observer)의 기준이라는 것이다. 선善은 이러한 관찰자가 행복을 준다고 판정하는 것을, 악惡은 이러한 사람이 고통을 야기한다고 판정하는 것을 말한다. 이렇게 보았을 때, 정신적으로 미숙한 사람에게 행복이나 고통을 주는 것을 무조건 선과 악이라고 말할 수는 없다.

두 번째로 공리주의는 결과주의적 특징을 가지고 있다. 결과주의

---

7 나이절 다우어, 「세계의 빈곤」, 『응용윤리』, 철학과현실사, 2005, 54쪽.

8 공리주의는 다양하게 구분될 수 있다. 여기에서는 단순히 공리주의적 입장에서 사회봉사가 필요하다는 주장을 정당화하고자 할 뿐이며, 이에 따라 공리주의 자체에 대해 상세한 논의를 하진 않았다.

란 동기와 결과 중에서 결과가 더 중요하다는 입장을 취하는 것을 말한다. 다시 말해 얼마만큼 쾌락을 많이 산출하고 고통을 줄이느냐가 어떤 동기에서 행동을 했느냐에 비해 중요하다는 것이다.

세 번째로 공리주의는 보편주의적 특징을 가지고 있다. 여기서 보편주의란 나와 남을 동등하게 생각하는 것인데, 공리주의는 나보다 남을 항상 앞세우는 이타주의와 다르고, 남보다 나를 항상 앞세우는 이기주의와도 다르다. 공리주의는 어떤 존재가 느끼는 쾌락과 고통이건 이를 동등하게 고려한다는 측면에서 보편주의적 특성을 가지고 있다. 예를 들어 A, B가 있고, A가 0의 고통을, B가 100의 고통을 느낀다고 했을 때 공리주의자들은 100의 고통을 느끼는 B를 우선적으로 배려해야 한다고 주장한다.[9] 다시 말해 B가 현재로서는 더 많은 고통을 받고 있기 때문에 B를 우선적으로 배려해야 한다는 것이다. 그런데 어떤 다른 상황에서 A가 100의 고통을, B가 0의 고통을 느낀다고 했을 때 공리주의자들은 100의 고통을 느끼는 A를 우선적으로 고려해야 한다고 주장한다. 이처럼 그 대상이 누구인지와 상관없이, 공리주의자들은 누가 얼마만큼 고통을 느끼고 있는지에 따라 배려의 대상을 달리한다. 자신의 친분이나 선호와 무관하게, 야기할 수 있는 행복이나 고통의 양에 따라 객관적인 입장에서 선택하는 것이 도덕적으로 올바르다는 것이다. 요컨대 공리주의자들은 누가 얼마만큼 고통을 느끼며, 내가 얼마만큼 행복을 야기할 수 있고, 또한 고

---

[9] 이는 문제를 매우 단순화시킨 것으로써, 여기에서는 도움을 주려는 사람이 특정한 행동을 함으로써 느낄 수 있는 고통이나 행복, 그리고 특정한 사람의 행동이 초래할 수 있는 고통 제거의 양 등을 감안하지 않고 단순히 도와주는 사람이 모든 고통을 제거할 수 있다고 가정하고 있다. 현실 속에서는 공리주의적 계산이 훨씬 복잡해질 수 있는 것은 물론이다. 여기에서는 이해를 돕기 위해 설명을 단순화한 것이다.

통을 제거할 수 있는지를 종합적으로 판단하여 누구를 도와야 할 것인가를 결정해야 한다고 주장한다. 이것이 공리주의가 갖는 보편주의적 특징이다.

마지막으로 공리주의는 최대다수의 최대행복을 추구한다. 이는 공리주의의 이상理想으로, 한 사람보다는 두 사람, 두 사람보다는 열사람의 행복을 도모하는 것이 좋다는 것이다. 공리주의자로서 행동하고자 할 경우 우리는 마땅히 행복을 최대한 도모하고 고통을 최대한 제거하기 위해 힘써야 할 것이다.

이와 같은 공리주의의 특징이 어려운 이웃의 문제에 시사하는 바는 뚜렷하다. 첫째, 공리주의의 쾌락주의적 특징은 고통 받고 있는 사람들의 고통을 줄이고, 행복을 증진하기 위해 노력할 것을 요구한다. 둘째, 공리주의의 결과주의적 특징으로 미루어 보았을 때 설령 동기가 순수하지 않다고 하더라도 만약 어려운 이웃들이 행복을 얻게 된다면 그들을 돕는 것은 옳은 것이다. 셋째, 공리주의의 보편주의적 특징을 통해 보았을 때 우리는 친분이나 선호 등과 무관하게 더욱 고통을 받고

공리주의는 고통 속에 놓여 있는 최대한 많은 사람들의 행복을 도모하라고 요구한다. 아이들의 벗이 되기 위해 시설을 방문하여 씨름을 하고 있는 연택이.

있는 사람을 우선적으로 고려해야 한다. 넷째, 우리에게는 최대한 많은 사람들이 고통에서 벗어나 행복한 삶을 영위할 수 있도록 힘써야 할 의무가 있다. 이상의 내용은 다음과 같이 정리해 볼 수 있을 것이다. 만약 우리가 공리주의적 입장을 취한다면 다른 조건이 동일한 경우 설령 동기가 완벽하게 순수하지 못하다고 하더라도, 가장 고통을 크게 느끼는 사람들의 고통을 최대한, 그리고 우선적으로 줄이기 위해 노력해야 할 것이다. 그런데 어려운 이웃들은 대체로 이와 같은 상황에 처한 사람들로, 그들에 대한 도덕적 의무는 대체로 일반인들에 대한 의무에 우선된다고 말할 수 있을 것이다.

2) 칸트의 관점

칸트의 윤리 이론은 공리주의와 다소 다르다. 대체로 이는 동기주의, 엄격주의, 보편주의와 절대주의적인 특징을 가지고 있다고 말할 수 있다. 먼저 칸트의 윤리 이론은 동기의 순수성을 중요하게 생각한다는 점에서 동기주의적인 특징을 갖는다. 만약 어떤 행동의 동기가 훌륭하다면 그 행동은 결과와 무관하게 도덕적이라는 평가를 받을 수 있다. 거꾸로 어떤 행동의 동기가 좋지 못하다면 그 행동은 설령 결과적으로 많은 사람들을 행복하게 했다고 하더라도 도덕적이라는 평가를 받을 수 없다.

다음으로 칸트는 어떤 행동의 '도덕성'을 매우 엄격한 기준을 통해 판단하고자 한다. 칸트는 우리가 도덕적으로 행동하기 위해서는 내가 얻게 될 행복감이나 나의 이익 등의 이유 때문이 아니라 오직 그것이 옳은 일이기 때문에 행해야 한다고 생각한다. 다시 말해 도덕적으로 행동하기 위해서는 그 행동이 미칠 결과를 의식해서는 안 되는 것이다. 만약 내가 얻게 될 만족감 때문에 어려운 이웃을 돕는다면 그것은 도덕적으로 선한 행동이 될 수 없다. 심지어 칸트는 연민이나 동정의 감정 때문에 도우는 것마저도 도덕적인 행위로 평가할 수 없다고 생각했다. 오직 무엇인가를 해야 한다는 '의무 의식에 말미암은 행위'만이 도덕적인 가치를 부여받을 수 있는 것이다. 이처럼 칸트의 이론은 어떤 행동이 도덕적인지의 여부를 가늠할 때 매우 엄격한 기준을 잣대로 삼고 있다.

세 번째로 칸트의 입장은 보편주의적 특징을 갖는데, 그에 따르면 나의 판단이 도덕적이기 위해서는 나의 판단을 보편화할 수 있어야 한다. 예를 들어 내가 거짓말을 할 것인지의 여부를 따져보고자 할 때 나의 대답은 보편화 가능해야 한다. 이는 모순 없이 모든 이성적 존재자가 받아들일 수 있어야 하는 것이다. 칸트는 거짓말을 하는 것을 보편화할 수 없다고 생각하는데, 그 이유는 "모든 사람들이 거짓말을 한다면 나의 거짓말마저도 아무런 소용이 없게 되어 버릴 것"이기 때문이다. 바로 이와 같은 이유로 칸트는 거짓말을 해서는 안 된다고 생각한다.

마지막으로 칸트의 입장은 절대주의적 특징을 가지고 있다. 예를 들어 거짓말을 하지 말라는 요구는 무조건적으로 따라야 하는 것이다. 이는 거짓말의 목적이나 거짓말을 함으로써 초래될 결과와는 무관하게, 그 자체로 가치 있는 것이기 때문에 명령이 내려지는 것이다. 이는 조건부가 아닌 명령으로, 칸트는 이를 '정언 명법(Categorical Imperative)'이라고 부른다. 이는 예외가 인정되지 않는 무조건적인 명령인 것이다.

한편 칸트는 "너의 인격 및 타인의 인격에 있어서의 인간성을 언제나 동시에 목적으로서 사용할 것이며, 결코 단순히 수단으로서 사용하지 않도록 행위하라"고 주장하는데, 여기서 목적으로로서 사용하라는 말은 부유하건 가난하건, 나에게 도움이 되건 도움이 되지 않건, 그와 상관없이 모든 사람을 하나의 인격체로서 동등하게 존중해야 한다는 것이다. 그 이유는 한마디로 인격은 존엄성을 갖기 때문이다.

이와 같은 입장에서 곤경에 처한 이웃을 돕는 문제를 정리해 보자면 칸트는 곤경에 처한 이웃을 도울 때 내가 얻게 될 이익 등을 고려하지 않고, 감정에 휩쓸리지 않은 채, 의무 의식에 따라 도와야 하며, 이를 무조적적인 명령이라고 생각해야 한다고 주장할 것이다. 곤경에 처해 있는 사람은 인격체로서의 온전한 삶을 영위하고 싶어도 그렇게 하지 못한다. 만약 우리에게 힘이 있다면 그들이 인격체로서의 삶을 제대로 살아갈 수 있도록 도움을 줘야 하며, 이는 무조건적인 명령인 것이다.

여기서 우리는 곤경에 처한 이웃을 돕는 것이 보편화 가능한가라고 물을 수 있을 것이다. 칸트는 '그렇다'라고 답한다. 내가 곤경에 처한 사람들을 도울 이유가 없다고 생각한다면, 나 또한 곤경에 처해 있을 때 다른 사람들에게 도움을 기대해서는 안 될 것이다. 그렇게 기대한다는 것은 자기모순을 범하는 것이기 때문이다. 하지만 현실 속에서

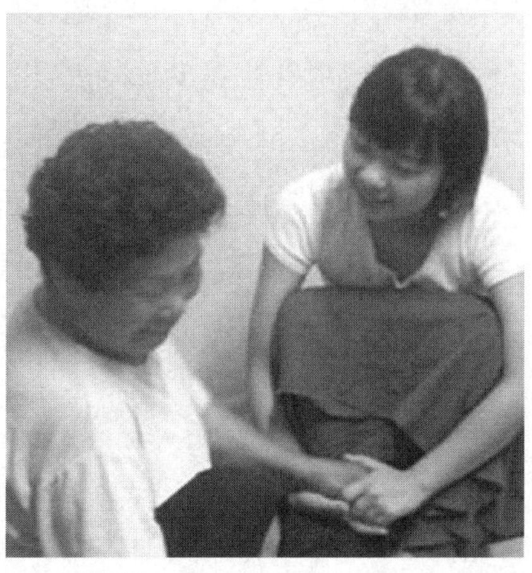
칸트는 상대방이 누구이건 최선을 다해 상대를 하나의 인격체로 대할 것을 요구한다.

나는 곤경에 처해 있을 때 다른 사람들의 도움을 기대하고 또한 요청한다. 그리고 내가 타인의 도움을 기대하고 요청할 것이기 때문에 나는 다른 사람이 그러한 상황에 처해 있을 때 마땅히 도움을 주어야 한다. 이처럼 곤경에 처한 이웃에 대한 의무는 보편화 가능하며, 우리는 존엄한 인격을 온전히 보전하는 차원에서, 또한 마땅하고 옳은 일이기 때문에 곤경에 처한 사람을 도와야 하는 것이다.

3) 덕 윤리의 관점

근대 이후 서구의 윤리에서 최근까지 초점을 맞추어 왔던 것은 구체적인 행위였다. 칸트주의와 공리주의로 대표되는 의무 중심의 윤리에서는 어떤 행위가 옳고 그르며, 내가 무엇을 해야 하며, 무엇을 해서는 안 되는지를 중점적으로 다루었다. 그런데 최근 들어 이러한 경향에 대한 불만이 제기되면서 새로운 윤리적 접근이 이루어지고 있는데, 이와 같은 흐름의 중심에 서 있는 것이 덕 윤리(virtue ethics)다. 덕 윤리학자들은 행위에 초점이 맞추어진 윤리 이론들을 비판하면서 구체적인 행위의 옳고 그름보다는 '어떤 사람이 되어야 하는가'에 강조점이 주어져야 한다고 주장한다. 이러한 입장에서 그들은 '내가 무엇을 해야 할 것인가?'보다는 '내가 어떤 종류의 사람이 되어야 하는가?'라는 질문이 훨씬 중요하다고 말한다. 이처럼 덕 윤리에서는 구체적인 행위보다는 사람의 인품이나 성향 등에 초점을 맞춘다. 예를 들어 보자.

(a) 김성한의 어제 행동은 잘못이었어.
(b) 김성한은 나쁜 사람이야.

여기서 (a)는 특정한 행동에 대한 비판으로, 김성한이 평상시에 어떠한 사람인가에 대한 판단은 이루어지고 있지 않다. 다시 말해 김성한은 좋은 사람일 수도 있고, 나쁜 사람일 수도 있다. 하지만 (b)는 김성한의 인격 자체에 대한 판단이다. 이 중에서 공리주의나 칸트주의 등의 의무 중심의 윤리는 (a)에, 덕 윤리에서는 (b)에 초점을 맞춘다는 것이다.

덕 윤리에서 고전적인 위치를 차지하고 있는 사상이나 사상가는 아리스토텔레스, 플라톤, 에피쿠로스, 스토아, 그리고 일부 초기 기독교 등이고, 이들의 생각을 바탕으로 오늘날 전개되는 덕 윤리의 양상은 다양하다. 여기에서는 덕 윤리에서 가장 중요한 인물로 꼽히고 있는 아리스토텔레스의 입장을 중심으로 어려운 이웃들에 대한 의무를 어떻게 생각해야 하는지를 정리해 보도록 하자.

아리스토텔레스는 인간이 살아가면서 목표로 삼아야 할 바를 행복(eudaimonia)이라 생각했다. 이러한 행복은 이성의 기능을 충분히 발휘하는 데서 얻어지는데, 이는 일순간이 아니라 일생을 거쳐 한결같이 이성 능력을 발휘할 때에야 비로소 실현될 수 있다. 아리스토텔레스는 이성 능력이 습관화 되어 계속 발휘될 때 '덕' 내지 '탁월성(aretē)'을 갖추게 된다고 생각했다. 이처럼 아리스토텔레스는 '덕을 갖춘다'를 '이성 능력을 적절히 발휘하는 습성을 갖는 것'으로 이해했으며, 그가 생각하기에 이러한 습성을 갖는 것은 행복에 이르기 위한 전제 조건이다.

그런데 구체적으로 '이성 능력을 적절히 발휘하는 습성'을 갖는다는 것은 무엇을 의미하는가? 아리스토텔레스는 이것이 중용의 입장을 취하는 것이라고 말한다. 여기서 그가 말하는 중용이란 획일적인 중간이 아니다. 다시 말해 어떤 경우에는 자신의 목숨까지 희생해서 대의를 실현하는 것이 중용이 될 수도 있고, 거꾸로 아무것도 하지 않고 방관하는 것이 중용이 될 수도 있는 것이다. 현실 속의 매 상황에서 이와 같은 중용이 무엇인지를 파악하기란 여간 어렵지 않다. 이와 같은 중용을 취하고자 할 경우 우리는 풍부한 지식과 경험을 쌓아야 하며, 이를 바탕으로 훌륭한 판단력을 갖추어야 한다. 아리스토텔레스는 이를 실천지, 즉 프로네시스pronesis라고 불렀다. 덕을 갖춘 사람은 삶의 각 방면에서 이와 같은 프로네시스를 갖추고 살아가는 사람이다. 이러한 사람이야말로 행복이라는 목표를 달성할 수 있는 것이다.

그렇다면 덕을 갖추고자 하는 사람은 어떠한 모습으로 이웃 사랑을 실천해야 할까? 아리스토텔레스가 말하는 덕스러운 사람의 조건을 따져보았을 때 덕을 갖추고자 하는 사람은 아무 생각 없이 이웃에 관심을 갖는 데 머물러서는 안 되고, 이성 능력을 적절히 활용해 무엇을, 어떻게, 어느 정도 도와야 할 것인지를 고려할 수 있어야 한다. 그는 이웃돕기와 관련한 진정한 중용이 무엇인가를 적절히 고찰할 수 있는 능력을 갖추어야 하는 것이다. 또한 그는 경험과 지식을 바탕으로 한 이웃돕기를 습관화하고 있어야 할 것이다.

그런데 덕 윤리를 옹호하는 사람에게 이웃 사랑이 필요한 이유를 물으면 그는 그러한 행동이 행위 주체를 덕스럽게 할 것이고, 그것이 행복을 주기 때문이라고 답할 것이다. 실제로 중세에는 혜택을 베푸는 사람의 덕을 실현한다는 관점에서 빈곤 구제에 대한 정당화가 이루어지기도 했다. 하지만 우리는 다음과 같은 의문을 품어 볼 수 있을 것이다. "자신의 탁월성과 행복을 위해 이웃을 돕는다는 것이 진

덕스러운 사람은 이성 능력을 활용해 무엇을, 어떻게, 어느 정도 도와야 할 것인가를 고려한다. 사진 왼편은 학생들에게 덕을 가르치고, 본인 스스로도 덕을 갖추고 있는 소병철 교수다. 소 교수 또한 학생들에게 실천의 중요성을 강조하기 위해 함께 농촌 활동을 하고 있다.

정한 의미의 탁월성을 얻는 방법일 수 있을까? 그와 같은 목적을 위해 이웃을 돕는 사람을 참된 의미의 덕스러운 사람이라고 할 수 있을까?"

칸트의 입장에서 보자면 이러한 사람은 덕스러움을 갖추었다고 말할 수 없는 사람일 것이다. 한마디로 다른 사람을 덕이라는 목적을 얻기 위한 수단으로 간주하고 있기 때문이다. 진정한 의미의 덕스러움을 갖춘 사람은 행복이나 덕 때문이 아니라 그 자체로 옳기 때문에 이웃을 돕는 사람일 것이다. 다시 말해 불교에서 말하는 아무런 조건 없이 베푸는 사람이야말로 진정한 탁월성을 갖춘 사람이라 말할 수 있으리라는 것이다. 덕을 갖추기 위해 이웃에게 도움을 주려하는 것은 거꾸로 덕을 갖추지 못했음을 의미할 수 있다. 거꾸로 자신에게 돌아올 대가를 고려하지 않고서 이웃돕기를 습관화한 사람이 야말로 자신도 의식하지 못한 사이에 덕을 갖추게 된 사람이라고 말할 수 있을 것이다. 결국 덕을 갖춘 사람이란 덕이나 행복을 얻기 위해서가 아닌, 그저 습관적으로, 그것이 옳기 때문에 베푸는 사람이며, 구체적으로 어떻게 베풀어야 하고, 왜 베푸는지에 대한 통찰을 가진 사람이라고 생각해 볼 수 있을 것이다.

4) 롤스의 관점

마지막으로 롤스의 정의관에 입각해서 어려운 이웃을 돕는 문제를 고찰해 보자. 롤스는 『정의론*A Theory of Justice*』(1971)을 쓴 미국의 철학자로, 하버드대 정치철학 교수였다. 그는 평생을 정의正義라는 화두에 자신의 연구 역량을 집중했으며, 현대 정치철학에서 가장 중요한 위치를 차지하고 있는 학자 중 하나다.

어려운 이웃에 대한 롤스의 입장은 원초적 입장(original position)에서 사람들이 어떠한 합의에 도달하게 될 것인가를 다루는 데서 잘 드러나고 있다. 롤스가 말하는 원초적 입장이란 사람들이 자신의 처지에 대해서 전혀 모르는 상황을 말한다. 이러한 상황에 처해 있는 사람들은 자신이 남자인지 여자인지 모르며, 아프리카 난민으로 태어날지 엄청난 부자의 자식으로 태어날지에 대해서도 아는 바가 없다. 또한 그들은 자신의 지능, 교육 정도, 운동 능력 등 그 무엇에 대해서도 아는 것이 없다. 그들은 단지 합리적 이기주의자로서, 자신의 이익을 추구하고자 하는 생각만을 가지고 있을 뿐이다. 여기서 사람들을 합리적 이기주의자로 상정한 이유는 이타주의자로 가정할 경우 결론이 너무 싱거워질 뿐더러 대부분의 사람들이 이타주의자로 살아가기보다는 자신을 우선적으로 고려하는 경향이 있기 때문이다. 모든 사람들을 이타주의자로 생각할 경우 도출되는 원칙은 있는 그대로의 현실을 외면한 이상에 불과할 것이다. 롤스는 이와 같은 원초적 입장에 놓여 있는 사람들끼리 모여 사회를 이끌어나갈 정의의 원칙을 이끌어내고자 할 때 그들이 어떤 사회 운영 원리를 승인하게 될 것인가를 묻고, 이에 대한 답을 구하고자 한다.

합리적 이기주의자들은 무지의 베일(veil of ignorance) 뒤에서 결정을 내리게 되는데, 이는 공정한 합의에 이르기 위한 조치다. 이러한 상태에서 사람들은 자신의 이익을 고려하면서도 공평무사한 결정을 내릴 수 있게 될 것이다. 만약 자신의 처지를 알고 있다면 사람들은 자신의 이익에 맞도록 사회 운영 원리를 만들어내고자 할 것이다. 하지만 자신의 상황을 전혀 모르는 상태이기 때문에 사람들은 신중하게 고민을 해서 최대한 객관적으로 특정한 원리에 합의하게 될 것이다. 예를 들어 자신이 매우 머리도 좋고, 좋은 학교를 나왔으며, 엄청나게 부유한 집에서 태어났다고 했을 때, 그리고 자신이 이러한 사실을 알고 있다고 할 경우 그 사람은 자신의 상황을 유지할 수 있는 데서 한 걸음 더 나아가 자신의 상황을 더욱 좋은 방향으로 이끌어갈 수 있는 사회 운영 원리에 합의하고자 할 것이다. 거꾸로 자신의 처지가 최악의 상황에 놓여 있는 사람 또한 자신의 처지가 개선되는 데 도움을 줄 수 있는 원리를 채택하려 할 것이다. 롤스는 이처럼 각자가 자신의 상황을 고려해서 자신의 입장에 맞게 원리를 선택하는 것을 방지하기 위해 무지의 베일과 원초적 입장을 상정한다. 그리고 롤스는 바로 이러한 상태에서 계약 당사자들이 도달하는 기본적인 합의야말로 공정성을 보장해 준다고 생각하는 것이다.

롤스는 우리 모두가 계약 당사자들이고, 어떤 환경에 처하게 될지를 미리 알 수 없는 무지의 베일 뒤에서 결정을 내린다고 했을 때, 우리가 극빈자의 이익을 고려하지 않을 수 없을 것이라고 주장한다. 실제로 우리는 만에 하나 최악의 상황에서 태어나는 상황을 대비해서라도 극빈자를 배려해야 한다고 생각할 것이다. 예를 들어 내가 유복한 집안 환경에서 태어나고, 사회에서 필요로 하는 다양한 능력을 타고 난다면 정말 다행이겠지만, 하필이면 내전이 벌어지고 있는 아프리카 난민 캠프에서 팔다리가 온전치 못하고, 정신마저 지체된 최악의 상황에서 태어날 가능성을 배제할 수 없다면, 우리는 그러한 가능성을 염려해서라도 마땅히 극빈자에 대한 배려를 해야 한다고 말할 것이다. 이처럼 무지의 베일 뒤에서 합리적 이기주의자로서 판단을 내리는 상황을 가정할 경우 우리는 극빈자를 배려하는 것이 옳다고 생각한다. 그런데 무지의 베일을 상정했을 경우의 판단을 자신이 처

설령 이기주의자라고 하더라도 무지의 베일을 상정하고 사고 실험을 해 볼 경우 어려움에 처해 있는 사람들에게 관심을 가져야 한다는 것을 알게 된다. 사진은 맹아원을 방문하여 함께 먹을 빵 만들기에 여념이 없는 '사유와 실천'의 (정)유진이.

한 현재의 상황을 알고 있다고 해서 뒤집는다면 우리는 기회주의적 태도를 취하는 격이 될 것이다. 이러한 생각이 적절하다면 설령 우리가 이기주의자라고 하더라도 어려운 이웃에 대한 일정한 의무가 있음을 인정해야 할 것이다.

3. 어려운 이웃을 돕는 것에 관한 제언

지금까지 우리는 종교적 입장을 취하건 윤리학적 입장을 취하건 어려운 이웃을 도와야 한다는 결론에 도달하게 된다는 점을 살펴보았다. 그런데 이러한 원론적인 이야기 외에 우리가 나누는 삶을 살고자 할 때 유의해야 할 구체적인 지침들이 있을 수 있다. 이번에는 이를 몇 가지 살펴보도록 하자.

1) 동기가 순수하지 않더라도 도와야 한다

세상에는 매우 양심적이라 동기가 순수하지 않은 것에 대해 부끄러움을 느끼는 사람부터 동기가 매우 불순하여 그저 윤리적 허영심을 만족시키기 위해 시설을 방문하여 사진이나 찍는 졸부나 정치인에 이르기까지 다양한 사람들이 있다. 그런데 사람들 중에는 동기의 순수성을 이유로 행동을 하지 않으려 하거나, 다른 사람들이 순수하지 못한 생각으로 활동을 하는 것을 비난하는 경우가 있다. 과연 이것이 적절한 태도일까? 이러한 입장에 대해서는 다음과 같은 대응이 이루어질 수 있을 것이다.

(1) 동기와 행동 중 어느 것이 선행되는지 알 수 없다

우리는 흔히 동기가 있어야만 행동을 하게 된다고 생각한다. 하지만 그러한 생각이 반드시 옳은 것은 아니다. 다시 말해 행동을 함으로써 오히려 동기가 생겨날 수도 있는 것이다. 아무런 동기가 없거나 불순한 동기를 가지고서 행동을 시작했다고 해도, 그러한 동기가 나중에 바뀔 가능성은 얼마든지 있다. 내가 처음으로 봉사활동을 하게 된 것은 미팅 파트너에게 잘 보이기 위해서였다. 미팅 파트너는 만나고 얼마 있지 않아 나에게 시설에서 함께 활동할 것을 권유했고, 나는 그 친구에게 잘 보이기 위해 엉겁결에 봉사활동을 시작했다. 그런데 얼마 후 미팅 파트너는 활동을 그만두었고, 내 자신도 동기가 순수하지 않다는 핑곗거리를 만들어 활동을 그만두려 했던 기억이 난다. 하지만 자의반 타의반으로 나는 활동을 계속하게 되었는데, 어느 순간 내 동기도 어느 정도 변해 있음을 느낄 수 있었다. 물론 동기가 하루아침에 변하지는 않으며, 설령 변한다고 하더라도 우리가 완벽하게 순수한 동기를 가질 수 없을지도 모른다. 그럼에도 동기를 바꾸고자 하는 의지를 가지고 꾸준히 행동을 하다 보면 동기 또한 행동으로 인해 어느 정도 바뀐다는 것을 느낄 수 있을 것이다.

(2) 동기가 순수해질 때를 기다려 실천하려 할 경우 결국 아무것도 하지
　　못할 수 있다

두 번째로 동기가 순수해지길 기다려 실천하고자 할 경우 평생 아무것도 하지 못할 수가 있다. 이렇게 이야기하는 이유는 인간이 합리적·사회적인 본성을 지니기도 했지만 인간이 충동적·이기적인 본성을 지녔으며, 이를 완전히 제거할 수 없다고 생각할 수도 있기 때문이

다. 지그문트 프로이트Sigmund Freud는 이와 같은 입장을 취하고 있는 대표적인 학자 중의 하나다. 프로이트가 생각하기에 인간의 본성에서 가장 본질적인 것은 충동이다. 그에 따르면 인간은 겉으로 보았을 때는 그럴 듯한 대의명분을 따라 행동하지만 사실은 한층 깊은 곳의 동물적인 충동, 특히 성적 충동의 영향에 따르고 있는 존재다. 프로이트의 입장에서 보자면 우리의 보이지 않는 성적인 충동과 관련한 무의식이야말로 마음의 진짜 주인공인 것이다. 이러한 입장에 따르면 전통적인 인간관, 다시 말해 인간이 합리적 목적을 위하여 성실하게 노력하는 지각 있는 존재라는 오랜 신념은 극히 부분적이고 제한적인 인간 이해에 불과하다. 프로이트는 도덕적인 자아인 초자아(superego)마저도 냉소적으로 해석했는데, 그는 아이가 부모에게 계속적으로 사랑을 받기 위해 부모의 금지를 받아들이고, 이를 자신의 내부로 투사함으로써 초자아가 형성된다고 설명했다. 그의 입장에서 보자면 도덕적 행위마저도 사실상 이기심에서 유래되는 것이다.

인간이 본능적인 충동을 원천적으로 제거할 수 없다는 사실은 폴 맥린Paul McLean의 인간의 뇌 구조에 대한 설명을 통해서도 미루어 짐작할 수 있다. 맥린에 따르면 우리의 뇌는 뇌줄기, 변연계, 신피질로 이루어져 있다. 이 중에서 뇌줄기는 파충류의 뇌라고 불리는 부위로, 뇌 진화에서 가장 오래된 영역이다. 이는 뇌의 가장 안쪽에 위치하며, 우리의 생존에 반드시 필요한 생리적 기능을 담당한다. 다음으로 변연계는 포유류의 뇌라고 불리는 부위로, 뇌줄기에 비해 늦게 진화한 부위다. 이는 뇌줄기를 덮고 있으며, 주로 희로애락의 감정을 형성하는 역할을 맡고 있다. 마지막으로 신피질은 진화의 역사상 가장 늦게 만들어진 부위로, 뇌줄기와 변연계를 덮고 있으며, 주로 사유를 담당한다. 이러한 부위는 인간 뇌의 90%를 차지하며, 인간은 뇌에 이러한 영역이 포함되어 있음으로써 다른 동물과 구분되는 이성 능력을 발휘하게 된다.

그런데 우리의 뇌가 실제로 이와 같은 구조를 갖추고 있다면, 다시 말해 우리의 뇌가 전적으로 신피질로만 이루어진 것이 아니라 뇌줄기와 변연계로 이루어져 있기도 하다면, 우리의 동기가 전적으로 신피질의 영향만을 받을 수는 없을 것이며, 뇌줄기와 변연계의 영향을 받는 이기적 충동이나 감정은 부지불식간에 영향력을 발휘할 것이다. 백번 양보하여 설령 신피질의 영향만을 받게 하는 것이 가능하더라도 사유 능력이 철저하게 이타적인 행동만을 요구하리라는 법은 없다. 이러한 능력을 이용해 보았을 때 나의 이익을 추구하는 것이 좋은 경우가 얼마든지 있을 것이기 때문이다.

이상에서의 입장이 전적으로 옳다고 말할 수 없을지도 모른다. 하지만 인간의 욕구나 충동 등을 원천적으로 제거할 수 없는 것이 사실이라면 우리는 동기가 완전히 순수해지길 기대하지 않는 편이 좋을지도 모른다. 일찍이 칸트는 인간이 욕구나 애착을 가지고 있는 존재인 이상 이 세상에서는 어떠한 경우에도 동기의 순결무구함을 얻을 수 없다고 주장했다. 이는 플라톤의 이데아Idea로나 존재하는 것이지 욕망이나 욕구를 갖는 우리 인간들이 실제로 이러한 동기를 가질 수는 없다는 것이다. 이러한 생각이 어느 정도 설득력이 있다면 우리가 현실 속에서 할 수 있는 일이라고는 그저 최선을 다해 동기의 순수성을 지향하면서 실천을 하는 것일 수 있다. 우리가 천사가 아닌 이상 순진무구한 동기를 가질 수는 없는 것이다.

동기가 완벽하게 순수할 수 없음을 인정하는 것에는 뜻밖의 장점이 있다. 이는 우리에게 겸손의 미덕을 갖게 한다. 다시 말해 완전하게 순수하지 못하기 때문에 우리는 자신의 동기를 부끄럽게 생각하면서 다른 사람에게 자신을 내세우지 않을 수 있고, 자신의 동기를 더욱 갈고 닦으려 노력할 수 있게 되는 것이다. 당장 내게 누군가가 "당신 왜 농활을 가지? 당신의 동기가 완벽하게 순수해?"라고 물어보면 나는 아니라고 대답할 것이다. 그럼에도 나는 "농활을 가는 것이 내 동기의 순수성보다 중요하며, 내 동기는 죽을 때까지 갈고 닦을 생각"이라는 대답이 그다지 부끄러울 것 같지는 않다. 적어도 내가 순수함의 화신인 양 꾸미지 않아서 좋고, 내게 더 노력해야 할 여지가 있어서 좋다. 나는 동기의 순수성을 거론하며 그렇지 않은 사람들을 욕하고만 있는 사람들에게, 그리고 이를 거론하며 아무런 실천을 하지 않는 사람들에게 그러한 태도가 정당한가에 대해 가슴에 손을 얹고 곰곰이 생각해 보라고 말하고 싶다. 여기에 실천하지 않는 자신을 정당화하려는 의도가 담겨 있는 것은 아닐까? 다소 거짓되더라도 실천하는 것이 안 하는 것보다 더 나은 것은 아닐는지…….

(3) 동기주의 윤리 이론만이 옳고 그름의 궁극적인 기준은 아니다

만약 우리가 동기의 순수함을 중요하게 생각하는 칸트주의자라면 동기가 건전하지 않다는 이유 때문에 행동을 하지 않는 것에 대해 정당성을 부여할 수 있을지 모른다. 하지만 윤리 이론에는 동기주의 윤리 이론 외에 공리주의로 대표되는 결과주의 윤리 이론 또한 존재한다. 그리고 공리주의적 측면에서 보자면 설령 동기가 순수하지 않다고 하더라도 결과적으로 어떤 행동으로 인해 고통이 제거되거나 행복이 초래되었다면 그것만으로도 충분히 도덕적인 행동을 했다고

말할 수 있다. 결과적으로 고통이 더 많이 산출되지 않는다면 봉사
활동을 하면서 동기가 반드시 순수해야 할 필요는 없는 것이다.

예를 들어 내가 버스에 앉아서 가고 있는데 노인이 올라탔다. 이때
우리가 취하게 되는 동기와 행위는 다음과 같이 나누어 생각해 볼
수 있을 것이다.

행동	동기
(a) 일어난다	(ㄱ) 건전한 동기
	(ㄴ) 건전치 못한 동기 → 건전한 동기
	(ㄷ) 건전치 못한 동기
(b) 앉아 있는다	(ㄱ) 건전한 동기
	(ㄴ) 건전치 못한 동기 → 건전한 동기
	(ㄷ) 건전치 못한 동기

각각의 경우에 대한 구체적인 예는 다음과 같다.

(a-ㄱ) 노인을 본 즉시 노인이 힘들 것이라는 생각을 가지고 곧장
　　　일어선다.

(a-ㄴ) 일어나기 싫어서 이런저런 핑곗거리를 만들어 내다가 이래
　　　서는 안 된다는 생각을 가지고 마음을 고쳐먹고 일어난다.

(a-ㄷ) 옆에 잘 보이고 싶은 사람이 있고, 그 사람에게 좋은 사람임
　　　을 보이고 싶어서 일어난다.

(b-ㄱ) 내가 앉아 있는 경우와 노인이 앉아 있는 경우에 초래된 쾌
　　　락과 고통의 양을 종합해서 내가 앉아 있는 것이 고통을 더
　　　줄일 수 있다는 확신 하에 일어나지 않는다. 가령 노인은 노
　　　인인지 아닌지가 애매하게 보이고, 운동을 하러 나온 듯한

복장임에 반해, 나는 감기에 걸려 서 있기도 힘든 상황이고, 게다가 팔다리까지 부러져 깁스를 했다. 이런 상황에서는 내가 앉아 있을 경우에 더 많은 고통을 제거할 수 있을 것이고, 이러한 생각에 따라 앉아 있는다.

(b-ㄴ) 일어나려 하였으나, 내가 왜 일어나는지를 자문해 보았더니 내가 자발적으로 일어나려 하고 있기보다는 다른 사람의 눈 때문에 일어나려 한다는 사실을 알게 되었고, 이렇게 일어날 바엔 아예 일어나지 않는 것이 좋겠다고 생각해서 일어나지 않는다.

(b-ㄷ) '왜 하필이면 내 앞에 서 있지? 짜증나'라고 생각하면서 자는 척한다.

이러한 경우들 중에서 칸트주의자들은 행동과 동기의 도덕성에 대한 순위를 매길 때 결과와 상관없이 동기의 건전함에 초점을 맞출 것이며, 이에 따라 (a-ㄷ)와 (b-ㄷ)는 도덕적으로 긍정적이지 못하다고 생각할 것이다. 하지만 결과를 강조하는 공리주의적 입장에서 본다면 평가는 달라진다. 그 이유는 설령 동기가 건전하지 못하다고 하더라도 결과적으로 그러한 행동으로 인해 고통이 분명 제거되었다면 그것만으로도 충분히 도덕적인 행동이라고 말할 수 있기 때문이다. 원칙적으로 위의 경우에서 공리주의적인 입장에서 바람직하지 못한 행동은 없다. 어떤 경우에도 쾌락이 극대화되고, 고통이 최소화된다면 그것만으로 훌륭한 행동이라는 평가를 받을 수 있기 때문이다. 그럼에도 공리주의자들은 대체로 동기주의 윤리 이론과 마찬가지로 (b-ㄷ)에 대해서는 부정적인 평가를 할 것이다. 하지만 그들은 (a-ㄷ)

에 대해서는 반드시 부정
적으로 평가할 이유가 없
다고 생각할 것이다. 물론
어떤 경우에도 남의 눈만
을 의식해서 행동을 하는
것은 부정적인 결과가 산
출될 가능성이 있다는 측
면에서 공리주의적인 입장
에서도 바람직하다고 평가
할 수는 없다. 그럼에도 동
기의 순수성만을 따져 세
상의 고통을 외면한다면
오히려 그것이 더 큰 문제
라고 공리주의자들은 지적할 것이다.

동기 못지않게 중요한 것은 실천이다.

2) 그럼에도 훌륭한 동기를 갖기 위해 노력해야 한다

위에서 나는 마음가짐 이상으로 중요한 것이 올바른 실천이라고
주장했다. 이미 살펴본 바와 같이 공리주의적 관점에서 보자면 설령
동기가 순수하지 않다고 하더라도 결과적으로 더 많은 행복을 산출
하거나 고통을 제거할 수 있다면 행동을 하는 것이 그렇지 않는 경
우보다 낫다. 하지만 이러한 주장에 오해가 있어서는 안 된다. 다시
말해 공리주의자들이 동기가 중요하지 않다고 생각하지는 않는다는
것이다. 실제로 공리주의자들도 훌륭한 동기에서 실천을 하려는 방향
으로 전환을 도모하는 것이 마땅하고 옳은 일이라고 생각한다. 이렇

게 이야기하는 이유는 훌륭한 동기를 갖는 것이 상대방을 위해서나 본인을 위해서, 그리고 공익을 산출하는 측면에서도 결과적으로 더 많은 행복을 산출하면서 고통을 제거할 수 있기 때문이다.

훌륭한 동기가 아닌 다른 이유로 선행을 할 경우에는 그러한 선행이 지속적으로 이루어질 가능성이 낮아지게 된다. 물론 나의 평판 또는 다른 사람이 나를 어떻게 볼 것인가에 대한 걱정 때문에 선행을 한다고 하더라도 그것 자체가 많은 것을 이룰 수도 있다. 하지만 훌륭하지 않은 동기에서 하는 행동은 지속적으로 긍정적인 결과를 낳지 못할 가능성이 크다. 왜냐하면 자신이 원하는 바를 얻었거나 얻을 수 없다고 판단할 경우에는 다르게 행동할 가능성이 얼마든지 있기 때문이다. 만약 평판 때문에 선행을 했다면 그런 평판과 무관한 상황에서는 더 이상 선행을 하지 않게 될 것이다.

이를 바꾸어 생각해 본다면 우리가 동기를 갈고 닦는 데 소홀할 경우 고통을 야기할 가능성이 커질 수 있다고 말할 수 있을 것이다. 농활을 인솔해서 가는 교수자의 예를 들어 보자. 다른 사람들도 마찬가지지만 특히 교수자는 자신이 농활을 왜 가야 한다고 생각하는지, 그것이 누구에게 어떻게 영향을 미칠 수 있는지, 최대다수의 최대행복을 도모하기 위해서는 어떤 선택을 해야 할 것인지 등을 종합적으로 검토하면서 마음을 다지기 위해 노력해야 한다. 왜냐하면 교수자는 말 그대로 교수자이기 때문에 자신이 인솔해서 가는 학생들뿐만 아니라 도움 수요자인 농민들에게도 상대적으로 큰 영향을 미칠 수 있기 때문이다. 자신의 영향력을 충분히 의식하지 못한 교수자가 마지못해, 또는 습관적으로 아무 생각 없이 학생들과 함께 농활을 갈 경우 이는 생각보다 훨씬 심각한 결과를 낳을 수 있다. 이러한 교수자는 학생들을 어떤 방향으로 이끌어야 진정한 인성 교육이 될 것인지에 대한 별다른 관심이 없기 때문에 어떻게 하루를 보내야 학생들이 만족을 할 것이며, 이를 통해 또 다른 실천의 계기를 만들 수 있을지 등을 생각해 보지 않을 것이다. 이러한 교수자는 열심히 일하기보다는 적당히 시간을 보내려 할 것이다. 이러한 모습은 당장 학생들에게 부정적인 영향을 주게 된다. 학생들은 타인의 모범이 되어야 할 교수자가 그렇지 않은 모습에 실망을, 또한 교수자도 안하는데 우리라고 굳이 해야 할 이유가 무엇이냐는 생각에 일 자체를 게을리 하게 될 것이다. 많은 사람들이 함께 열심히 일을 할 경우에는 아무리 힘이 들어도 덩달아 열심히 일을 하게 된다. 이는 땀을 흘린 보람과 함께 일을 했다는 동료 의식으로 이어지며, 이러한 긍정적인 분위기는 지속적인 실천을 할 수 있는 계기로 작용한다. 하지만 열심히 일을 하지 않을 경우에는 이 모든 연결 고리가 끊어지게 되며, 결국 소기의 교육적인 효과를 달성하기가 힘들어지게 되는 것이다.

문제는 여기서 끝나지 않는다. 학생들이 마지못해 일을 하였을 경우, 이는 봉사 수요자인 농민들의 빈축을 사게 된다. 농민들에게는 기껏 농촌에까지 와서 제대로 일도 하지 않고 웅성거리기만 하는 모습이 긍정적으로 보이지 않을 것이다. 이러한 경우가 반복될 경우 급기야 농촌은 농활을 거부하게 될 것이고, 결국 농활 프로그램은 아무 실효성 없는 활동으로 전락해 버리고 말 것이다. 이처럼 개인적으로는 그다지 크지 않아 보이는 동기, 특히 교수자를 포함해 사회적 영향력을 행사할 수 있는 입장에 놓인 사람의 동기는 그 파급 효과가 스스로 생각하는 것 이상으로 클 수가 있다.

이상과 같은 이유로 우리는 훌륭한 동기를 갖기 위해 노력할 필요

가 있다. 이러한 노력을 하려는 의지가 아예 없다면 동기가 바뀔 가
능성은 상대적으로 낮아지고, 설령 바뀐다고 하더라도 시간이 더딜
것이며, 자칫 주변에 피해를 줄 가능성이 크다. 따라서 다소 힘들고
작위적이라고 하더라도 자신의 동기를 근본적으로 검토해 보면서 내
가 왜 어려운 이웃을 도우려 하는 것이며, 과연 내 생각이 바람직한
지, 내 동기가 무엇인지 등을 자주 자문해 보아야 한다. 예를 들어 농
활을 갈 때 이성을 만나서 즐겁게 노는 데만 관심을 갖는다던가, 스
펙, 자기만족, 학점을 받는 것 등에만 관심을 가질 수 있다. 그런데 이
것이 과연 정당한 생각인지에 대한 반성적 검토를 해보지 않는다면,
나아가 이러한 동기에서 농활에 참여하는 것을 당연하게 생각한다면
동기가 개선될 가능성은 낮을 수밖에 없다.

적어도 우리는 올바른 동기가 어떤 것이어야 하며, 이를 자신의 동

나눔을 제대로 실천하기 위해서는 어떠한 동기를 가져야 하는지를 잘 생각해 보아야 하며, 자신의 동기를 이상에
맞추기 위해 노력할 필요가 있다.

기와 비교하면서 부끄러워할 줄 아는 마음을 가져야 한다. 설령 돌을 산꼭대기로 굴려 올려도 결국 제 자리로 다시 계속 되돌아오는 시지프스의 운명을 타고 났다고 해더라도 우리는 그러한 실존을 받아들이면서 조금이나마 마음을 순수하게 만들기 위해 꾸준히 노력해야 한다. 적어도 올바른 삶을 살고자 하는 의지가 있다면 우리는 동기를 순수한 쪽으로 조금이라도 옮겨놓으려는 노력을 게을리 하지 말아야 할 것이다. 아무리 공리주의적인 입장을 취하여 결과를 중요하게 생각한다고 하더라도, 우리가 포기해서는 안 될 것이 동기다.

3) 아무것도 하지 않는 것도 잘못일 수가 있다

우리는 일반적으로 고통을 직접 주는 것은 나쁘지만 고통 받게 내버려두는 것을 나쁘다고 생각하지 않는다. 그 이유는 아마도 양자 사이에 근본적인 차이가 있다고 생각하기 때문일 것이다. 그런데 만약

상식과는 달리 우리가 나눔을 실천하지 않는 것 자체가 도덕적인 잘못을 범하는 것일 수 있다. '사유와 실천'의 오랜 회원 경화와 할머니. 그리고 시원이. 이들은 직장생활을 하고 로스쿨을 다니는 바쁜 와중에도 변치 않고 할머님을 꾸준히 방문하고 있다.

'행위(doing)'와 '방관(letting happen)'이 질적으로 구별되지 않는다면 어떻게 생각해야 할까? 실제로 공리주의자는 행위와 방관이 질적으로 구별된다고 생각하지 않는데, 이 경우 어려운 이웃을 돕는 것이 도덕적으로 옳고, 돕지 않는 것이 가치중립적인 것이 아니라, 돕지 않을 경우 도덕적인 잘못을 범하는 것이 될 수 있다. 다시 말해 어려움에 처해 있는 사람들의 고통을 제거하고 행복을 야기하기 위해 아무 일도 하지 않고 그들을 방치하는 것은 부지불식간에 도덕적 잘못을 범하는 격이 될 수 있다는 것이다. 이를 『실천윤리학』에서의 피터 싱어Peter Singer의 주장을 통해 정리해 보도록 하자.

고통을 받도록 내버려두는 것과 고통을 직접 주는 것이 근본적인 차이가 없다는 주장은 우리의 상식과 다르고, 이에 따라 많은 이론異論이 제기될 수 있다. 예를 들어 사람들은 흔히 '사람들의 목숨을 구하는 데 돈을 사용하지 않고 명품을 사는 데 사용하는 경우'와 '상대에게 해악을 가하겠다는 생각을 가지고 상대를 칼로 찌르는 경우' 사이에는 중요한 차이가 있다고 생각한다. 두 경우 사이에 차이가 있음을 보여 주기 위한 논거에는 다음과 같은 것들이 있을 수 있다.

(1) 동기가 다르다

자의로 칼을 휘두르는 사람은 의도를 가지고 타인을 해친다. 반면 외제 승용차를 산다는 것은 그 자체로 나쁜 일은 아니다. 외제차를 산다는 것이 고의적으로 남을 해치려는 의도와 같을 수 없기 때문이다. 최악의 경우에도 돈을 기부하는 대신에 사치품을 사는 데 돈을 쓰는 것은 이기심이나 타인의 고통에 대한 무관심을 드러낼 뿐이며, 설령 이것이 바람직하지 못하다고 해도 이를 실제적인 악의나 그와 비슷한 동기와 비교할 수는 없다.

(2) 해를 입은 사람이 누구인지를 확인할 수 있다

누군가에게 해악을 가했을 경우 우리는 해를 입은 사람이 누구인지 구체적으로 지적할 수 있고, 슬퍼하는 그의 가족들을 파악할 수 있다. 그러나 내가 비싼 옷을 사 입음으로 인해 고통을 받게 된 사람이 누구인지를 지적하는 것은 불가능하다.

(3) 곤경은 나로 인해 초래된 것이 아니다

곤경은 내가 의도한 것이 아니며, 내가 있건 없건 상관없이 분명 존재했을 것이다. 따라서 나에게 그 책임을 물을 수는 없다. 그러나 만약 내가 살인을 했다면 나는 희생자의 죽음에 대하여 분명 책임이 있다.

이와 같은 차이가 있음에도 불구하고 이것이 본질적인 차이라고 할 수는 없다. 싱어에 따르면 이러한 차이는 부수적인 것에 불과하며, '고통을 줌'을 '고통 받도록 방치함'보다 '더' 나쁜 것으로 간주하는 이유를 설명할 따름이다. 다시 말해 고통을 받도록 방치하는 것 또한 직접적으로 고통을 주는 것만큼은 아니라고 해도 그것이 나쁘지 않다고 말할 수는 없다는 것이다. 싱어는 위에서의 논거에 대해 각각 다음과 같이 반론을 제시한다.[10]

---

10 피터 싱어, 황경식·김성동 옮김, 『실천윤리학』, 연암서가, 2013, 343쪽 이하.

(1-1) 동기의 차이에 대한 반론

만약 어떤 사람이 적극적으로 사람을 해칠 의도가 없었다면 그 사람은 상대적으로 비난을 적게 받을 것이다. 그러나 그렇다고 그 사람이 완전히 책임을 면하는 것은 아니다. 예를 들어 차를 몰고 가는 사람이 아무런 동기 없이 실수로 횡단보도를 건너는 사람을 치었다고 했을 때 그에게 책임이 없는 것은 아니다. 설령 의도가 없었다고 하더라도 만약 행인이 부상을 입었다면 그는 도덕적인 잘못을 범한 것이며, 이에 대해 마땅히 책임을 져야 하는 것이다.

(2-1) 해를 입은 사람의 확인가능성에 대한 반론

해를 입은 사람을 확인하지 못한다는 사실 또한 면책 사유가 될 수 없다. 예를 들어 내가 통조림 판매업자인데 그 속에 발암물질이 섞여 있는 것을 알면서도 불특정 다수에게 이를 계속 판매했다고 가정해 보자. 이때 구체적으로 누가 통조림을 먹고 암에 걸렸는지를 확인할 수는 없다. 하지만 이 경우에도 나는 여전히 도덕적 비난을 받아야 하며, 면죄부를 받을 수는 없는 것이다.

(3-1) 나로 인해 초래된 고통이 아니라는 주장에 대한 반론

이 또한 근본적인 반론이 될 수는 없는데, 예를 들어 아이가 물에 빠져 허우적거리고 있을 때 그 아이를 구해내는 것이 마땅하다는 사실은 그 누구도 부인할 수 없을 것이다. 우리에게 그 아이를 구할 수 있는 능력이 있음에도 그냥 방치한다면 이는 도덕적인 잘못인 것이다. 심지어 어느 정도 희생이 따르더라도 그러한 희생이 감수할 정도라면 아이를 구하지 않는 것은 잘못이다. 아이를 구하기 위해 물에 뛰어들면 내 옷은 진흙투성이가 되고, 시간을 빼앗길 것이며, 중요한 약속을 어기게 됨으로써 커다란 손실을 감수할 수도 있을 것이다. 그럼에도 그 아이가 죽음을 피할 수 있다는 것과 비교하면 그러한 문제는 중요하다고 말할 수 없다.

이와 같은 싱어의 입장에 대해서는 반론이 제기될 수 있을 것이다. 하지만 일단 공리주의의 입장을 받아들이고, 그 입장을 일관성 있게 견지하고자 할 때 우리는 싱어의 입장을 거부하기가 쉽지 않다.

실제로 공리주의의 입장을 일관성 있게 적용해 보면 고통을 직접 주는 것과 고통을 방치하는 것에 어떤 본질적인 차이가 있는 것은 아니다. 만약 이것이 사실이라면 흔히 사람들이 생각하듯이 "돕는 것은 칭찬을 들을 만하지만, 그렇게 하지 않는다고 해서 나쁜 것은 아니다"라고 생각하는 것은 잘못이다. 다시 말해 우리가 어려운 이웃 들에게 아무것도 하지 않는 것은 잘못이고, 이에 따라 우리는 마땅히 어려운 이웃들에게 무엇인가를 해야 하는 것이다.

4) 사회 구조적인 문제점을 의식하자

어떤 문제가 발생하는 데에는 수많은 원인들이 작용한다. 이러한 원인에는 비교적 직접적인 것들이 있고, 보다 근원적인 것들이 있다. 우리는 흔히 이와 같은 원인들을 충분히 의식하지 않고 오직 현상만 을 가지고 많은 것을 판단하려는 경향이 있으며, 다양한 원인들을 체 계적으로 분석해 보지 않고 문제를 단순화시키는 경향이 있기도 하 다. 이는 잘못인데, 만약 진정으로 문제를 해결하고자 하는 의지가 있다면 우리는 원인에 대한 심층적인 고민을 해볼 필요가 있다. 어려

나눔을 실천할 때 반드시 생각해 보아야 할 것 중의 하나는 사회 구조적인 문제점이다. 전체 봉사활동에 나서서 주방 일을 하고 있는 아영이, 영혜, 그리고 (원)유진이.

운 이웃의 문제 또한 예외가 아니다. 이것이 말 그대로 문제임을 고려한다면 우리는 이에 대해 체계적인 원인 분석을 해볼 필요가 있는 것이다. 여기서 '체계적인' 원인 분석을 이야기하는 이유는 원인을 충분히 생각해 보지 않고 처방을 내릴 경우, 또는 현상에 대한 임기응변적인 처방에 그칠 경우 그러한 처방은 별다른 효과를 거두지 못할 가능성이 크고, 나아가 득보다는 실이 큰 경우도 있을 수 있기 때문이다.

이러한 분석에서 빠져서는 안 되는 것이 사회 구조적인 측면에 대한 관심이다. 인간이 사회의 영향을 크게 받는 자유롭지 못한 존재임을 감안할 때, 개인들이 행동할 수 있는 범위나 행동 양식을 정해 주는 사회 제도들이 갖추고 있는 특징에 대한 원인 분석은 다른 원인들을 해명하는 일보다 중요할 수 있다. 현상의 원인이 되는 사회 구조적인 측면을 따져 이에 대한 대책을 마련하려는 것은 문제를 근본적으로 해결하는 방식이라 할 수 있다. 이러한 측면에 대한 해결 방안이 마련되지 않을 경우 여러 직접적인 대책들은 문제를 해결하지 못하며, 문제에 대한 미봉책에 불과할 수 있다. 몇 가지 예를 들어 보자.

최근 정부는 출산율 급감에 대한 해결책으로 출산비 지원 등의 혜택을 준다는 발표를 했다. 이와 더불어 정부는 출산율을 증가시키려는 대책들을 계속 내놓고 있다. 그런데 과연 이러한 방법을 통해 출산율이 증가하게 될까? 그렇게 될 가능성도 있다. 하지만 현재의 대한민국의 상황을 고려해 보았을 때 당분간 출산율이 현저하게 증가하는 일은 없을 듯하다. 그 이유는 더욱 구조적인 측면, 다시 말해 우리나라 국민들이 돈 걱정 없이 마음 놓고 아이를 키울 수 있는 사회적 여건이 확립되어 있지 않기 때문이다. 왕따 문제나 학교 폭력 문제 또한 마찬가지다. 최근 청소년들이 독자로 자라면서, 컴퓨터 등에 몰입되면서, 또한 부모가 맞벌이를 함으로써, 그리고 그들이 대학 입시 등에 내몰리면서 의사소통을 통해 다른 사람에게 공감을 느낄 수 있는 능력이 현저하게 줄어들었다. 그런데 왕따나 학교 폭력 문제가 이처럼 사회 구조적인 문제와 결부되어 있다면 현재 제시되고 있는 이런 저런 대책들이 근본적인 해결책이 될 수 있을지는 미지수다. 사회 구조적인 측면이 당장 바뀔 것 같지 않기 때문이다.

아프리카의 기아 문제 역시 다를 바 없다. 주지하다시피 아프리카에는 극도의 배고픔을 느끼며 하루하루를 살아가다 결국 죽어가는 아이들을 포함해 수많은 사람들이 극심한 고통 속에서 살아가고 있는데, 그들이 이처럼 고통을 받는 데는 그 나라의 복잡한 정치, 경제, 사회, 문화적인 요인들이 잠복해 있다. 이들은 아프리카에서 고통이 만연하는 근본 원인일 수 있으며, 이에 따라 이들에 대한 근본적인 대책이 마련되지 않고서는 구호는 한낱 밑 빠진 독에 물붓기가 될 가능성이 적지 않다. 내전의 소용돌이 속에서 호족들이 활개를 치고, 국가가 구호품을 중간에서 착복하는 등의 악습이 없어지지 않은 이상 아프리카 난민들에게 구호품을 보내는 것은 그들의 기아 문제를 해결할 수 있는 근본적인 대책이 될 수 없는 것이다.

이와 같은 이유로 우리는 사회 구조적인 문제를 밝혀내고 이를 해결하기 위해 노력을 해야 한다. 그런데 문제는 사회 구조적인 측면의 개선은 이루어지지가 쉽지 않으며, 문제 발생의 원인이 얽히고 설켜 있어서 한 측면에 대한 해결책이 다른 문제를 야기하기도 한다는 것이다. 이에 따라 개인의 힘에 의한 사회 구조 개선은 사실상 불가능한 경우가 대부분이다. 하지만 그렇다고 우리가 이에 대해 수수방관

사회 구조적인 문제를 개인들이 근본적으로 해결할 수 없을지라도 이를 늘 의식할 필요가 있다. 창렬이, 새롬이, 경륜이, 주희가 할머니 댁 문 앞에서 다음 방문을 기약하면서.

하거나 포기해서는 안 된다. 우리는 이러한 구조적인 문제가 있다는 사실을 직시해야 하며, 적극적으로 이러한 문제에 대한 적절한 이해와 처방이 무엇인지를 파악하기 위한 노력을 경주해야 한다. 아무리 개인적인 힘이 미약하다고 하더라도 그러한 힘이 꾸준히 결집되어 임계점을 넘어서면 결국 전환이 이루어질 수도 있다. 그러한 과정은 완만하게 이루어질 수도 있고, 설령 전환이 이루어진다고 하더라도 그것이 반드시 긍정적이지만은 않을 수도 있다. 그럼에도 사회 구조적인 측면에 관심을 갖는 사람들이 많아져서 축이 조금씩 움직이기 시작해야 비로소 사회 구조적인 문제들에 대한 해결의 조짐이 나타날 수 있게 될 것이다.

5) 봉사할 대상을 잘 선택해야 한다

우리가 봉사할 대상을 선택할 때 염두에 두어야 할 것은 (a)봉사자에게 인격적 성장을 포함해 얼마만큼 긍정적인 영향을 줄 수 있는지, (b)봉사 수요자에게 얼마만큼 도움이 될 수 있는지, (c)사회적으로 얼마만큼 긍정적인 파급 효과를 미칠 수 있는지 등이다. 우리는 적절한 숙고를 통해 이 세 가지를 골고루 충족시키는 활동을 선택해야 한다. 특히 (a)와 (b)는 봉사활동을 할 때 반드시 의식해야 할 중요한 요소들인데, 이 중에서 (b)는 우리가 봉사활동을 할 때 간과하기 쉬운 측면이다. 봉사활동을 한다는 명분은 흔히 봉사자에게 즐거움을 준다. 하지만 막상 봉사 수요자가 즐겁기는커녕 고통을 느끼는 경우도 흔히 있는데, 우리나라에서의 봉사활동은 이러한 점을 충분히 고려하지 못하고 있는 형편이다.

봉사활동을 할 때 유의해야 할 점은 내가 남을 위해 노력하고, 그

것이 상대에게 도움이 되어야 하는 것이지, 남을 위한 노력이 별다른 도움이 되지 않는 데서 더 나아가 피해까지 준다고 하면 이는 사실상 봉사활동이라 할 수가 없다는 것이다. 예를 들어 아프리카의 굶주림에 시달리고 있는 아이들에게 맛있고 기름진 음식들을 준다고 했을 때, 설령 좋은 동기에서 그렇게 했다고 하더라도 그들은 자칫 목숨을 잃을 수도 있다. 굶주린 아이들은 신진대사가 극도로 악화되어 있는 상태라 아무 것이나 먹어서는 안 되며, 의사의 정확한 진단과 신중한 처방이 우선되지 않으면 안 된다. 이러한 과정을 거치지 않고 막연하게 아이들에게 먹을 것을 준다고 했을 때 그들은 죽음에 이를 수 있는 것이다. 이처럼 극단적인 경우는 아닐지라도 봉사 수요자의 입장을 충분히 고려치 않을 때에는 크고 작은 방법으로 봉사 수요자에게 피해를 줄 수 있는데, 이 경우 봉사활동은 사실상 봉사활동이 아니라 민폐 활동이 되어 버릴 수 있다.

봉사 수요자에 대한 숙고를 해야 한다는 것은 동기주의 윤리에서는 선명하게 부각되지 않는다. 왜냐하면 동기주의 윤리에서는 상대방이 아니라 행위자 자신의 동기에 초점이 맞추어지기 때문이다. 다소 거칠게 이야기 하자면 동기주의 윤리에서는 상대방이 어떻게 생각을 하건 내가 훌륭한 동기에서 행동을 했다면 그것만으로도 도덕적 의미를 부여받을 수 있다. 하지만 결과주의 윤리의 입장에서 보았을 때에는 행위로 인해 영향을 받을 대상은 반드시 고려의 대상이 되어야 한다. 왜냐하면 상대에 따라 동일한 행동이 행복을 산출할 수도, 불행을 산출할 수도 있기 때문이다. 예를 들어 성인과 아기를 동일한 강도로 때릴 경우 양자가 느끼는 고통의 양은 현저하게 다를 것이다. 동일한 강도로 때릴 경우 설령 성인은 견딜 만해도 아기는 적지 않은

봉사할 대상을 적절히 선택하지 않을 경우 자칫 민폐를 줄 수 있다. 아이들과 함께 하는 활동이 너무나도 잘 어울리던 민승이. 지금은 결혼해서 미국에서 살고 있다.

고통을 느낄 것이다. 만약 이들에게 동일한 고통을 야기하고자 한다면 성인에게는 비교적 강한 강도로, 아기에게는 훨씬 약한 강도로 타격을 가해야 할 것이다. 이처럼 행복이나 고통을 느끼는 조건은 사람마다, 상황에 따라 각기 다를 수 있다. 만약 이것이 사실이라면 봉사자는 자신의 동기 못지않게 봉사 수요자에게 미칠 영향을 고려해서 봉사 수요자를 선택해야 한다. 우리는 자신이 어떤 성격적 특징을 가지고 있고, 얼마만큼 시간을 낼 수 있으며, 누구와 활동을 할 것인지, 그리고 이를 통해 상대방에게 얼마만큼 도움이 될 수 있는지를 종합적으로 고려해서 어떤 봉사활동을 할 것인가를 결정해야 할 것이다.

나는 봉사활동의 초점이 직접적으로 사람에 맞춰져 있는 경우는 특히 신중할 필요가 있으며, 비교적 마음을 단단히 먹어야 한다고 생각한다. 이렇게 말하는 이유는 직접적으로 사람을 만나서 이루어지는 봉사활동에서 가장 필요한 것은 인간적인 친분인 경우가 대부분인데, 그러한 친분은 하루아침에 쉽게 맺어지는 것이 아니기 때문이다. 뿐만 아니라 활동을 하다가 얼마 있지 않아 중단을 해 버릴 경우 봉사 수요자가 자칫 마음의 상처만 안게 될 가능성도 크다. 여러 명의 사람들이 한꺼번에 몰려가서 일회성 이벤트로 시설의 사람들과 만나는 것 또한 바람직하지 않기는 마찬가지다. 나 또한 시설에 사는 청소년들이 손님들이 가고 난 후 "우리가 동물원 원숭이야?"라고 이야기하는 것을 들은 적이 있다. 이처럼 많은 사람들이 한꺼번에 몰려갈 경우 설령 봉사활동을 가는 사람들은 나름의 의미를 찾을 수 있을지 몰라도, 거기에 있는 사람들은 낭패감을 느낄 수 있다.

필자가 생각하기에 직접적으로 사람을 만나는 봉사활동은 개별적으로, 소규모로 방문하는 것이 바람직하다. 물론 이때에도 자신의 상황과 특성, 그리고 도움 수요자의 특성 등을 종합적으로 고려해야 한다. 예컨대 봉사 희망자가 아이들을 좋아하고, 의지가 굳으며, 비교적 장기적으로 1주일에 적어도 한 번 정도 방문할 수 있다고 한다면 아동 시설을 방문하는 것이 좋을 것이다.

직접 사람을 만나는 봉사는 인간적인 친분이 맺기 위한 노력이 필요하다. 늘 열심히, 긴요할 때 어김없이 나타나서 힘을 실어 주는 재석이가 할머니와 함께.

질풍노도의 시기에 있는 청소년들의 대상으로 한 봉사는 신중한 접근이 요구된다. '사유와 실천'
흑석아동센터 멘토링 팀의 진이가 열심히 학생을 가르치고 있다.

사람마다 다소 다르겠지만 가장 신중해야 활동 여부를 결정해야 할 곳은 청소년 시설이다. 시설의 청소년들은 좀처럼 마음을 잘 열지 않고, 상대방의 마음을 읽을 수 있는 능력이 있으며, 사춘기라는 질풍노도의 시기에 있기 때문에 그들에 대해서는 적지 않은 노력이 요구된다. 그들은 상대방이 어떤 이유로 자신들을 방문하는지를 필요 이상으로 잘 파악하며, 이에 따라 봉사자들에게 냉소적인 경우도 적지 않다. 이들은 어렸을 때부터 상처를 많이 받은 편이고, 혼자라는 생각을 적지 않게 하는 편이기 때문에 진심으로 상대를 위해 주려는 마음으로 오랫동안, 지속적으로 관심을 갖지 않으면 오히려 상처를 크게 하기 십상이다.

다양한 동기, 심지어 봉사활동을 학점 취득을 위한 방편으로 생각하는 학생들이 포함된 다수의 인원이 단체로 봉사활동을 간다면 사람을 대상으로 한 봉사활동은 그다지 좋은 프로그램이 아닌 것처럼 보인다. 이 경우는 사람과 사람이 만나는 것이 위주가 되는 봉사활동보다는 사람과 사람 아닌 대상이 만남으로써 많은 사람들을 만족시킬 수 있는 봉사활동을 선택하는 편이 좋을 것이다. 설거지나 급식 또는 청소 봉사, 헌혈 등은 그 예라 할 수 있다.

직접적으로 사람을 만나는 것이 부담스럽고, 시간을 내는 것이 쉽지 않은 사람이 선택할 수 있는 최소한의 봉사는 기부다. 기부는 사람을 직접 만나지 않고, 특별히 따로 시간을 내는 것도 아니기 때문에 상대적으로 수월한 이웃돕기다. 기부는 어떤 동기로 해도 무방하며, 따로 시간을 내서 활동을 하는 것도 아니다. 이에 따라 사람들이 하기에 비교적 어려움이 없는 편이다. 일부 사람들은 이를 봉사가 아

설거지, 급식, 청소 등 작업 봉사는 비교적 대규모 인원이 동원되는 일회성 봉사로 적절한 활동이다. '사유와 실천'의 현재 회장인 선일이와 다른 회원들이 전체 봉사에 나선 모습.

니라고 생각하기도 한다. 하지만 자신이 가능한 범위 내에서 여러 사람을 끌어 모아 함께 기부를 한다면 이는 봉사 수요자에 대한 고민이 그다지 담겨 있지 않은 봉사활동보다 오히려 훨씬 긍정적인 효과를 산출할 수도 있다.

6) 지금 당장, 작은 것부터 욕심내지 말고 시작하자

나누는 삶을 살기 위해 요구되는 자세 중의 하나는 지금 당장, 작은 것이라도 시작하겠다는 마음가짐이다. 특히 우리나라와 같이 삶 자체가 각박할 수밖에 없는 사회에서는 더욱 그러하다. 우리는 흔히 '정신적, 물질적 여유가 생기면 하지'라는 생각을 가지고 실천을 미루는 경향이 있다. 내가 '지금 당장, 작은 것이라도'라고 말하는 이유는 나중으로 미루면 그때가서도 또다시 이런저런 이유로 나눔을 실천하지 못하게 될 가능성이 있으며, 그렇게 하다 보면 결국 평생 아무 것도 하지 못할 수도 있기 때문이다. 실제로 시간이 흐르다 보면 실천은 더욱 힘들어질 수가 있다. 우선 습관이 되지 않았기 때문에 새로운 것을 시작하기가 쉽지 않으며, 나이가 많아짐에 따라 삶의 하중 또한 커지기 때문에 자기 가족과 직장에서의 일 외의 다른 것들에 관심을 갖기가 어렵다. 그리고 나이가 들어서는 젊었을 때의 의욕도 점차 사라지며, 어떤 것에도 흥미를 쉽게 느끼지 못하게 되는 경향이 있다. 때문에 피일차일 미룰 경우 결국 평생을 아무것도 하지 못하게 될 수가 있는 것이다.

물론 막상 봉사활동을 시작하기란 그리 쉽지 않다. 대체로 봉사활동을 할 시간은 평일이 아닌 주말밖에 없는데, 주말이 되면 휴식을 취하거나 자신의 취미생활을 하고 싶을 것이고, 봉사라는 새로운 요소를 기존의 삶에 포함시킨다는 것은 비교적 큰 마음을 먹어야 한다. 또한 어느 날 문득 깨달은 바가 있어 무엇인가를 하려고 해도 구체적으로 무엇을 어떻게 해야 할지 난감해서 봉사활동을 시작하지 못할 수도 있으며, 우연히 활동거리를 찾았다고 해도 낯선 사람들과의 만남이 부담이 되어서 중도에 포기하게 되는 경우도 있을 것이다. 나 역시 사회 문제에 관심이 없었던 것은 아니었지만 기존의 삶에 새로운 무엇인가를 추가한다는 것이 쉽지만은 않았고, 무엇을, 어떻게 해야 할지 몰랐기 때문에 봉사활동을 시작할 엄두를 내지 못했다. 그런데 때마침 미팅을 했고, 미팅 파트너에게 잘 보여야겠다는 생각 때문에 엉겁결에 봉사활동을 시작하게 되었던 것이다.

지금 당장, 조그만 일이라도 시작하지 않으면 자칫 평생 나눔을 실천하지 못할 수 있다. 너무 욕심을 내지 말고, 아는 사람과 함께 활동을 하게 될 경우 처음 하는 봉사의 부담이 줄어들게 될 것이다. '사유와 실천'의 오랜 회원인 규선이, 상현이, 혜영이와 슬아. 이들은 '사유와 실천'의 버팀목이었고, 앞으로도 늘 그럴 것이다.

이 문제와 관련해 말하고 싶은 것은 봉사활동을 시작할 때 이끌어 주는 사람이나 모임을 적극 활용하라는 것이다. 다른 사람의 도움 없이 스스로 찾아 나서서 활동을 하는 사람들은 정말 대단한 사람들이다. 하지만 외향적이고 사교적이라 모르는 사람을 만나서도 전혀 어색함을 느끼지 않는 사람은 그리 많지 않은 듯하다. 이런 상황에서 이끌어주는 사람이나 모임의 존재는 이러한 문제를 최소화시켜 준다. 처음 활동을 시작하는 사람은 이끌어주는 사람이나 모임을 통해 낯선 곳에서의 어색함을 줄일 수 있으며, 활동에 대한 정보나 경험 등을 제공받을 수 있게 된다. 때문에 처음 시작하는 사람들은 이러한 사람들이나 모임 등을 활용하면 좋을 것이다.

봉사활동을 시작할 때 또 한 가지 지적하고 싶은 것은 처음부터 너무 욕심을 내지 말라는 것이다. 초지일관 이웃 사랑에 헌신하는 삶을 살수만 있다면 그것이야말로 최선일 것이다. 하지만 과유불급過猶不及이라고 너무 욕심이 지나치면 얼마 가지 못해 지쳐서 포기하게 될 수 있다. 우선 본인이 가능하다고 생각하는 허용 범위 내에서 꾸준히 계속해서 할 생각을 하고, 서서히 시동을 거는 편이 처음부터 과속을 하는 경우보다 훨씬 지속적으로 활동을 할 수 있을 것이다. 물론 이는 사람에 따라 다를 수 있다. 그리하여 과속을 함으로써 실천에의 동기를 굳건히 하는 사람도 있을 것이다. 어찌되었건 봉사 수요자의 특성과 자신에게 주어진 조건이나 특성 등을 종합해서 신중하게 봉사 대상과 봉사 방법, 시간 등을 결정해야지 무턱대고 봉사가 좋다는 이유로 욕심을 내어 시작할 경우 본인뿐만 아니라 봉사 수요자에게도 피해를 줄 수 있다는 점에 유의할 필요가 있다.

마지막으로 처음 봉사활동을 시작하고자 하는 사람들에게 당부해 주고 싶은 말은 봉사활동이 자신의 적성에 맞는지, 도움이 되는지, 동기가 바뀌는지, 봉사 대상에게 도움이 되는지 등을 섣불리 판단하지 말라는 것이다. 적어도 어느 정도의 판단을 내리기 위해서는 1년 정도는 지속적으로 봉사활동을 해 볼 필요가 있으며, 부단한 실천을 통해 습관이 될 때까지는 판단을 유보해야 할 것이다. 아리스토텔레스가 자신의 『니코마코스 윤리학』에서 밝히고 있듯이 "한 마리의 제비가 왔다고 해서 봄이 왔다고 할 수는 없다." 얼마 되지 않은 경험을 통해 너무 쉽게 많은 것들을 판단하기 보다는 일단 해보겠다는 생각으로 열심히 해볼 필요가 있을 것이다. 적지 않은 사람들이 충분히 경험을 해보기도 전에 중도에 포기하는 것은 봉사활동에 대한 섣부른 판단과도 무관하지 않다. 앞에서도 언급했지만 나는 봉사활동을 하는 것 자체에 대한 적지 않은 부담을 느꼈고, 봉사활동을 하지 않으려는 마음을 스스로 정당화하기 위해서인지 봉사활동을 부정적으로 생각하는 경향이 있었다. 그런데 시간이 흘러가면서 나는 나의 삶 전체가 이런저런 방식으로 바뀜을 느낄 수 있었고, 지금은 포기하지 않고 계속 활동을 할 수 있었던 것에 대해 진심으로 다행이라 생각한다.

7) 책임감을 가져야 한다

어떤 일이든 일단 맡으면 그에 대해 책임감을 가져야 한다는 말은 굳이 첨언을 할 필요가 없을 정도로 당연하게 느껴진다. 그만큼 자신의 말이나 행동에 대해 책임을 진다는 것은 예나 지금이나 중요한 덕목에 해당하며, 이를 강조하는 것은 너무 흔해서 진부하다는 느낌이 들 정도다. 그럼에도 내가 굳이 책임감을 이야기하는 것은 생각보다

자신의 말과 행동에 책임을 지지 않는 사람들이 많으며, 특히 봉사
활동과 관련해서는 책임감을 갖지 않는 경우가 흔히 있기 때문이다.
다른 경우보다 봉사활동에서 사람들이 상대적으로 책임감을 갖지
않는 것은 봉사활동이 갖는 불가피한 특징, 그리고 이에 대해 사람들
이 갖는 생각과 어느 정도 관련이 있는 듯하다.

봉사활동을 하면서 사람들이 상대적으로 책임감을 갖지 않은 이
유는 첫째, 봉사자가 자신이 말한 바를 지키지 않는다고 하더라도 그
것으로 인해 초래될 수 있는 개인적인 손해가 크지 않다고 생각하기
때문일 수 있다. 일반적으로 사람들이 책임감을 가지고 일을 하는 경
우는 그 일을 하지 않을 경우에 돌아오게 되는 불이익이나 그 일을
했을 경우에 얻게 되는 이익이 매우 확실한 경우다. 간단한 예를 들
어보자. 만약 어떤 일을 하지 않았을 때 100원의 손해를 감수해야
되는 경우와 1억의 손해를 감수해야 할 때 어떤 일에 대해 책임감을

봉사라는 단어의 의미에 충실할 경우 우리는 결코 책임감 없는 활동을 하지 않게 될 것
이다. 봉사의 의미에 충실한 책임감 있는 나눔을 실천하고 있는 아영이, 선영이, 지영이,
할머니, 선일이, 도훈이.

느낄지에 대해서는 굳이 말할 필요가 없을 것이다. 물론 어떤 시설이나 개인을 지속적으로 방문을 했고, 이로 인해 봉사 수요자와의 친분이 돈독해졌을 경우에는 상대방에게 미안해서라도 봉사자는 어느 정도 책임감을 가질 것이다. 하지만 이런 상황이 아닌 경우에는 자신이 약속을 어긴다고 해서 특별히 자신에게 손해가 될 것은 별로 없다고 생각할 수 있다. 특히 봉사 대상자는 사회적 약자이기 때문에 상대방과의 약속을 어겨도 그로 인해 자신에게 돌아올 직접적인 피해가 없다고 생각할 수 있는 것이다.

둘째, 나는 봉사활동을 하는 이유에 대한 적절치 못한 태도가 봉사활동을 할 때 상대적으로 책임감이 희박한 것과 상관이 있다고 생각한다. 예를 들어 자신의 스펙을 쌓기 위한 목적이나 자기만족 등 상대방이 아닌 자기 자신에게 초점이 맞춰져 있을 경우, 이러한 마음으로 봉사활동을 하는 사람들은 그 목적에 도움이 되지 않는다는 생각이 들면 이내 봉사활동을 그만두게 된다. 최근 취업이나 학점 등의 이유로 봉사활동을 하는 사람들이 지속적으로 활동을 하지 않고 이런저런 핑계로 봉사활동을 그만 두는 것은 상대가 아닌 자신의 이익에 초점이 맞추어져 있는 결과이며, 봉사활동과 개인적인 약속이 겹칠 경우 전자가 아닌 후자를 흔히 선택하는 것도, 조금만 귀찮아도 핑계거리를 만들어서 봉사활동을 방기하는 것도 모두 마찬가지 맥락이라 할 수 있다.

셋째, 많은 경우 사람들은 봉사활동을 시혜를 베푸는 것쯤으로 생각하는 경향이 있다. 이렇게 생각할 경우 누군가를 위해 무엇인가를 한다는 것은 자혜로운 행동이지만 그렇게 하지 않는다고 해서 특별히 나쁠 것이 없다는 태도를 견지할 수 있다. 그런데 이와 같은 마음으로 봉사를 할 경우 봉사 수요자와의 약속을 어기는 것마저도 특별히 나쁘다고 생각하지 않을 수가 있으며, 그리하여 자신이 해야 할 특별히 중요하지 않은 다른 일이 생겼을 경우에도 약속을 쉽게 어겨 버리는 일이 발생하게 된다.

마지막으로 봉사활동은 하고 싶어서 하는 경우보다는 의무감에서 해야 하는 경우가 적지 않다. 대체로 사람들이 의무에 따르기보다는 선호에 따르는 경향이 있음을 감안했을 때 봉사활동과 자신이 좋아하는 일 중에서 후자를 선택하려는 경향이 있다는 것은 부인할 수 없는 사실이다. 때문에 봉사활동에 대한 책임감이 없는 경우를 어렵지 않게 살펴볼 수 있는 것이다.

이상의 내용들은 사람들이 봉사활동과 관련해 책임감을 비교적 느끼지 않는 이유들이다. 이유가 어떻게 되었건 무책임한 태도는 말할 것도 없이 잘못인데, 우리는 이것이 잘못인 구체적인 이유를 정리해 볼 필요가 있다. 먼저 무조건적인 의무를 강조하는 칸트주의적인 입장에서 생각해 보았을 때, 결과가 어떻게 나타나건 자신의 말과 행동에 대해 책임을 져야 한다는 것은 도덕적인 의무다. 이는 나에게 주어지는 이익이나 손해 등과 무관하게, 또한 상대의 지위가 높건 낮건 마땅히 지켜야 할 의무인 것이다. 둘째, 칸트에 따르면 우리는 누구를 대할 때도 상대를 단지 수단으로만 생각해서는 안 된다. 이렇게 본다면 우리는 봉사활동을 할 때 스펙 쌓기에 초점을 맞추거나 자기의 필요를 우선적으로 고려해서는 안 되며, 상대방이 하나의 인격체로서의 삶을 건전히 유지할 수 있도록 작으나마 힘이 되기 위해 노력해야 하는 것이다. 칸트의 입장에서 보았을 때 봉사 수요자는 결코 봉사자에게 좋은 경험을 제공하거나 윤리적 허영심을 충족시켜 주기 위한 수단이 아니며, 우리는 누구를 만나도 그를 하나의 인격체로서 존중하기 위해 최선을 다해야 한다.

물론 봉사가 봉사자 자신에게도 긍정적이어야 함은 말할 것도 없다. 하지만 봉사자와 봉사 대상을 놓고 보았을 때 봉사자는 자신의 이익보다는 상대방의 이익을 우선 고려할 필요가 있다. 이는 봉사라는 명목으로 활동을 한다면 받아들이지 않을 수 없는 생각이다. 봉사奉仕의 한자적 의미는 '받들어 섬긴다'이다. '받들어 섬긴다'는 것은 시혜를 베푸는 것과는 전혀 다르다. 후자가 윗사람이 아랫사람에게 무엇인가를 나눠 주는 것을 의미한다고 한다면 전자는 윗사람을 아랫사람이 떠받드는 것이다. 이렇게 보자면 봉사자는 자신이 위에 있으면서 아래 있는 봉사 수요자에게 혜택을 베푼다는 식으로 생각해서는 안 된다. 봉사자는 마땅히 신하가 왕을 받들어 섬기는 것 같은 마음을 가지려 노력해야 하는 것이다. 이러한 마음가짐을 가지고 상대를 섬기는 것이 봉사이지, 자신의 상황에 따라 얼마든지 쉽게 약속을 파기하고 책임을 방기해 버리는 것은 결코 봉사가 아니다. 도대체 '받들어 섬기는 것'과 '상대방과의 약속을 쉽게 어기는 등의 무책임한 모습을 보이는 것'이 어떻게 조화를 이룰 수 있다는 말인가? 또한 사실상 자신의 이익에 초점을 맞추고 있으면서 어떻게 받들어 섬긴다는 단어를 사용할 수 있는 것인가? 만약 우리가 남을 돕는다는 형식을 빌려 사실상 자기 이익을 추구하려는 모습이나 봉사활동을 이야기하면서 무책임한 모습을 보이고 있다면 우리는 가차 없이 자신을 꾸짖어야 한다. 이는 말 그대로 이율배반이기 때문이다.

우리가 명심해야 할 것은 봉사활동은 공연히 봉사활동이라고 하는 것이 아니라는 점이다. 이러한 활동은 자신을 어느 정도 희생한다는

사람의 됨됨이는 누구를 대할 때에도, 또한 어떤 상황에서도 일관된 모습을 보이는지의 여부에서 드러난다. 왼쪽의 혜미와 혜영이는 윤리교육과 출신임이 살아가는 모습을 통해 드러나는 친구들이고, 그 옆의 현주는 5년 이상의 시간을 꾸준히 우리 팀장 역할을 충실히 해냈다. 가운데는 이제는 가족 같은 느낌인 할머니, 맨 오른쪽은 10여 년의 세월을 한결같이 뜻을 함께 하면서 궂은일을 다 해준 지운이. 이들 모두에게는 늘 감사한 마음이다.

의미가 포함된다. 이와 같이 하여 타인에게 도움을 주는 것이 봉사활동인 것이다. 자신은 전혀 희생을 하지 않고, 혹은 희생을 하려 하지 않으면서 자신이 하고 싶을 때 편의에 따라 하는 활동은 진정한 의미의 봉사활동이 아니다. 봉사활동은 대체로 사회적 약자와의 약속이다. 때문에 책임을 다하지 않을 경우에도 자신에게 돌아가는 불이익이 그다지 없다. 하지만 이러한 상황이라고 해서 봉사 수요자와의 약속을 쉽게 내던진다고 했을 때 '참으로 선한 사람'이 될 수 없다.

고통 앞에서 인간이 깊어지느냐 아니면 천박하고 이기적이 되느냐는 고통 그 자체에 달려 있다기보다는 우리들 자신에게 달려 있는 일이다.

어리석고 비열한 사람은 사소한 고통 앞에서도 자기의 무사안일만을 염려하지만 지혜롭고 선량한 사람은 큰 고통 속에서도 자기보다 이웃의 고통을 염려하는 것이다.

사실 참된 선이란 이처럼 고통 속에서만 검증될 수 있다. 사람들이 큰 염려 없이 안락한 삶을 사는 곳에서는 모두가 비슷하게 친절하고 선량해 보이지만, 막상 위험과 고통이 닥쳐오면 참으로 선한 사람만이 인간의 긍지와 양심을 지킬 수 있다. 그런 까닭에 비범하고 위대한 선은 언제나 그만큼 큰 고통 속에서만 자기를 드러내는 것이다

— 김상봉,『호모 에티쿠스』, 한길사, 8쪽

사람의 됨됨이는 평상시에 잘 드러나지 않는다. 참된 사람은 어렵고, 귀찮고, 힘든 상황에서도 의무 의식에 따라 행동하기 위해 노력하는 반면 그렇지 않은 사람은 자신이 하기 싫거나 자신에게 별다른 피해가 없을 경우 쉽게 책임을 방기한다. 참된 마음가짐으로 봉사 활동을 하려는 사람은 이러한 활동을 단지 젊은 날의 좋은 경험이나 스펙 쌓기의 방편으로 생각하지 않기 위해 노력하며, 더 많은 사람들의 인격체로서의 삶을 위해 평생 노력해야 함을 의식한다. 그리고 이를 자신에게 주어진 준엄한 의무에 해당한다고 생각할 것이다. 이렇게 이야기하는 나 또한 필요충분하게 이렇게 생각하며 살아가는지는 의문이다. 하지만 적어도 나는 이러한 태도를 갖는 것이 당위이고, 이러한 마음으로 봉사를 하기 위해 노력하는 것이 옳다고 생각한다. 정의定義에 걸맞은 봉사를 하기 위해 우리 모두 노력해 보자.

8) 오른손이 하는 일을 왼손이 모르게?

꾸준한 노력의 결과 우리 사회에서는 이미 적지 않은 사람들이 이웃돕기의 중요성을 파악하고 있으며, 실제로 실천을 하면서 살아가

는 사람들이 계속 늘어나고 있다. 말할 것도 없이 이는 바람직한 추세다. 그럼에도 더욱 좋은 방향으로 나아가길 바라는 마음에서 첨언하자면 이왕이면 혼자 하지 말고 주변 사람들을 엮어서 함께 하라는 것이다. 성경은 우리가 선을 행할 때나 남을 도울 때 "너희 오른손이 하는 일을 왼손이 모르게 하라"고 가르친다. 실제로 동기라는 측면에서 보았을 때 진정한 선행은 남모르게 하는 것인지도 모른다. 과시용으로 선행을 하는 척하면서 온갖 생색을 내는 사람들이 적지 않음을 고려해 보았을 때 이러한 생각은 충분히 옳은 이야기다. 하지만 공리주의의 관점인 최대다수의 최대행복이라는 측면에서 보았을 때에는 이와 다소 달리 생각할 수도 있다. 더 많은 사람들의 나눔을 촉발하여 함께 활동하는 것이 더욱 가치 있는 행위가 될 수 있는 것이다.

이와 같은 '나 혼자'가 아닌 '우리'의 선행이 갖는 장점은 무엇보다도 봉사활동을 하는 사람을 늘림으로써 한 사람이라도 더 많은 사

함께 하는 활동은 무엇보다도 즐겁고, 다른 사람들의 도움을 받을 수 있으며, 지속적으로 활동하는 데 도움을 받을 수 있는 등의 장점을 갖는다. '사유와 실천' 망우청소년수련관 활동 보조팀이 청소년들과 함께 한국사 박물관을 갔을 때.

람에게 작으나마 더 도움을 줄 수 있게 된다는 것이다. 예를 들어 내가 남·모르게 아프리카 난민들을 돕기 위해 1,000원을 기부한다고 했을 때와 주변 사람들을 끌어들여 10명이 함께 1,000원씩을 기부한다고 했을 때 어떤 쪽이 더 많은 사람을 도울 수 있는지는 굳이 말할 필요도 없을 것이다. 마찬가지로 내가 혼자서 남몰래 농촌의 일손을 돕는 경우와 학생들과 함께 일을 하는 경우를 비교해 보라. 물론 동기라는 측면을 따져보았을 때는 어떨지 모르지만 결과적으로 얼마만큼 많은 사람들에게 혜택이 돌아가게 되었는가를 따져보면 후자가 더 나은 선택일 수밖에 없다.

함께 하는 활동은 혼자서 할 경우 굳은 의지 없이는 포기할 수 있는 활동도 계속 하게 하는 장점을 갖기도 한다. 혼자서 봉사활동을 할 경우에는 쉽게 나태함에 빠져들게 되고, 얼마 있지 않아 그만두게 되는 경우가 적지 않다. 이에 반해 함께 봉사활동을 할 경우에는 다른 사람을 의식하기 때문에라도 계속하게 되는 경우가 상대적으로 많다. 물론 자발성이 없는, 다른 사람의 눈을 의식한 봉사활동이 무슨 의미가 있겠느냐고 의문을 제기하는 사람도 있을 것이다. 하지만 앞에서 살펴본 바와 같이, 동기 자체에 지나치게 초점을 맞출 필요는 없다. 일단 지속성을 갖게 될 경우 봉사자는 나중에라도 훌륭한 동기를 갖게 될 수 있으며, 지속적으로 활동을 함으로써 그만큼 수혜를 받는 사람이 많이 생길 수 있기 때문이다. 여러 사람을 한꺼번에 묶어서 함께 해 나간다는 것이 처음에는 다소 번거로울 수도 있다. 하지만 일단 시작을 하면 많은 경우 혼자서 하는 선행보다는 더 많은 장점이 있다는 것을 알게 될 것이다.

'개인'만의 은밀한 선행이 아닌 '우리'의 선행의 필요성은 최대다수의 최대행복을 추구하는 공리주의 외의 다른 종교적·윤리적 측면에서도 정당화될 수 있다. 우선 기독교의 입장에서 보자면 신이 사랑하는 사람들을 한 명이라도 더 고통에서 벗어나게 하는 것이 의무일 수가 있다. 또한 지옥에 있는 모든 중생들을 구제하고 난 후에야 성불을 하겠다는 지장보살의 모습을 따르는 것이 불자의 도리라면 불자들은 고통 받고 있는 이웃들을 한 명이라도 더 구하기 위해 마땅히 노력을 해야 할 것이다. 이 밖에 한 사람이라도 더 고통에서 벗어나게 하여 인격체로서의 삶을 영위하도록 도움을 주어야 한다고 생각해 볼 수도 있는데, 이는 칸트주의적 측면에서 요청되는 바라 할 것이다. 만약 이상의 논의가 어느 정도 설득력이 있다면 우리는 혼자서 남몰래 이웃에 관심을 기울이기보다는 적극적으로 주변 사람들과 함께 실천 방안을 모색하는 편이 좋을 것이다.

제3장

사회적 실천으로서의 농활

일일 농활 또는 단기 농활은 농기의 영향이
상대적으로 적고, 대규모의 인원이 동원되어도 무방하며,
교수자가 함께 할 수 있는 프로그램이다.
이와 같은 특징을 갖는다는 것은
농활이 현재 이루어지고 있는 봉사 교육이 안고 있는 문제점을
어느 정도 해결해 주는 기능을 가질 수 있음을 시사한다.

지금까지 나는 우리나라의 교육 현실을 간략하게 진단하면서 작금의 상황 속에서 나누는 삶의 중요성이 강조되어야 하며, 이것이 종교적·윤리적으로 정당화된다는 입장을 밝혔다. 이와 더불어 나는 봉사 활동을 할 때의 유의사항을 몇 가지 언급했다. 이제 내가 이러한 내용들을 구체적으로 어떻게 교육 현장에서의 실천으로 옮기거나 옮기려 하는지에 대해 이야기해 보도록 하자. 이하에서 이야기하는 내용은 사유를 어떻게 실천으로 연결시키려 하며, 구체적으로 어떠한 방식으로 나눔을 실천하려 하는가에 대한 개인적인 경험이다. 내가 이처럼 개인적인 경험을 털어놓는 이유는 나의 경험이 이상적이며, 이를 많은 사람들이 따라야 한다는 것을 말하기 위해서가 아니다. 내가 말하고자 하는 핵심은 조금만 고민해도 주변의 사람들과 함께, 나누는 삶을 살기 위한 방법들이 널려 있음을 알 수 있으며, 평범한 사람이라도 이러한 방법들 중의 하나를 선택해서 실천하는 삶을 살

수 있다는 것이다. 이제 다시 농활 이야기로 되돌아가 보자.

1. 인성 교육의 한 방법으로 선택한 농활

내가 윤리학을 전공하고 올바르게 살아가는 것이 중요하다고 생각하기 때문인지는 모르겠지만 나는 평소에 교육, 특히 교양 교육은 전문 지식보다는 인성 함양에 초점을 맞추어야 한다고 생각해 왔다. 앞에서 밝힌 바와 같이 나는 대한민국이라는 특수한 상황 속에서는 인성 교육이 이루어지기가 매우 힘들다고 판단했고, 이 때문에 나는 수업 시간이나마 인성 쪽에 무게를 두어야겠다는 생각으로 수업을 해 왔다.

사실 굳이 열심히 시키려 애쓰지 않아도 학생들이 알아서 열심히 하는 공부들이 있다. 좋은 직장을 갖기 위한 스펙을 쌓는 데 도움이 되는 것들은 학교에서 노력하지 않아도 학생들이 알아서 열심히 한다. 영어는 그 대표적인 예다. 반면 시간을 들여 교육을 하지 않으면 안 되고, 내버려두면 학생들이 별다른 관심을 갖지 않지만, 그럼에도 매우 중요한 것이 있는데, 인성 교육이 바로 그것이다. 나는 사회의 전반적인 분위기가 경쟁의 방향으로 향해 갈 때 그것만이 전부가 아니라는 생각을 일깨울 필요가 있고, 그러한 역할을 교양 교육을 맡은 사람이 분명하게 의식해야 한다고 생각했다.

훌륭한 많은 분들과 달리, 내가 강의를 시작하기 전부터 뚜렷한 목표 의식을 가진 것은 아니었다. 강단에 선다는 것 자체가 커다란 부담이었던 소심한 나로서는 강의를 하루하루 해 나가는 것이 고역이었고, 강의의 의미를 찾고, 내 생각을 어떤 방식으로 구현할 수 있을까를 고민할 만큼의 정신적인 여유가 없었다. 하지만 강의가 점차 자리를 잡아가면서 나는 우리 사회에 대한 내 나름의 진단과 윤리학을 공부하면서 갖게 되었던 생각 등을 결합시켜 어떻게 하면 학생들을 나은 방향으로 이끌어갈 수 있을까에 대한 생각들을 차츰 정리할 수 있게 되었다.

내가 생각한 인성 교육이란 사유와 실천 능력의 함양에 초점을 맞추는 것이었다. 이 중에서 전자에 대해서는 강의와 관련한 지침이나 교수법에 대해 참고할 만한 자료들이 많이 있었기 때문에 강의실에서 사유 능력을 함양하는 방법에 대해서는 어느 정도 감을 잡을 수 있었다. 이에 반해 실천 능력을 함양하는 방법은 구체적으로 어떻게 해야 할 것인지를 파악하기가 쉽지 않았다. 물론 강의를 통해 실천의 중요성을 강조하긴 했어도 그것만으로 부족하다는 것은 너무나도 분명한 사실이었다. 그러다가 우연히 농촌에 가서 일손을 돕게 된 것이 계기가 되어 실천 능력 함양 교육 방법을 구체화할 수 있게 되었는데, 바로 학생들과 함께 가는 농활이 그 방법이 될 수 있다는 확신을 갖게 되었던 것이다. 농활은 기존의 사회봉사 프로그램이 갖는 문제점을 어느 정도 보완할 수 있고, 나아가 여러 긍정적인 효과를 산출할 수 있는 실천 프로그램이었다. 우선 내가 농활을 가게 된 계기와 경험담으로부터 시작해 보자.

2. 농활을 가게 된 계기와 개인적 경험

대학을 다닐 때 농활을 가보지 않았던 것은 아니지만 대학을 졸업하고 나서도 내가 농촌에 계속적으로 관심을 가지고서 실천을 했던 것은 아니다. 내가 학생들을 인솔하고 농활을 가게 된 것은 실로 우연한 일 때문이었다. 1997년 여름 나는 그 당시 충북 괴산군 송면 이평리에 있던 '소년 예수의 작은집'을 방문했다. '소년 예수의 작은 집'은 원래 서울 마천동에 있던 시설로, 내게 처음으로 사회복지 시설에 봉사자로 일을 할 수 있는 기회를 마련해 주신 배루시아 수녀님이 결손가정 아동들과 함께 사는 곳이었다. 서울에 있을 때는 그곳 아이들의 맏형 노릇을 한답시고 그 시설을 시도 때도 없이 들락거렸지만, 시설 중 일부가 괴산으로 옮기고 나서는 가까운 거리가 아닌 이유를 포함해 이런저런 핑계로 계속 가보지 못하다가 방학이 되어서야 그곳을 방문하게 되었던 것이다. 점심을 먹고 나서 수녀님이 밭일을 조금만 도와달라고 하시기에 별 생각 없이 밭에 나가서 일을 하기 시작했는데, 나름대로 정말 열심히 일을 했음에도 진도가 통 나가지 않았다. 새삼 농사일의 어려움을 느낄 수 있는 순간이었다. 서울로 돌아오면서 나는 혼자서 일을 하기 보다는 사람들이 한꺼번에 일을 한다면 훨씬 빨리, 효율적으로 일을 마칠 수 있을 것 같았고, 그 방법이 무엇인가를 골똘하게 생각해 보았다. 그러다가 문득 학생들과 수업의 일부로 함께 농촌의 일손을 도우면 좋겠다는 생각이 들었다. 사전에 충분히 많은 고민을 해본 것도 아니고, 경험 또한 없었기 때문에 과연 가능할지에 대한 의구심이 들지 않은 건 아니었다. 그럼에도 일단 해보자라는 생각으로 기대 반, 우려 반으로 그 다음 학기 수업 시간에 학생들에게 농활을 가자는 제안을 했다. 솔직히 제안을 하면서 많은 기대를 하지는 않았다. 나는 차비를 걷고 식사까지 준비해 오라고 하는데 설마 많은 학생들이 신청할까라고 생각했다. 그런데 웬걸? 뜻밖에도 참여하고자 하는 학생들이 생각보다 훨씬 많았다. 머리가 복잡해지기 시작했다. 가는 인원이 대략 정해지고 나서는 도대체 이 인원을 이끌고 갈 수는 있는지, 가서 해야 할 일은 무엇인지 등 이런저런 문제들로 은근히 걱정이 되기 시작했다. 하지만 우려는 기우에 불과했다. 가기 전에 내가 신경 써야 할 일이라고는 버스 예약하는 것 외엔 특별한 것이 없었고, 가서는 수녀님의 진두지휘 하에 미리 정해 놓은 일들을 했다.

기대했던 대로 일은 확실히 신속하게 해치울 수가 있었다. 기분이 좋은 터에 작업을 끝마치고 학생들과 막걸리를 마시게 되었는데, 학생들 또한 고된 작업을 마무리한 만큼 뿌듯했는지 유쾌하게 게임을 하며 연신 노래를 불러댔다. 솔직히 나는 학생들도 학생들이지만 '소년 예수의 작은 집' 일손을 돕는다는 데 초점을 맞추었고, 이러한 소기의 목적을 달성한 데 만족하고 있었는데, 학생들까지 즐거워하면서 한결같이 좋은 경험을 했다고 말하니 그렇게 기분이 좋을 수가 없었다. 함께 하루 동안 흘린 땀이 서로에 대한 신뢰와 긍정적인 마음을 갖게 했던 것이다. 이처럼 첫 단추를 잘 끼운 것에 대한 흡족함 때문인지 나는 적지 않은 학생들과 막걸리를 한 잔씩 했고, 버스에 타서 잠깐 잠이 들었다고 생각했는데 깨어 보니 학교 앞이었다. 학생들과 함께 가는 농활은 이렇게 시작되었다. 그 후 농활을 갈 때마다 학생들이 즐거워하면서 무엇인가를 느낄 수 있었다는 말을 들으면서, 그리고 수녀님을 포함해 일한 곳의 농민 분들이 일손을 많이 덜 수 있었다는 이야기를 들으면서 나는 농활 프로그램에 대한 확신을 할 수 있었으며, 매학기 해야 할 일 1순위로 농활을 떠올리며 농활 준비를 했다. 농활을 가면서 힘들었던 일이 없었던 것은 아니었다. 연이은 작업과 과도한 음주로 고생을 하기도 했고, 가겠다고 신청을 했다가 갑자기 농활 당일 아침에 나타나지 않은 학생들이나 식사를 싸오지 않은 학생들로 인해 적지 않은 금전적인 지출을 감수해야 하는 경우도 있었다. 하지만 농활을 가서 학생들과 일체가 된 느낌, 명목상의 봉사가 아닌 작으나마 분명 도움이 되었다는 확신, 그리고 학생들이 함께 하는 삶의 중요성을 느끼고 언젠가는 작은 실천이나마 하면서 살아갈 것이라는 기대감 때문에 힘들긴 해도 기꺼이 농활을 다니고 있고, 앞으로도 내 힘이 닿는 데까지 계속 다닐 것이며, 이의 확산을 위해 노력할 것이다.

'사유와 실천'의 헤라클레스 전도훈(가운데)과 헤라클레순 윤혜선, 안소영. 도훈이와 소영이는 2002년부터, 혜선이는 2007년부터 줄곧 농활을 포함 각종 활동을 함께 하고 있다.

1) 술에 얽힌 잊고 싶은 기억들

농활을 가다 보면 이런저런 재미있고 기억에 남는 일들이 있게 마련이다. 아무래도 기억에 남는 일들은 잘한 일보다는 창피하거나 못한 일들이다. 창피한 일들은 주로 농활을 시작한 지 얼마 되지 않은 시기에 집중적으로 발생했다. 처음 농활을 갔을 때의 경험 때문인지 나는 한동안 학생들과 막걸리를 주고 받는 것을 의무처럼 생각했다. 그러다 보니 돌아올 때 고주망태가 되는 경우가 적지 않았는데, 한 번은 막걸리 파티를 하고 나서 버스를 타려 하는데 하필이면 버스가 고장이 나서 운행을 할 수 없는 상황이 되었다. 이 상황에서 책임자인 내가 맨 정신으로 문제를 해결했어야 했는데, 나를 취하게 만들 생각으로 열심히 내게 술을 권했던, 이미 농활을 갔던 경험이 있는 세 명의 학생 덕에(그들은 막걸리와 이온 음료, 그리고 소주를 섞어서 내게 연신 원샷을 요구했다) 혀가 꼬일 정도로 술을 마셔 버린 나는 이미 몸을 가누기도 힘든 상황이 되어 버렸다. 그나마 책임자라는 의식이 희미하게 남아 있어서 학생들을 트럭에 태우고 청주까지 이동을 해서 그곳에 대기 중인 대체 차량을 타고 겨우 서울에 도착했는데, 도착한 시간은 이미 자정에 가까운 시간이었다. 아마도 그날 함께 했던 학생들은 돌아올 때의 내 모습에 실망을 감추지 못했을 것이다.

이런 일이 있고 나면 반성을 하고서 술을 자제하는 것이 도리일 것이다. 하지만 유감스럽게도 이런 경험이 있은 후에도 술 때문에 창피했던 기억이 한 번 더 있었다. 그날은 그 전날의 작업이 다른 날에 비해 유난히 고된 편이었고, 술을 많이 마셔 컨디션이 상당히 좋지 않은 날이었다. 그런데 점심을 먹으면서 일부 학생들이 반주를 마시자고 해서 마시기 시작했는데 결국 인사불성이 되었다. 처음에는 내가 취했는지 몰랐는데, 어느 순간 몸을 가눌 수 없는 나 자신을 발견했고, 작업을 하던 곳에서 빠져 나와 연신 토하다가 아무도 보지 않는 곳에서 하늘을 이불 삼아 뻗어 버렸다. 그리고는 서울로 올라갈 즈음해서 다시 작업을 하는 곳으로 돌아갔는데, 그때를 생각하면 지금도 얼굴이 화끈거린다. 이후 나는 술을 어느 정도 자제하게 되었고, 최근 들어서는 내가 직접 술을 받아 주기보다는 젊은 학생들끼리 서로 어울려 마시는 모습을 보는 것으로 대리 만족을 하게 되었다.

2) 떠오르는 사람들

지금까지 농활에 동원된 인원만 하더라도 족히 수천은 될 것이다. 이 중에서 농활과 관련해 기억에 남는 사람들과 기억하고픈 사람들이 적지 않지만, 나아가 농활에 참여했던 모든 이들을 일일이 기억하고 싶지만 그 중에서도 내게 처음 봉사의 기회를 제공해 주신 배루시아 수녀님, 많은 사람들이 알고 있는 두 연예인, 한 명의 외국인, 내 수업을 들었던 학생들로 구성된 봉사 모임인 '사유와 실천'의 회원들, 그리고 나와 함께 학생들을 이끌고 농활을 갔던 최지윤 동학은 지면상에서 거론하고 싶은 이들이다.

배 수녀님은 내가 대학생일 때 처음 만나 지금까지도 어머니같이 생각하며 모시는 분이다. 내가 봉사활동을 하게 된 계기를 마련한 것도, 농활이라는 것을 해보겠다는 생각을 하게 된 것도 배 수녀님의 격려 덕분이다. 처음 만났을 때 수녀님은 가톨릭 재활사업부 일을 맡고 계셨다. 나는 활동을 하지 않으려는 핑곗거리로 순수하지 못한 동기에서 활동을 하는 것이 좋지 않을 것 같다는 말씀을 드렸지만 수녀님은 오히려 그런 사람이 더 잘할 수 있으니 일단 시작을 해보라고 권유하셨고, 그것이 계기가 되어 지금에 이르게 된 것이다. 수녀님을 만난 후 나의 삶은 상당 부분 바뀌었다. 사회의 기득권자가 되기 위해 앞만 보고 달려가는 것 외에 다른 것에 대해서는 그다지 생각해 보지 않았던 내게 수녀님은 다른 길을 열어 주셨던 것이다. 수녀님은 지금까지 내게 가톨릭 신자가 되길 강권하신 적이 한 번도 없다. 오히려 구원은 하느님의 말씀에 따라 사랑을 실천하면서 살아가는 것이라고 격려해 주심으로써 내가 계속 활동을 할 수 있도록 늘 크고 작은 방법으로 힘을 주셨다. 나는 살아가면서 수녀님과 같은 인생의 멘토를 만난 것에 대해 진심으로 다행스럽고 감사하게 생각한다.

　수업을 들었던 학생 중에서 기억에 남는 학생들은 적지 않다. 하지만 내가 여기서 언급하고자 하는 학생은 연예인으로 잘 알려진 한지민과 아이비다. 한지민은 내가 서울여대에서 강의를 할 때, 그리고 아이비는 동덕여대에서 강의를 할 때 수업을 들었는데, 이들은 모두 농활을 함께 갔다. 한지민은 촬영이 있던 학기 초를 빼고는 수업을 한 번도 빠지지 않은 모범생이었는데, 농활 가서 일을 할 때에도 다른 학생들 이상으로 열심히 해서 상당히 좋은 인상이 남아 있다. 한지민은 사회사업 쪽에 관심이 많은 학생이었는데, 지금도 그러한 관심을 계속 유지하면서 살아가고 있음을 인터넷을 통해 확인하게 된다. 농

한지민은 학창 시절에도 나눔에 관심이 많은 학생이었고, 농활 가서도 누구 못지않게 열심히 일을 한 학생으로 기억에 남아 있다. 좌우의 친구들도 정말 열심히 일했는데 지금은 어디에서 어떻게 살고 있는지….

활을 갔을 당시 나는 한지민에게 '소년 예수의 작은 집' 아이들과 이야기할 시간을 따로 주었다. 구체적으로 어떤 이야기를 나누었는지 몰라도 그 당시 고 2였던 한 동생은 그 만남에 자극을 받아 내게 앞으로 열심히 공부를 하겠다는 말을 했고, 결국 다음 해 대학에 입학을 했다. 연예인이 청소년에게 미치는 영향이 적지 않음을 어느 정도 짐작은 했지만 생각보다 훨씬 크다는 사실이 나로서는 적지 않은 충격이었다. 내가 수없이 잔소리를 하고 공부를 가르치려 하는 것보다 연예인의 한마디가 훨씬 효과가 있을 수 있다는 점이 나로서는 씁쓸하면서도 흥미로웠다. 학기를 마칠 즈음해서 나는 한지민에게 팬클럽 회원들과 함께 1년에 한 번 정도라도 농활을 가거나 무엇이라도 하면 좋지 않겠느냐는 제안을 했다. 실제로 일반인, 특히 청소년에게 미치는 영향을 감안한다면 연예인들이 공인으로서 팬들과 함께 나눔을 실천한다면 그 파급 효과는 적지 않을 것이다.

연예인의 영향력을 보여 주는 또 다른 에피소드는 아이비에 관한 것이다. 아이비가 농활을 간 당시 아이비의 인기는 정점에 올라 있었다. 아이비가 한 번 나타나면 학교가 들썩거렸고, 여학생들임에도 너나 할 것 없이 아이비에 대해 이야기하고 있는 모습을 통해 아이비가 지나갔음을 확인할 수 있을 정도로 그 당시 아이비의 인기는 대단했다. 아이비가 농활을 갈 당시 고려대학교 학생들도 함께 갔는데, 지금까지 농활을 다니면서 가장 힘들게 일을 했을 때가 바로 아이비가 갔을 때였다. 다소 과장이 섞였을 수도 있지만, 그리고 동기는 알 길이 없지만 그날 아이비 주변에서 일을 하던 친구들을 비롯해 상당수의 남학생들은 마치 천 삽 뜨기 운동을 하듯 쉬지 않고 줄곧 일을 했고, 일 경험이 어느 정도 쌓인 나마저도 다음날 몸살이 날 뻔했다. 나중

아이비가 농활을 갈 당시 아이비의 인기는 절정에 올라 있었다. 때문에 아이비가 농활을 가리라 생각도 못했는데 뜻밖에도 참여를 했고, 지나칠 정도로 아이비 옆에서 열심히 일을 해 준 남학생들과 진도를 맞추느라 나는 그 다음날 몸살을 앓았다. 아이비 바로 옆의 태형이와 오른쪽의 검은 옷을 입은 승현이는 고시 공부를 하는 와중에도 늘 수업과 무관하게 농활에 참여하며 열심히 땀을 흘린 친구들로, 이세는 거의 친구와 다름없이 지낸다.

에 같이 일을 했던 한 남학생에게 왜 그렇게 열심히 일을 했냐고 물었더니 그 남학생이 다음과 같이 대답했다. "아이비에게 싸나이다운 모습을 보여야 할 것 아닙니까? 나도 죽을 뻔했어요." 나는 다시 한 번 연예인의 영향력을 확인할 수 있었고, 이때 새삼 확인을 하게 된 것은 아무리 봉사활동이라고 하더라도 거기에 의무감만 있고, 이성과의 만남 등 재밋거리가 없으면 활동의 능률이 오르지 않는다는 것이었다. 이때를 계기로 나는 학생들에게 일을 하는 것 못지않게 농활을 좋은 추억거리로 만들어 주어야 한다는 생각을 굳히게 되었다.

이번에는 외국인 학생 이야기를 잠시 해보자. 내 수업을 들은 외국인 학생은 사실 없다고 해도 과언이 아닐 정도로 드물다. 솔직히 내가 외국인이라고 해도 철학 수업을 들으려 하지는 않을 것 같다. 우리말 이해도 어려운데 철학의 어려움까지 추가된다면 그야말로 수업은 한 학기 내내 살인무기가 될 것 아닌가? 다니엘은 그럼에도 한 학기 동안 내 수업을 들었던 미 국무부 장학생이었다. 다니엘은 아버지가 스탠퍼드 대학 교수이고, 어머니는 변호사인 좋은 집안 출신이며, 본인 또한 프린스턴 대학을 졸업하고 나중에 대학원을 하버드로 간 재원이다. 다니엘은 우리나라에 온 지 얼마 되지 않았음에도 우리말을 상당히 잘 했다. 이는 다니엘이 머리가 좋기 때문이기도 하지만 본인 스스로 열심히 노력한 결과였다. 특히 다니엘은 사자성어를 집중적으로 암기해 적절한 때 사용했고, 이를 통해 우리 학생들을 당혹스럽게 할 때가 적지 않았다. 다니엘은 서울에 있으면서 돈을 받지 않는 영작 아르바이트를 했다. 왜 돈을 받지 않느냐고 물었더니 그것이 불법이고, 장래 공무원이 될 사람이 불법을 저질러서는 안 된다는 생각 때문에 그렇게 한다고 했다. 다니엘은 정규 학생이 아님에도 농활에 기꺼이 참가했는데, 한마디로 마땅하고 옳은 일이기 때문에 간

외교관이 되어 다시 한국에 돌아온 다니엘(맨 왼쪽)이 농활에 참여해 밭에서 돌을 걸러내는 작업을 하고 있다.

다는 것이었다. 물론 일반화의 오류를 범해서는 안 되겠지만 미국이라는 나라가 언뜻 보았을 때 엉망인 것처럼 보여도 세계 제1의 강국인 데는 미국을 이끄는 엘리트들이 다니엘과 같은 생각을 갖기 때문이 아닌가라는 생각을 해보았다. 그 후 다니엘은 미국으로 돌아갔고, 한동안 연락을 주고받지 않고 지냈는데, 작년에 뜻밖의 메일이 왔다. 외교관이 되어 한국에 돌아왔다는 것이다. 작년 가을 다니엘은 또다시 학생들과 함께 농활에 참여했고, 우리 학생들과 함께 열심히 땀을 흘렸다. 나는 다니엘을 통해 사회의 미래를 이끌어갈 사람들이 어려운 이웃들을 섬기는 자세를 갖기 위해 노력해야 하며, 교수자 또한 이에 신경을 많이 써야 함을 새삼 깨닫게 되었다.

마지막으로 농활하면 떠오르는 사람은 최지윤 선생이다. 최지윤 선생은 나보다 나이가 어리지만 여러 가지로 배울 점이 많은 후배로, 자신이 가르치는 학생을 인솔하고 자발적으로 나와 함께 농활에 참여한 최초의 후배다. 그 당시 나는 다른 선생들과 함께 무엇인가를 하겠다는 생각을 하지 못했다. 그런데 최 선생은 내가 농활을 간다는 이야기를 듣고 자발적으로 학생들을 이끌고 농활에 동참했다. 최 선생은 본인이 힘듦에도 학생들을 격려하며 누구보다도 열심히 일했으며, 서울에 돌아와서 헤어질 때까지도 학생들을 일일이 챙겨 주었다. 이런 모습은 내게 적지 않은 감동을 주었다. 최 선생의 솔선수범이 내게 준 영감은 교육을 담당하는 사람들이 함께 이런 일을 하면 좋겠다는 것이었다. 최 선생으로 인해 나는 혼자가 아닌, 같이 하면 할 수 있는 더 많은 일들을 속속 머리에 떠올리게 되었다.

최 선생이 뿌린 씨는 발아 단계이지만 그럼에도 싹은 돋아났다고 생각한다. 그 후 박지용, 박현주, 여승주, 소병철 교수님이 함께 농활에 참여를 했고, 이지은 선생님은 고등학교에서 학생들을 인솔하고 농활을 다녀왔다. 앞으로 이는 아름드리 나무로 자라게 될 것이다. 정말 안타깝게도 최 선생은 5년 전 갑자기 쓰러져 지금도 투병 중이다. 나는 최 선생이 완쾌되어 전처럼 함께 활동을 하리라 믿으며, 이런저런 방법으로 싹을 아름드리 나무로 성장시키는 데 한 몫을 할 것임을 확신한다.

이 밖에 나는 농활을 가서 함께 땀을 흘렸던, 그리고 농활을 가지 못했어도 그 취지를 이해했던 모든 사람들을 기억하고 싶다. 그들은 '나와 함께'는 아니어도 이 세상 어디에선가 크고 작은 나눔을 실천하고 있을 것이며, 지금 당장이 아니라고 하더라도 언젠가는 어떤 계기가 있으면 반드시 나눔을 실천하려 할 것이다.

얼마 전 대중목욕탕에서 샤워를 하고 있는데 누군가가 뒤에서 아는 척을 했다. 언뜻 보았을 때 누구인지 기억이 나지 않았기 때문에 솔직히 당혹스러웠다. 혹시 내가 뭔가 맞을 짓을 했는가? 잠시 눈을 동그랗게 뜨고 쳐다보고 있자니 그쪽에서 자기소개를 했다. 13년 전에 내 수업을 들었던 학생이며, 농활을 같이 갔었다는 것이다. 그러면서 본인이 농활 가서 만난 여학생과 결혼을 했고, 지금은 두 딸의 아빠이며, 가족이 함께 목욕을 왔다고 쑥스럽게 웃으며 말했다. 말 그대로 농활 커플! 나는 농활 커플을 CC(campus couple)를 약간 바꾸어서 AC(agriculture couple. 물론 콩글리시다)라 부른다. 학생들에게 농활을 가자고 하면서 던지는 말 중의 하나는 잘하면 AC가 될 수 있다는 것인데, 의외로 이 말이 잘 통하는 편이다. 지금까지 직간접적으로 AC가 있음을 보아 왔지만 결혼에 골인한 AC는 이번에 처음 봤다. AC가

결혼하게 되면 내게 양복을 한 벌 사주어야 한다고 농담 삼아 말해 왔는데, 그 친구를 다시 만나면 양복을 사 내라고 우겨 봐야겠다.

3. 농활이 필요한 맥락

이제 다시 농활과 관련된 다소 딱딱한 문제로 돌아가 보자. 독자들 중에는 "농활을 가는 것은 좋다. 그런데 왜 하필 농활인가?"라는 의문을 제기하는 사람이 있을 것이다. 과거에 비해 경제적으로 다소 여유가 생긴 우리 사회는 나눔의 중요성을 사회 전반으로 확산시키기 위한 노력이 다각도로 이루어지고 있으며, 그리하여 매스컴이나 기업뿐만 아니라 종교 단체로부터 공교육 기관에 이르기까지 봉사의 이념을 구현하기 위해 노력하고 있다. 한 예로 현재 우리나라의 중고등학교에서는 여러 시간의 봉사활동을 학생들에게 요구하고 있으며, 대학에서도 사회봉사 과목을 개설해서 학생들의 봉사활동을 적극 도모하고 있다. 이처럼 사회의 전반적인 분위기가 이웃 사랑을 실천하는 방향으로 나아가고 있고, 모두가 잘해 가고 있는데, 다른 활동이 아닌 농활을 굳이 거론하는 이유는 무엇인가라고 생각할 수 있는 것이다.

실제로 그럴 수 있다. 나 또한 굳이 농활이어야 할 필요는 없으며, 어떠한 방식으로든 고통을 제거하고, 행복을 야기하는 것이라면 어떤 활동이든 상관없다고 생각한다. 내가 농활을 이야기하는 것은 비교적 특수한 상황인데, 다시 말해 대규모로, 일회적인 행사로 봉사활동이 이루어질 경우에 농활이 좋은 프로그램이 될 수 있다는 것이다. 나는 농활을 실천 과목 뿐만 아니라 사유와 실천의 조화를 도모하는 교양 과목에서 적절히 활용할 수 있으리라 생각했는데, 이러한 생각은 대학에서 이루어지고 있는 실천에 초점을 맞추고 있는 사회봉사 교육의 문제점에 대한 나름의 진단에서 나온 것이다.

1) 대학 사회봉사 과목의 현황과 문제점

현재 사회봉사 과목은 인성 교육의 한 축인 실천 능력의 함양을 도모하는 대표적인 과목이다. 1994년 10월 한양대학교가 사회봉사 과목을 정식 교과목으로 채택한 이래 우리나라에서는 거의 대부분의 대학들이 사회봉사 프로그램을 운영하고 있으며, 자원봉사를 성적에 반영함으로써 사회봉사에 대한 관심의 증진을 도모하고 있다. 이러한 사회봉사는 아직까지 만족할 만한 수준과는 거리가 있다. 그럼에도 자원봉사자의 수와 관심이 이와 같은 제도화 과정을 거치면서 점차 증진되고 있는 것만은 분명하다.

대학에서 사회봉사가 이루어지는 방법은 다양하다. 예를 들어 성균관대와 같이 전체 학생들에게 40시간 이상의 자원봉사활동을 졸업 필수 요건으로 지정해 놓는 경우가 있는가 하면, 단과 대학별로 전공을 살린 봉사활동을 요구하는 학교도 있는데, 예컨대 고려대학교 사범대학의 경우 교육봉사 실습을 의무로 정해 놓고 있다. 이처럼 졸업 필수 요건으로 정해 놓은 경우보다 흔한 것은 사회봉사 과목을 개설해서 학생들이 봉사활동을 하게 하는 방법이다. 이러한 과목은 절대평가를 하는 경우와 pass/fail로 평가하는 경우로 나누어지고, 사회봉사 과목 수강을 수강 신청 학점에 포함하는 경우와 그렇지 않은 경우, 1학점씩 두 번 수강이 가능한 경우에서 네 번까지 수강할 수 있는 경우, 봉사 관련 과목의 수가 한 개에서 네 개 이상에 이르기까지 학교의 상황에 맞게 다양한 방식으로 운영되고 있다. 이처럼 학점이나 졸업 요건으로 봉사활동을 요구하는 방법과는 별개로, 학교 차원에서 봉사단을 조직하여 학생들의 봉사활동을 지원하기도 한다.

일반적으로 대학에서의 사회봉사 관련 수업 운영은 (a)사전 교육, (b)봉사활동, (c)증명서 제출 및 사후 평가로 이루어지며, 비교적 엄격하게 관리되고 있다. 봉사활동 장소는 학생들이 자신의 상황 등을 고려해서 선택하도록 자율에 맡겨지는 경우도 있지만 학교가 특정 시설이나 장소를 지정하는 경우도 적지 않다. 이와 같이 학교에서 시설을 지정하는 이유는 봉사활동을 제대로 하지 않았음에도 봉사활동 증명서를 제출할 여지를 없애기 위해서일 것이고, 수요가 있는 곳에 적절한 서비스를 제공하기 위해서일 것이다. 대부분의 대학에서는 매학기 최소 30시간 이상의 봉사활동을 할 것을 요구한다. 이는 봉사활동이 일회성 행사에 머물기보다는 비교적 지속적으로 이루어져야 한다는 데 대한 공감대가 형성되어 있기 때문일 것이다. 종강이 될 무렵이면 수강생들은 봉사활동 증명서를 학교에 제출하고, 마무리 교육을 받게 되는데, 이 과정을 별다른 문제없이 거친 학생들에게는 학점이 부여된다.

이상은 사회봉사 과목이 개설되어 있는 학교가 거의 대부분 채택하고 있는 표준적인 수업 진행 방식이다. 모든 학교들이 대동소이하게 과목을 운영한다는 것은 그만큼 현재의 체계가 어느 정도 만족할 만한 형식적인 요건을 갖추고 있기 때문이라 생각해 볼 수 있다. 이러한 체계의 구축은 우리나라 대학생들의 사회봉사에 대한 관심을 촉발하고 있으며, 봉사활동의 중요성을 인식시키는 데도 긍정적인 영향을 발휘하고 있다. 그럼에도 현행 사회봉사 과목에 대해서는 몇 가지 문제점을 지적할 수 있다. 이하에서 지적하는 내용들은 사회봉사 과목이 더욱 긍정적인 방향으로 나아가기 위해 짚어봐야 할 것들이다. 이는 대학생들의 봉사활동 뿐만 아니라 중고등학교의 봉사활동에 대해서도 마찬가지로 지적할 수 있는 내용들이다.

(1) 봉사활동이 일회성에 그치는 경우가 적지 않다

적지 않은 경우 학생들은 학점 또는 성적을 얻기 위한 일회성 행사로서의 봉사활동을 하는 것처럼 보인다. 다음 그림에서 보는 바와 같이 자원 봉사자 수는 10대, 20대의 비율이 높은 것으로 나타나고 있다. 이는 사회봉사 과목이 일구어낸 긍정적인 측면으로 볼 수 있다. 하지만 이러한 현상을 무조건 긍정적으로 볼 수만은 없다. 그 이유는 10대, 20대가 지속적으로 봉사활동을 하는지에 대해서는 의문의 여지가 적지 않기 때문이다.

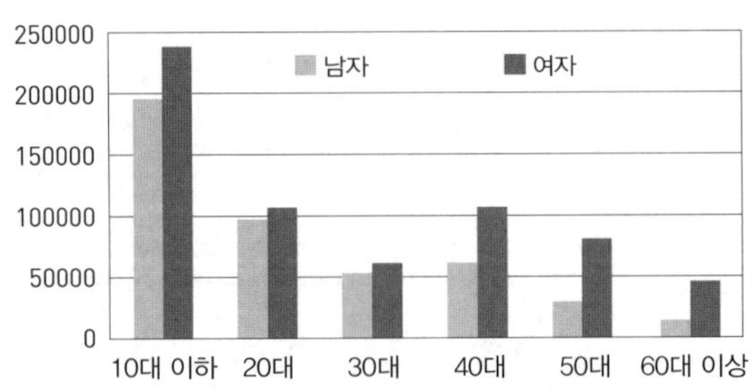

출처: 통계청 사회통계국 사회통계기획과(2009)

성별/연령대별 자원봉사자 현황(2009)

아래 도표에서 보는 바와 같이 10대와 20대는 사회봉사 과목이나 의무 시간을 채워야 하는 봉사활동을 함에도 1인당 평균 봉사 시간이나 횟수가 그렇지 않은 30대 이후 연령대보다 낮은 것으로 나타났다. 이러한 점은 현재 사회봉사 과목이 일회성에 그치고 있고, 교육 방법으로서의 사회봉사 프로그램이 개선되어야 한다는 점을 보여 주고 있다. 봉사활동이 제도화되어 많은 학생들이 활동을 하게 된 것은 분명하지만 동기 부여가 제대로 되지 않음으로써 형식적인 봉사 활동에 머물고 있는 것이다.

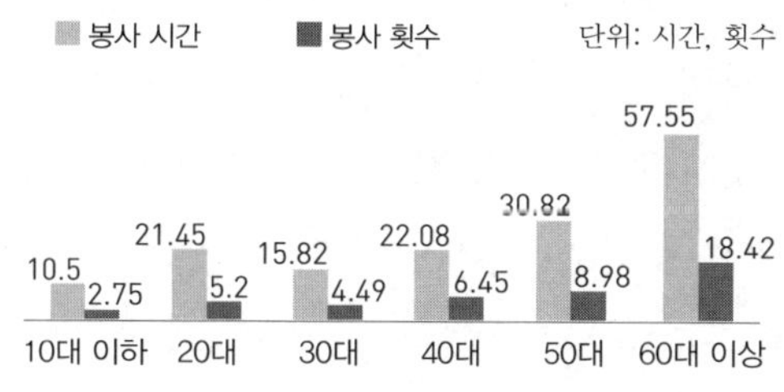

출처: 통계청 사회통계국 사회통계기획과(2009)

연령대별 1인당 연간 평균 봉사 시간 및 봉사 횟수

(2) 도움수요자에 대한 고려가 충분히 이루어지고 있지 않다

사회봉사가 사회적으로 필요하고, 학생들의 인성을 함양하는 데 필요한 활동임에는 분명하다. 하지만 아무리 좋은 일이라고 하더라도 무턱대고 활동을 선택하는 데는 분명 문제가 있다. 이와 같이 말하는 이유는 설령 학생들이 좋은 동기로 활동을 한다고 해도 막상 시설이나 봉사 현장에 있는 사람들에게 피해를 줄 가능성이 있기 때문이다.

아동, 청소년, 장애인, 노인 등의 도움 수요자들은 대부분 진실되고 지속적인 만남을 원한다. 하지만 학점을 얻기 위한 수단 또는 일회성 행사로 시설을 방문할 경우 설령 봉사자가 만족을 느낄 수 있다고 해도, 도움 수요자는 원하는 바를 얻지 못하게 될 가능성이 적지 않으며, 나아가 자신들이 하나의 인격체가 아닌 단순히 봉사의 대상이 된다는 생각에 불쾌감까지도 느낄 수 있다. 이러한 이유로 봉사자가 시설을 선택하는 데는 신중을 기할 필요가 있다. 그런데 현재의 사회 봉사 프로그램이 이에 대한 고민을 충분히 반영하고 있는지에 대해서는 의문의 여지가 있다. 많은 경우 이처럼 봉사 수요자에 대한 여러 문제들을 고려하여 시설 방문이 이루어지고 있기보다는 편리함이나 함께 가는 사람 등 다른 요인들에 대한 고려가 시설 선택의 기준이 되고 있는 듯하다. 특히 학생들에게 봉사활동을 할 수 있는 장소에 대한 선택권을 줄 경우 이런 일이 비일비재하게 발생할 수 있는데, 그렇다고 학생들의 특성을 일일이 확인해서 적절한 장소로 보내는 것도 쉽지 않다. 봉사 과목을 듣는 학생의 수는 학교마다 매 학기 수백 명이 넘을 것이다. 이 학생들 모두를 대상으로 일일이 면접을 해서 적절한 곳으로 보낸다는 것은 사실상 불가능한 일일 지도 모른다. 그런데 신중치 못하게 봉사 대상이 선택될 경우 봉사를 하는 사람은 무엇인가를 했다는 생각에 뿌듯함을 느낄 수 있고, 좀 더 멀리 보았을 때 긍정적인 교육 효과가 있을지 모르지만 막상 봉사 대상자에게는 전혀 도움이 되지 않을 수 있다. 적어도 봉사 대상자의 입장에서 보았을 때에는 차라리 아무것도 하지 않는 것보다 못한 결과가 초래될 수도 있는 것이다.

(3) 대체로 교수자가 봉사활동에 함께 참여하지 않는다

일반적으로 사회봉사 과목을 담당하는 교수자는 봉사활동의 이념이나 봉사활동을 하는 데 요구되는 마음가짐 등 필요한 사항을 강의실에서 전달하고, 전체적인 운영과 증명서 수거 등 사후 관리를 하는 데 머물지 직접적으로 학생들과 봉사활동을 함께 하는 경우는 그리 흔치 않다. 이는 한편으로는 어쩔 수 없다고 말할 수도 있다. 왜냐하면 수강생들과 시간을 맞추어 함께 봉사활동을 하기가 쉽지 않고, 설령 시간을 맞춘다고 해도 수십 명이 특정 시설을 한꺼번에 방문했을 때 맡는 일이 분명하지 않아 자칫 우왕좌왕하다가 하루를 보내게 될 수 있기 때문이다. 이와 같은 방문은 도움 수요자들에게 도움이 아니라 피해를 줄 가능성이 있다. 실제로 도시에 있는 시설을 방문한다고 했을 때 효과적으로 봉사활동을 할 수 있는 인원은 기껏해야 5~10명 정도일 것이다. 한 과목 수강생을 60명으로 가정했을 때 시설에서 효율적인 봉사활동을 하려면 인원을 적어도 6개조로 나누어야 한다. 이 경우 교수자가 봉사활동에 함께 참여하려면 최소 여섯 번에 걸쳐 시간을 내야 한다. 이것도 한 과목을 담당한다고 가정했을 경우이고, 그 이상의 과목을 담당할 경우 업무가 가중되는데, 그렇게 하라는 것은 현실적으로 교수자에게 무리한 요구가 될 수 있다.

그럼에도 봉사활동의 효과, 그리고 교수자와 학생의 유대 관계 형성의 중요성이 부각되고 있는 현 상황을 고려해 보았을 때, 교수자가 전반적인 운영과 강의실에서의 오리엔테이션 및 마무리만을 담당하는 것은 바람직하지 않은 듯이 보인다. 특히 봉사활동이 단순히 도움 수요자에 대한 기여뿐만 아니라 학생들의 인성 교육의 장이기도 하다는 측면을 고려한다면 교수자는 학생들과 적극적으로 의사소통을 하면서 그들의 활동이 지속적으로 이루어질 수 있도록 도움을 주어야 한다. 이를 위해서는 교수자가 학생들을 좀 더 상세하게 파악하려 하면서 학생들과의 신뢰를 쌓아야 하는데, 일을 시키기만 하고 교수자가 함께 활동을 하지 않을 경우 학생과 교수와의 신뢰가 형성되기가 쉽지 않다. 이 경우 교수자는 그저 학점을 주는 사람에 머물게 되는 것이다. 봉사를 통해 진정으로 교육적인 효과가 나타나길 바란다면 교수자는 어떤 방식으로든 학생들과 함께 봉사활동에 참여할 필요가 있다. 교수자가 지속적으로 관심을 가지면서 기운을 북돋아 줄 경우 학생들은 더욱 장기적으로 봉사에 관심을 갖게 될 가능성이 높아질 것이며, 이를 통해 인성 교육의 효과가 나타날 수 있을 것이다.

(4) 동기 부여가 충분히 이루어지기에 미흡한 점이 있다

사회봉사 과목은 기말고사가 없고, 몇 번의 출석과 봉사활동 등으로 학점을 받게 된다. 아마도 대부분의 학생들은 순수한 동기에서 수강 신청을 할 것이다. 하지만 학생들 중에는 다른 과목에 비해 비교적 수월하게 학점을 받을 수 있다거나 취직을 할 때 봉사활동 증명이 필요하다는 등의 이유 때문에 사회봉사 과목을 수강하는 경우도 있다. 이러한 학생들은 의미나 보람을 얻기 위해 노력하기보다는 쉽게 시간을 채울 수 있는 봉사활동이 무엇인가에 초점을 맞출 것이며, 심지어 학교에서 봉사활동 시설을 지정하지 않고 학생들이 선택권을 가질 경우에는 봉사활동을 하지도 않았으면서 직·간접적으로 알고 있는 시설을 찾아가 증명서를 거짓으로 꾸며서 제출할 가능성도 있다. 이런 경우는 거짓으로 세상을 쉽게 살 수 있다는 생각을 조장하는 등의 부정적인 영향을 초래할 수가 있을 것이다. 이처럼 손쉽게 시간을 채울 수 있는 시설이 선택되거나 증명서에만 초점이 맞춰질 경우 봉사활동의 근본 취지가 망각될 우려가 있다. 봉사활동 프로그램은 도움 수요자에게 도움이 되는 데서 한 걸음 나아가, 봉사자의 봉사에 대한 올바른 가치관이 확립되는 데도 도움을 주어야 하며, 봉사자가 지속적으로 봉사에 관심을 가질 수 있도록 하는 데도 기여해야 한다. 하지만 편하게 시간을 채우는 데만 초점이 맞추어질 경우 사회봉사에 대한 동기 부여가 될 리 없고, 봉사활동이 지향하는 소기의 목적을 달성하기가 어려워진다는 것은 불문가지다. 봉사 과목은 이러한 문제점을 최소화하기 위해 노력해야 하는데, 대체로 교수자의 적극적인 개입이 이루어지지 않고 학생들의 자발성에 초점이 맞추어져 있을 경우 이러한 문제가 해결되기가 쉽지 않다. 이 경우 어려운 이웃들에게 작은 기여를 위해 봉사가 이루어지는 것이 아니라, 그저 학점을 따기 위한, 또는 스펙을 쌓기 위한 봉사가 이루어질 가능성이 커지게 된다. 봉사 과목의 본말本末이 바뀌어 버리게 되는 것이다.

(5) 사후 관리를 보완할 필요가 있다

일반적으로 봉사활동을 갔다 오고 난 후 학교에서는 봉사활동 소감문과 증명서 등을 요구하는데, 이를 제출한 출결 상황에 문제가 없는 학생들은 학점을 받게 된다. 그리고 대체로 이것으로 학기가 마무리된다. 일부 학교에서는 여기서 한 걸음 나아가 사회봉사 과목을 수강한 학생들이나 봉사 증명서를 제출한 학생들의 명단을 확보해 놓고 필요한 경우 공지 등을 통해 자원 봉사를 할 장소를 소개해 주기도 하고 자원봉사자를 모집하기도 한다. 또한 봉사활동을 했던 학생들이나 봉사에 관심이 있는 학생들을 모아서 봉사단을 만들어 운영하기도 한다. 하지만 봉사활동을 했던 학생들을 한꺼번에 묶어서 끌어 줄 수 있는 분명한 주체가 지속적으로 관리를 하지 않는 이상, 그리고 모두가 함께 만날 수 있는 자리를 마련하는 등의 방법을 통해 봉사단원들끼리 서로 친해질 수 있는 프로그램 등이 마련되어 있지 않을 경우 자원봉사자 인력 풀을 활용하는 것이 어느 정도 효율적인지에 대해서는 의문의 여지가 있다. 이러한 방법을 통해서는 사회봉사 과목을 수강한 학생들이 지속적으로 사회봉사에 대한 관심을 갖게 하는 데 한계가 있을 수 있다는 것이다. 소신을 가지고서 활동을 하고자 하는 학생들은 주변 상황과 무관하게 지속적으로 활동을 할 것이다. 하지만 내 경험으로 미루어 보건대 그러한 학생들은 다수가 아닌 소수다. 그리고 그러한 학생들은 알아서 솔선수범을 하는 학생들이기 때문에 굳이 끌어 주고자 하는 사람이 없더라도 꾸준히 활동을 할 수 있다. 만약 이것이 사실이라면 사후 관리를 보완하여 더 많은 학생들이 지속적인 봉사활동을 할 수 있는 여건을 만들어 주지 않을 경우 학교에서 운영되는 봉사 시스템은 새로운 봉사 수요를 창출하는 순기능을 발휘하지 못할 우려가 있다.

이상의 지적은 중앙일보 자원봉사 전문가 워크숍 보고서의 토의 결과에서 지적된 문제점들과 일맥상통한 내용들이다. 보고서는 봉사활동의 문제점으로 봉사활동이 불규칙하게 이루어지고, 지속성이 없으며, 봉사시간을 채우고 나면 봉사활동을 중단한다는 점을 들고 있으며, 자발적인 봉사활동이 아니라 점수따기식의 활동을 함으로써 봉사의식이 희박하고, 청소년 봉사활동자 수의 급격한 증가로 인해 프로그램이나 지도 인력이 부족하다는 점 등을 들고 있는데,[11] 사회에 진정한 의미의 봉사활동이 확산되길 바란다면 이러한 문제점들은 반드시 짚고 넘어가야 한다. 사회봉사 프로그램이 제대로 기능을 발휘하려면 이러한 문제점을 극복하고, 활동을 하는 사람이나 도움 수요자에게 진정으로 도움이 되어야 하며, 이를 위해 교수자가 프로그램에 좀 더 적극적으로 참여함으로써 학생들의 봉사 동기를 양산·강화하고, 봉사활동을 지속적으로 할 수 있도록 유도할 수 있어야 할 것이다. 그런데 상기의 문제를 최소화하면서 봉사활동의 취지를 적절히 살리고자 한다면 구체적으로 어떤 방법이 좋을까?

(6) 문제 해결 방법은?

위에서 언급한 문제점을 최소화하고, 학생들의 적극적인 참여를 독려하며, 교수와 학생과의 친분을 도모하고자 한다면 한 학기에 적어도 한두 번 정도 교수와 학생이 함께 할 수 있는 프로그램을 마련하면 좋을 것이다. 다시 말해 현재 대부분의 대학에서 요구하는 봉사활동 시간 30시간 중에서 최소한 8~9시간 정도는 지도교수와 학생들이 모두 참여할 수 있는 프로그램을 포함시키고, 나머지 시간은 개별적으로 봉사활동을 다녀오도록 이원화하면 문제를 완전하게는 아니라고 하더라도 어느 정도 보완할 수 있으리라는 것이다. 이러한 생각은 학교 계획에 의한 봉사활동과 개인 계획에 의한 봉사활동으로의 구분을 염두에 둔 것이다. 그런데 만약 한 학기에 한두 번 지도교수와 학생이 함께 봉사활동을 간다고 했을 때, 그리고 수강생 수가 적지 않고, 모든 수강생들이 순수한 동기에서 활동을 하는 것은 아니

---

11 청소년 자원봉사활동의 문제점에 대한 중앙일보 보고서는 김영호 등, 『자원봉사의 이론과 실제』, 창지사, 2003, 197~198쪽을 볼 것.

라는 점을 감안했을 때 적절한 봉사 프로그램이 될 수 있는 것은 무엇일까?

가급적 배제하는 편이 좋은 것처럼 보이는 봉사활동은 아동 시설이나 지체 장애인 시설, 노인 복지 시설 방문 등 사람을 직접 만나서 하는 봉사활동이다. 앞에서도 언급한 바와 같이 여러 명이 한꺼번에 몰려가서, 그것도 일회성 이벤트에 그친다고 할 경우 봉사활동을 가는 사람들은 나름의 의미를 찾을 수 있을지 몰라도 시설에 있는 사람들은 낭패감을 느낄 수 있을 것이다.

수해 지역 복구 등 자연재해가 일어났을 때의 복구작업은 대규모 인원이 동원되어도 무방하며, 함께 땀을 흘릴 수 있다는 점에서, 그

사람을 직접 만나서 하는 봉사활동은 상대방의 마음을 헤아리고자 하는 적극적인 자세가 요구된다. '사유와 실천' 송파 화훼마을 홀몸어르신 팀원들이 할머님들 앞에서 재롱잔치(?)를 펼치고 있다.

리고 동기가 뚜렷하지 않아도 도움이 될 수 있는 유형의 봉사라고 할 수 있다. 하지만 문제는 이러한 활동은 계속적으로 이루어질 수 있는 것이 아니라 불행한 사건이 일어났을 경우에만 이루어질 수 있다는 점이다. 따라서 이들은 정기적으로 할 수 있는 성격의 봉사가 될 수 없다. 사고가 일어나지도 않았는데 무엇인가를 할 수 없는 노릇 아닌 가? 또 다른 유형의 적절한 봉사로 우리는 연탄 나르기를 생각해 볼 수 있다. 하지만 연탄 나르기는 지역과 시기가 한정된다는 문제가 있 다. 구체적으로 연탄 나르기를 할 수 있는 시기는 추위가 다가오는 시점에 한정되며, 그런 지역을 구하기가 쉽지 않을 뿐만 아니라 활동 지역 자체가 넓지 않아 한꺼번에 많은 인원이 동원될 경우 복잡하기 만 하지 일이 체계적으로 이루어지기가 어렵다. 이렇게 보았을 때 연 탄 나르기 또한 정기적인 봉사활동으로 삼기엔 다소 미흡하다.

내가 생각하기에 농활은 이상에서 언급한 문제점들을 최소화할 수 있는, 대규모의 사람들이 일회성으로 활동하기에 적절한 봉사 프로 그램이다. 나는 사회봉사 프로그램의 현실적인 상황을 고려해 보았 을 때 농활이야말로 여러 문제점을 보완할 수 있는, 다양한 긍정적인 효과를 산출할 수 있는 봉사활동이 될 수 있다고 생각한다. 우선 왜 굳이 농활을 이야기하는지 그 이유를 살펴보도록 하자.

2) 우리 농촌의 어려운 현실

봉사활동이라 함은 고통을 함께 나누는 활동인데, 만약 농촌이 고 통을 겪고 있지 않다면 우리가 굳이 농촌을 대상으로 봉사를 할 이 유가 없을 것이다. 그렇다면 우리나라의 농촌의 실상은 어떠한가? 우 리나라 농촌의 현실은 열악하다는 한마디로 요약된다. 이렇게 말하는 이유는 다음과 같다.

(1) 도시와의 격차가 더욱 벌어지고 있는 낮은 소득 수준

2007년도 통계청 '농업기본통계조사 결과'에 따르면 우리나라 농가는 영세농이 차지하는 비중이 과거와 다름없이 높은 것으로 나타났다.[12] 통계에 따르면 농촌에서 한 해 농축산물 판매액이 1,000만 원을 밑도는 가구가 열 가구 가운데 일곱 가구로 조사되었으며, 열 가구 중 네 가구는 0.5헥타르도 안 되는 땅에서 농사를 짓고 있었다. 또한 2007년 농축산물 판매액이 1,000만 원이 안 되는 농가가 전체 가구의 66% 정도였고, 오직 4.8%만이 한해 판매액이 5,000만 원 이상이었다. 이 밖에 경지 면적이 3헥타르 미만의 경지에서 농사

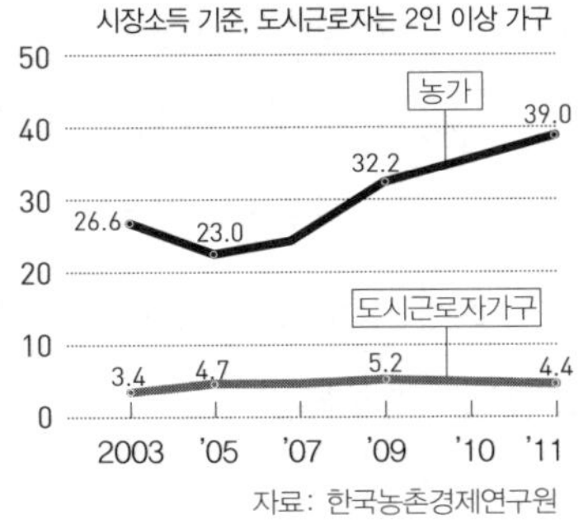

를 짓는 농가가 전체 농가의 92% 이었고, 40%의 농가가 0.5헥타르 미만의 땅에서 농사를 짓고 있었다. 농촌의 소득 사정이 좋지 않다는 것은 최근 한국농촌경제연구원의 발표한 자료에서도 드러난다. 한국농촌경제연구원의 발표에 따르면 2011년 한해 농가소득은 3,341만 원으로 나타났는데, 이는 도시

---

[12] 최근 한 신문의 보도는 농가 39%의 소득이 최저 생계비인 90만 6,830원 이하로 나타났다고 밝히고 있다. 2013년 2월 1일 『문화일보』 기사에 따르면 "농가 10가구 중 4가구꼴로 최저 생계비 이하로 생활하는 등 농촌의 절대 빈곤층 비율이 해마다 크게 높아지는 것으로 나타났다. 특히 농가의 절대 빈곤층 비율이 도시 근로자 가구의 9배에 달하는 등 도시와 농촌간의 소득 격차가 갈수록 벌어지고 있는 것으로 나타났다."

근로자 평균 소득으로 추정되는 5,140만 원의 65%에 불과한 수준이다. 농가 소득이 도시 근로자 소득보다 많았던 시기도 있었지만, 1990년에 도시 근로자 소득이 농촌을 추월한 이래 그 격차는 점차 확대되는 추세다. 농촌경제연구원은 도시와 농촌 간의 소득 격차가 2016년 50.4%, 2021년에는 43.2%로 더욱 확대될 것으로 전망했다.

농촌이 안고 있는 여러 문제점들을 감안한다면 연구원이 농촌에 대한 어두운 전망을 내놓는 것은 어쩌면 너무나도 당연하다. 우리나라의 농업 형태는 기계화된 거대 농업이 아니라 대체로 노동력이 필요한 집약적 형태로, 이로 인해 노동 생산성이 매우 낮다. 게다가 농촌에는 농가 소득을 증대할 수 있는 특별한 장치가 마련되어 있지도 않다. 심지어 농사를 짓지 않는다고 해도 소득원을 늘릴 수 있는 방법은 특별히 없다. 예를 들어 식당을 한다고 해도 식당을 찾는 사람 자체가 많지 않은데 어떻게 높은 소득을 올릴 수 있겠는가? 게다가 농촌이 노령화되어 가고 있음을 감안한다면 우리의 농촌은 구조적으로 높은 소득을 올리기가 힘든 실정이다. 이와 같은 상황은 최근 들어 더욱 악화되고 있으며, 이로 인해 농촌과 도시 간의 소득 격차가 더욱 벌어지고 있다.

(2) 열악한 문화, 교육 환경

우리나라의 경우 1960년대 이후 개발이 주로 도시에 집중되었으며, 이로 인해 일거리를 찾기 위한 이촌향도 현상이 두드러지게 나타났다. 이와 같은 현상은 도시 위주의 개발을 더욱 촉진하는 계기로 작용했는데, 사람들이 도시로 몰리다 보니 수요가 있는 곳으로 사회적 인프라가 만들어질 수밖에 없었고, 이는 더욱 인구의 도시 집중을, 그리고 이는 또다시 사회적 인프라가 도시에 집중되는 현상을 빚어냈다. 이에 비례해서 농촌의 사회적 환경은 나빠질 수밖에 없었다. 인구가 부족하니 굳이 농촌에 이런저런 투자를 할 이유가 없는 것이고, 이로 인해 사회적 인프라가 부족해지다 보니 농촌의 상황은 더욱 열악해질 수밖에 없었던 것이다. 현재 교육, 의료, 문화, 복지 등의 다양한 측면에서 농촌의 환경은 도시에 비할 바가 아니다. 예를 들어 시골에서 병원에 가려 하면 적지 않은 시간을 들여 소도시로 나가야 하며, 초등학교와 중학교가 통·폐합되고, 고등학교는 비교적 인구가 많은 곳에만 남아 있음으로써 교육 여건 역시 나빠지고 있다.

(3) 농촌 인구, 특히 젊은층의 감소

젊은이들은 대체로 농촌을 떠나고 싶어 하고, 또한 떠나야 하는 상황이 종종 발생한다. 그 이유는 여러 가지다. 먼저 농사일은 무척 힘이 든다. 실제로 경험을 해보면 알 수 있지만 단 하루의 농사일도 그리 쉽지는 않다. 그런데 그런 일을 1년 내내 해야 하고, 나아가 평생을 해야 한다고 생각할 때, 그렇게 하고도 벌이는 시원치 않을 때, 농촌에 남아서 농사를 짓겠다는 결정을 내리기란 무척 어렵다. 또한 농촌에는 교육 환경이 제대로 갖추어져 있지 않기 때문에 제대로 공부를 하기 위해서는 어느 정도 나이가 되면 농촌을 떠날 수밖에 없다. 젊은이들의 관심을 끌 만한 문화적 시설이나 프로그램 역시 거의 없다. 비교적 큰 도시가 아닌 이상 극장 구경 등의 문화생활은 생각하기조차 힘들다. 젊은이들이 어울릴 만한 사람도 거의 없다. 대부분의 친구들이 직업을 찾기 위해, 또는 교육 문제 때문에 도시로 떠나 있기 때문이다. 농촌에 남아 있으면 제대로 대접을 받지 못하기도 한다.

한가로운 농촌의 풍경. 요즘은 농촌에서 아이들을 만나기도 그리 쉽지 않다.

부모들은 농촌 생활을 하면서 그 실상을 잘 알고 있기 때문에 대체로 자식들이 농사를 짓기를 원치 않는다.

이상과 같은 이유로 인해 젊은이들은 모두 농촌을 떠나고 남아 있는 것은 어르신들뿐이다. 이제는 중장년층이 된 과거의 젊은이들은 직업을 구하기 위해 이미 오래전에 농촌을 떠났고, 오늘날의 젊은이들마저도 농촌을 떠나다 보니 농촌은 자연스레 인구 감소 현상이 뚜렷하게 나타나고 있는 것이다. 이로 인해 농촌에는 노동력이 크게 부족해지게 되었는데, 농사를 짓는 사람들은 사람을 사서 이와 같은 노동력 부족을 메우고 있다. 그런데 문제는 사회적 요인으로 인해 인건비가 상승하다보니 영농비가 계속 증가하게 되었다는 점이다. 이로 인해 농사를 짓는 사람들은 부담을 느끼게 되었고, 급기야 최근에는 농사를 포기하는 경우마저 적지 않게 나타나고 있다. 이는 경지 이용률 감소로 이어졌는데, 2010년을 기준으로 보았을 때 우리나라의 국토 면적은 증가했으나 경지 면적은 2003년 18억 4,600만 헥타르에서 17억 5,900만 헥타르로 4.71% 감소했다. 이러한 수치는 농사를 짓는 사람들과 땅이 계속 줄어들고 있음을 반영하는 것이다.

(4) 노령화

청년들이 농촌을 떠나면서 농촌에 남아 있는 것은 어르신들뿐이다. 실제로 농촌에 가보면 50대는 젊은 축에 속할 뿐 아니라 그나마 그 수도 그렇게 많지 않다. 이는 통계 자료를 통해서도 확연히 드러난다. 대한통계협회가 통계청의 연구용역을 받아 작성한 「2005년 농림어업총조사 종합분석 보고서」는 2020년이 되면 농가인구에서 50대 이상의 비율이 82.7%가 될 것이고, 60대 이상은 63%에 달할 것이라고 추정하고 있다. 보고서는 "젊은 연령층의 전입이 없으면 농가의 다음 세대가 사라져 농업 중심의 농촌사회도 해체될 것으로 예상할 수 있다"고 밝히고 있는데, 이는 우려되는 현상이다.

현재 농촌에 남아서 농사를 짓고 계신 어르신들은 온갖 역경을 뚫고 한평생 농촌을 지키며 살았던 분들이다. 이 분들 중 상당수는 평생 동안의 고된 노동으로 각종 질병을 안고 살아가고 있지만 팔다리

빨간 모자를 쓰고 농촌을 누볐던 '사유와 실천' 초창기 회원인 세영이가 마을 회장님과 이야기를 나누고 있다.

가 저리고 아픈 정도는 병이라고 여기지도 않는다. 이런 증세는 만성이 되어 있다 보니 그저 그러려니 하고 병원을 갈 생각도 안하시는 것이다. 병원에 잘 가지 않는 것은 어르신들이 경제적으로 매우 어려운 처지에 놓여 있는 것과도 관련이 있다. 젊고 건강한 육체가 아니기 때문에 농사를 지어도 생산성이 낮을 수밖에 없고, 많은 경우 영세농이기 때문에 돈이 넉넉히 있을 리 없다. 이런 상황에서 병원은 특별히 많이 아픈 경우가 아니라면 쉽게 찾아갈 수 있는 곳일 수가 없는 것이다. 어르신들이 농사를 지을 수 있다면 그래도 다행이다. 몸이 허약해져서 더 이상 농사를 지을 수 없을 경우 그나마 작은 수입마저도 없어진다. 때문에 어르신들은 너무 몸이 아파 움직이지 못하게 되지 않는 이상 논밭에 나가 일을 하신다. 이뿐만이 아니다. 농촌의 어르신들 중 상당수는 평생 살면서 문화생활도 제대로 해보지 못하셨다. 문화적 혜택의 사각지대인 농촌에서 해볼 수 있는 것은 그다지 없고, 설령 있다고 해도 농사일 때문에 바쁘기도 하고, 도시로 간 자식들 뒷바라지 하느라 문화생활은 엄두도 내지 못한다. 도시에서 자식들이 모시려 해도 부담을 주기 싫어서 농촌에 남아 있으려 하고, 자식이 한 푼이라도 아낄 수 있는 것이 더 기쁘다고 생각하면서 온갖 고난을 참으면서 살아온 우리의 농촌 어르신들……. 부부 중 한 분이 먼저 돌아가셔서 혼자가 되어 외로움에 밤마다 눈시울을 적셔도 자식들에게는 잘 살고 있으니 걱정 말라고 하시며, 자식들의 행복만을 빌어 주는 가슴 메어지는 자식 사랑만을 품고 살아가는 아름답고 선량한 영혼들……. 이 분들 덕분에 우리 국민들은 지금까지 먹을거리에 대한 별다른 걱정을 하지 않고 살아왔다.

　하지만 도시에 사는 사람들은 이 분들이 현재 어떻게 살아가고 있는지에 대해 그다지 생각해 보지 않는다. 많은 사람들은 이러한 것을 생각하지 않고 그저 싸다는 이유로 외국 농산물을 구입해서 먹는다. 그것이 지금까지 농촌을 지켜 오신 어르신들, 나아가 자기 자신에게 어떤 영향을 미치게 될 것인가를 생각해 보지 않은 채, 우리 농민들에 대한 감사한 마음, 쌀 한 톨의 소중함을 망각한 채, 사람들은 지금 당장만을 생각하며 살아가고 있다.

(5) 농업용 원자재 값의 급등

농촌이 가지고 있는 구조적인 측면 외에도 최근 들어서는 이런저런 악재로 농촌이 더욱 힘들어지고 있는 상황이다. 그 중 하나는 농업용 원자재 값의 급등이다. 농민들은 농자재 값이 엄청나게 오름으로써 고통이 가중되고 있다. 최근 기름, 비닐하우스용 파이프와 비닐, 인건비와 운송비, 사료 등 말 그대로 농사에 필요한 원자재 중 오르지 않는 것이 없다고 말해도 과언이 아닐 정도로 모든 것이 오름으로써 농촌은 비탄 속으로 빠져들고 있다. 농민들이 더욱 힘든 이유는 이처럼 농자재 값이 급등하고 있음에도 농산물 가격은 거의 오르지 않고 있기 때문이다.

쌀은 그 대표적인 사례인데, 벼농사를 짓기 위해 필요한 비료, 농약, 농기계 등의 가격은 계속 가파르게 상승하고 있음에도 쌀은 10년 전과 가격이 거의 달라진 바가 없다. 쌀값이 조금이라도 인상될 조짐이 보이면 정부는 재고로 남아 있는 쌀을 방출해 쌀값을 안정시키겠다고 호들갑을 떤다. 문제는 이렇게 해서 쌀값 상승이 억제될 경우 피해는 항상 농민들이 떠안게 된다는 것이다. 이 상황에서 농민들은 결국 농사를 지을 수 없다고 생각하게 될 수밖에 없다. 농사를 짓

기 위해 없어서는 안
될 농자재들의 가격이
상승한다면, 이에 따
라 쌀값도 함께 올라
줘야 농민들이 부담
을 안지 않을 수 있다.
그런데 농업용 원자재
상승을 억제하지도 않
으면서 쌀값만 동결한
다면 농민들이 어떻게
농사를 지을 수 있단
말인가? 고생 고생해
서 농사를 지어서 인
건비도 제대로 못 챙
길 정도로 헐값에 농
산물을 팔 수밖에 없
는 상황이라면 아무리

농촌은 현재 원자재 가격 상승 등 다양한 문제들로 신음하고 있다.

굳은 마음을 가지고 지금까지 농촌을 지켜 온 사람이라 할지라도 농
사를 포기할 수밖에 없을 것이다.

(6) 자유무역협정 등으로 인한 값싼 농산물의 도입

칠레와의 자유무역협정이 맺어진 이래 외국과의 자유무역협정이
연이어 맺어지고 있다. 이로 인해 가장 커다란 타격을 받고 있는 것
이 우리 농민들이다. 칠레를 포함해 많은 나라들은 대규모로 농사

를 짓는 농업국가다. 이와 같은 국가에서 생산되는 농산물들의 가격 수준은 우리나라의 동일 품종과 비교해 볼 때 4분의 1 수준에 지나지 않는다고 한다. 이들 농산물이 들어오면 가뜩이나 여러 가지로 고통을 받고 있는 농가에 치명타를 가하게 된다. 겨우 겨우 농사를 지었는데, 각종 외국 농산물 수입 개방으로 국내 농산물의 경쟁력까지 약화될 경우 농민들은 농사를 포기할 수밖에 없게 된다. 실제로 경쟁이 이루어지기가 힘들다는 것은 불을 보듯 뻔하다. 우리나라 농업의 특성상 대규모 농업 체계로의 전환은 매우 어렵다. 설령 기계화를 이루는 등 경쟁력을 갖기 위한 다각도의 노력을 기울인다고 해도 이를 통해 생산된 농산물의 가격은 대형 트랙터와 농기계, 그리고 농약을 살포하는 비행기 등을 이용해 농산물을 생산하는 나라의 농산물 가격과는 경쟁이 되지 않는다. 그런데 가격 면에서 차이가 적지 않을 경우 많은 문제들을 고려하지 않는 소비자들은 값이 싼 외국 농산물을 주로 찾게 될 것인데, 당장 지금도 값싼 외국 농산물이 수입됨으로써 농가의 소득은 계속 줄어들고 있다. 이러한 과정이 지속될 경우 결국 우리의 농촌은 붕괴될 수밖에 없을 것이다.

　물론 이를 대수롭지 않게 생각하는 사람도 있을 것이다. 그리하여 '우리나라에서 농사를 짓지 않으면 어때? 외국에서 수입해서 먹으면 될 것 아니야?'라고 생각할 수도 있다. 하지만 우리가 알아야 할 것은 농산물 가격이 일부 대규모 다국적 기업에 의해 크게 좌우되고, 세계적인 이상 기후로 인해 농산물 가격이 어떻게 변동될지 알 수 없다는 점이다. 예를 들어 우리나라가 더 이상 농사를 짓지 않고 농산물을 전량 수입해서 사용하게 되었는데, 어느 날 대규모 다국적 기업의 횡포로, 또는 천재지변 등으로 농산물 값이 폭등했다고 가정해 보자.

이런 상황에서 우리는 비싼 대가를 치르고서라도 농산물을 수입하지 않을 수 없다. 이미 우리나라에서는 농사를 짓지 않으니 말이다. 만약 공산품이라고 한다면 우리가 사용하지 않으면 되니까 상대적으로 문제가 없다. 하지만 우리는 먹지 않으면 살 수가 없고, 이에 따라 먹을거리는 어떤 방식으로라도 반드시 구하지 않으면 안 된다. 이와 같은 상황에서 농산물을 무기화해도 우리는 속수무책일 수밖에 없게 되는 것이다.

(7) 구제역, 조류 독감, 이상 기후 등으로 인한 피해

이상에서 살펴본 바와 같이 우리의 농촌은 심각한 위기에 처해 있다. 그런데 설상가상雪上加霜으로 최근에는 천재지변이 빈번하게 일어나면서 농민들을 고사枯死 상태로 몰아가고 있다. 구제역이나 조류 인플루엔자가 발생하면 가축들에 대한 살처분이 이루어진다. 이는 2010년 11월에서 4월 사이에 정점을 이루었다. 2011년 구제역과 조류 인플루엔자에 의한 경제 손실은 3조 원에 달했고, 이 기간 동안 전국 4,799곳에서 996만 마리의 가축이 살처분된 것으로 나타났다. 아무리 보상이 어느 정도 이루어졌다고 하더라도 애지중지 키운 가축들을 한꺼번에 생매장해야 하는 현실 앞에서 농민들은 가슴이 무너지는 아픔을 겪었을 것이다. 뿐만 아니라 농사가 끝나고 편히 쉬어야 할 시기에 농민들은 가축들을 파묻는 일과 검역 작업 등으로 인해 제대로 쉬지도 못하고 봄을 맞이해야 했다. 농민들의 아픔은 여기서 그치지 않았다. 날씨가 풀리면서 가축을 대규모로 매몰한 지역에서 침출수가 흘러나오는 이상 징후가 전국적으로 나타났으며, 가축 매몰지 주변의 식수원이 오염되었다는 보고가 빈번하게 이루어지기

기상 이변으로 인해 무너진 비닐하우스 복구 작업에 힘쓰고 있는 농활 대원들.

도 했다. 이로 인해 가축 매몰지 주변의 주민들은 공포에 떨지 않을 수 없었다. 최근 들어 이와 같은 구제역과 조류 독감은 거의 주기적으로 찾아와 농민들을 괴롭히고 있다. 이에 대한 충분한 대책을 미리 세우고 대비를 해야 함에도 불구하고, 정부는 뒷북을 치기 일쑤다.

농촌 재해는 여기서 멈추지 않는다. 최근 들어서는 기후마저도 농촌을 도와주지 않는다. 기상 이변 또한 최근 들어 빈번하게 발생하고 있는 것이다. 기상 이변으로 인한 농작물 피해는 전국적으로 나타나고 있는데, 예를 들어 추위가 3월 말까지 계속 됨으로써 동해를 입기도 하고, 폭설로 인해 비닐하우스가 무너지는 피해를 입기도 하며, 극심한 가뭄으로 인해 심각한 상황에 처하기도 한다. 태풍 또한 매년 주기적으로 찾아와 농민들을 도탄에 빠지게 한다. 이러한 재해에 대한 정부의 대책은 극히 미온적이며 실효성 또한 크지 않다. 이러한 피해를 최소화하기 위해서는 농산물 가격이 올라야 하는데, 물가 상승에 영향을 준다거나 국민들의 가계에 부담을 줄 수 있다는 이유로 이 또한 쉽지 않다. 설령 가격이 오른다고 해도 유통 과정에서 중간

상인들이 이익을 취하지 농민들의 손에 쥐어지는 금액은 그다지 차이가 없다. 결국 이러한 상황에서 재해에 대한 피해는 농민들이 고스란히 짊어지게 되는 것이다.

4. 농활의 장점

지금까지 우리는 농촌이 처해 있는 현실에 대해 살펴보았다. 농촌 문제는 위에서 살펴본 것에만 국한되지 않는다. 농촌은 부채 또한 적지 않게 짊어지고 살아가고 있으며, 이외의 다양한 문제들로 신음하고 있다. 한마디로 우리 농촌은 총체적인 난국에 놓여 있다고 해도 그리 잘못은 아닐 것이다. 이와 같은 농촌의 상황은 우리에게 무엇이든 행할 것을 요청한다. 힘들게 살고 있는 농민들과 고통을 함께 나눈다는 차원에서, 국민들에게 먹을거리를 제공하기 위해 힘든 와중에도 묵묵히 농촌을 지켜 오신 분들께 감사의 뜻을 표한다는 차원에서도 무엇인가를 해야 하는 것이다.[13]

그렇다면 우리가 생활 속에서 농촌에 도움을 줄 수 있는 방법은 무엇일까? '나는 외국 농산물을 사먹지 않겠다', '음식물을 함부로 버

---

[13] 위에서 언급한 것이 농촌의 전부는 아니다. 돈이 전부가 아니고, 사람들끼리의 돈독한 관계라는 측면 등을 고려해 볼 때 농촌이 도시에 비해 사람 사는 냄새가 물씬 풍기는, 진정으로 살만한 곳이라고 말할 수 있는 면도 적지 않다. 하지만 상대적으로 권력과 먼 곳에 위치하고 있다 보니 정부를 포함해 사람들은 농촌 문제에 그다지 관심을 갖지 않는다. 만약 농촌이 겪고 있는 문제를 도시 사람들이 겪고 있다면, 특히 상류층들이 살고 있는 지역 사람들이 겪는다면 아마도 상황은 완전히 달라져 있을 것이다.

리지 않겠다'는 등의 작은 실천도 중요하지만 보다 적극적으로 농활을 가보는 것이 좋다고 생각한다. 그런데 구체적으로 농활은 무엇을 말하는가?

사회 운동으로서의 농활은 그 유래가 매우 오래 되었으며, 어디에 초점을 맞추고 있느냐에 따라 그 의미가 다소 다르다. 일제 강점기에는 지식인들이 주체가 되어 농촌을 일깨운다는 측면이 강조되었는데, 이때의 농활은 농촌계몽활동이었다고 말할 수 있다. 심훈의 『상록수』에 나오는 주인공 채영신과 박동혁은 이러한 활동을 펼치고 있는 인물들이다. 그런데 농활은 1970~90년대 초반에 이르러 성격이 바뀐다. 이 시기는 대학에서 학생운동이 절정에 달하던 시기였으며, 학생운동의 일환으로 농활이 이루어졌다. 일제 강점기의 농활이 지식인에 의한 농민의 계몽에 초점이 맞추어져 있었다면, 이 시기의 농활은 농민과 학생 내지 지식인의 연대에 초점이 맞추어져야 한다고 하여 농활을 농민학생연대활동의 줄인 말로 파악하고자 했다. 여기에서는 누가 누구를 이끈다는 식의 생각이 잘못이며, 모두가 평등한 사람들로, 모두가 행복하게 살기 위해 합심 노력한다는 의미가 강조되고 있다. 현재에도 이러한 의미에서의 농활은 여전히 이루어지고 있다.

그런데 최근 들어 이러한 유형의 농활 외에 또 다른 방식의 농활이 눈에 띄는데, 바로 봉사활동의 의미가 강조되는 농활이다. 이러한 농활은 대체로 일손 돕기에 방점이 찍혀 있으며, 기업체 등에서 하루나 1박 2일 정도의 봉사활동으로 활용하고 있다. 내가 이 책에서 초점을 맞추고 있는 것은 이와 같은 '농촌 봉사활동'에 가까운 의미의 농활이다. 이는 하루 동안 주말을 이용해서 단체로 갔다 오는 농촌 일손 돕기를 말하며, 비교적 전문적인 기술이 요구되지 않는 단순작업을 하는 것을 말한다. 이러한 농활은 '일일 농활', 또는 '단기 농활'이라고 부를 수 있을 것이다. 이러한 활동은 일차적으로 일손 돕기에 초점을 맞추고 있다. 하지만 이러한 활동은 농민과의 연대라는 의미를 희석시키지 않으려 하며, 농촌에 대한 관심을 촉발하여 궁극적으로 농촌이 갖는 문제점들을 해결하는 초석을 만드는 데도 관심을 기울이고자 한다.

일일 농활의 장점은 무엇보다도 다른 농활에 비해 비교적 참여가 용이하다는 것이다. 아무리 의미 있는 활동이라고 하더라도 많게는 1~2주, 적게는 3~4일 일정으로 농활을 간다고 했을 때, 막상 참여할 수 있는 사람들은 그리 많지 않다. 심지어 대학생들마저도 방학 때가 아니면 며칠 동안 시간을 내기가 어렵고, 이에 따라 관심이 있어도 간다는 결정을 내리기가 쉽지 않다. 이에 반해 일일 농활은 여느 봉사활동과 다를 바 없이 하루만의 활동이며, 이에 따라 일정상의 부담도, 준비에 대한 부담도 크게 느끼지 않을 수 있다. 일일 농활을 가

나눔의 실천에 대한 많은 영감을 주는 보라, 선영이와 농활을 가서. 선영이는 얼마 전 결혼을 했고, 총각인 내게 주례를 부탁해 만감이 교차하게 만들었다.

는 사람들은 그저 식사와 목장갑 등 작업에 필요한 가장 기본적인 것들만 준비해서 하루 동안 일손을 도우면 된다. 이러한 농활은 앞에서 지적한 사회봉사 과목의 문제점을 보완한다는 측면에서 적절히 활용될 수 있다. 그 장점을 좀 더 구체적으로 살펴보도록 하자.

1) 사회봉사 과목의 문제점을 보완하는 활동으로서의 농활

대체로 일일 농활 또는 단기 농활[14]은 동기의 영향이 상대적으로 적고, 대규모의 인원이 동원되어도 무방하며, 교수자가 함께 할 수 있는 프로그램이다.

(1) 동기의 영향이 상대적으로 적은 활동이다

농활은 동기의 영향이 상대적으로 적다고 말할 수 있다. 앞에서 살펴본 바와 같이 동기는 어떠한 경우에도 중요하며, 모든 사람들은 마땅히 동기를 훌륭하게 만들거나 유지하기 위해 힘써야 한다. 하지만 현실적으로 봉사활동을 하는 모든 사람들이 훌륭한 동기를 가질 수 있는 것도 아니고, 설령 순수한 동기를 갖기 위해 애쓰더라도 그러한 노력이 완전한 성공을 거두는 경우는 사실상 없다고 해도 과언이 아니다. 또한 마음가짐이 제대로 된 사람들만을 뽑아서 봉사활동을 하는 것도 바람직하다고 할 수 없다. 이렇게 할 경우 동기가 좋지 못한 사람들이 봉사활동을 하는 경우에 비해 봉사 수요자는 제대로 된 도움을 받을 가능성이 커질 것이다. 하지만 마음가짐이 잘 갖추어진 사람들만 봉사활동을 하게 될 경우 오직 그런 사람들만 봉사활동을

---

[14] 이하에서 농활을 말할 때는 이와 같은 의미의 농활, 다시 말해 일일 농활 또는 단기 농활을 뜻한다.

하게 됨으로써 봉사의 사회적 확산을 막는 결과를 가져올 수 있다. 이러한 측면을 고려한다면 훌륭한 동기를 가지고 있는 사람들의 동기를 촉발하여 더욱 많은 일들을 하게 하는 것도 중요하지만, 그 못지않게, 아니 그 이상으로 중요한 것은 동기가 그리 잘 갖추어지지 않은 많은 사람들이 적절한 동기를 갖도록 하여, 그 사람들이 봉사활동을 생활의 일부로 만들어가게 하는 일일 것이다.

이는 우리를 딜레마 상황에 놓이게 한다. 만약 마음가짐이 잘 갖추어지지 않은 사람들이 봉사활동을 할 경우, 그것도 그 대상이 직접적으로 사람일 경우, 그것이 상대방에게 부정적인 영향을 줄 가능성이 있다. 거꾸로 훌륭한 동기를 갖는 사람들만 봉사활동을 하게 될 경우 일부 사람들만 참여함으로써 봉사활동이 사회 운동으로 확산되어 나가기가 힘들어지게 된다. 이러한 상황은 동기가 주는 영향이 최소화되는, 그러면서도 봉사 수요자에게 긍정적인 결과를 초래할 수 있는 봉사활동을 요청한다.

농활은 바로 이런 딜레마 상황을 타개할 수 있는 활동으로 적절하다. 다시 말해 농활은 봉사자의 동기의 유무와 상관없이 봉사 수요자에게 도움을 줌으로써 일반적인 봉사가 갖는 한계를 어느 정도 극복할 수 있는 장점이 있다는 것이다. 내가 이렇게 이야기하는 이유는 농활이 봉사자와 봉사 수요자의 인간적인 만남이 제일 목적인 활동이 아닌, 봉사자의 노동 또는 일손에 대한 수요를 충족시켜 주는 활동이며, 이에 따라 봉사 수요자의 동기가 상대적으로 중요하지 않기 때문이다. 봉사자가 농촌에 가서 하는 일은 농민들을 만나서 지속적인 친분을 쌓는 일이라기보다는 주로 논밭 일이며, 따라서 설령 학생들이 좋은 동기에서 참여를 하지 않는다고 하더라도 그러한 동기로 인해 봉사 수요자가 직접적으로 불쾌함을 느끼게 되지는 않는다. 물론 농활을 갈 경우에도 농촌에서 사람과 사람이 만나지 않는 것은 아니다. 하지만 그 만남은 일반적으로 1대1의 만남이라기보다는 다多 대 1 내지 다多 대 다多의 만남이며, 도움 수요자들이 당장 원하는 것은 인격적인 만남이기보다는 일손이기 때문에 동기 자체가 농민들에게 미치는 영향은 상대적으로 크지 않을 수 있다. 동기 부여가 제대로 되지 않으면 일의 능률이 오르지 않을 수 있기는 하다. 그럼에도 일단 학생들이 일을 할 경우 그 양이 아무리 적다고 해도 전혀 하지 않는 경우보다는 그만큼 일손을 덜게 되며, 특히 교수자가 함께 일을 한다고 했을 경우에는 학생들이 일을 하기 싫어도 할 수밖에 없기 때문에 일은 그만큼 진척될 수밖에 없다. 이런 측면에서 농활은 동기의 문제를 어느 정도 해결해 준다. 설령 봉사자에게 아무런 동기 유발이 이루어지지 않는다고 해도 적어도 봉사 수요자인 농민들에게는 도움이 될 수 있는 것이다.

(2) 많은 인원이 함께 할 수 있는 활동이다

최근 들어 중학교에서 대학에 이르기까지 공교육 기관에서는 학생들에게 일정 시간 이상의 봉사활동을 요구하고 있다. 이와 같은 방침이 도입됨으로써 야기된 장점은 무엇보다도 과거와는 비교할 수 없을 정도로 봉사에 투입될 수 있는 사람들이 많아졌다는 점이다. 하지만 제도화가 될 경우 생기는 전형적인 문제 중의 하나는 이것이 형식적으로 이루어질 가능성이 커진다는 점이다. 봉사 참여자는 귀찮은 것을 억지로 하다 보니 봉사의 본래적인 의미를 되새기면서 봉사를 지속적으로 하겠다는 동기를 갖게 되는 경우가 그리 많지 않은 것처럼 보인다. 이는 공교육이 봉사활동을 의무화하면서 세운 한 가지 목표, 즉 학생들에게 봉사에 대한 관심을 촉구하고, 이를 지속적으로 하게 함으로써 궁극적으로 인성을 함양하겠다는 목표를 무색하게 한다. 실제로 주변에서 학생들의 봉사활동에 관한 이야기를 들어 보면 적당히 시간을 채우려 하는 경우, 부모가 대신 봉사활동을 하거나 아는 곳을 통해 활동을 하지 않았음에도 증명서를 받는 경우, 사실상 봉사활동이라 할 수 없는 활동을 하면서 활동 증명서를 받는 경우 등 실로 적지 않은 '봉사 아닌 봉사'가 이루어지고 있음을 알 수 있다.

이 못지않은 문제는 전국적인 규모로 학교에서 봉사활동을 요구하다 보니 봉사에 대한 수요가 공급을 따라가지 못하고 있다는 점이다. 실제로 봉사활동을 하고자 하는 많은 수의 학생들에게 적절하게 시설이나 장소 등을 제공한다는 것이 그리 쉽지만은 않다. 이는 단지 봉사를 하고자 하는 인원과 봉사를 원하는 장소나 시설 수의 숫자상의 불균형의 문제가 아니다. 아무리 봉사를 하고자 하는 사람이 많다고 하더라도, 그들을 아무 곳에나 보낸다고 했을 때 이는 봉사활동이 아니라 민폐활동이 되기 십상이다. 특히 어느 정도 사회성이 갖추어진 어른들의 경우는 상대적으로 갈 곳이 많지만, 성숙하지 못한 청소년들이 봉사활동을 할 수 있는 장소에는 제한이 따를 수밖에 없다. 이로 인해 제대로 봉사활동을 하려고 해도 갈 곳 또한 마땅치 않은 경우도 적지 않은 것이다. 특히 10명 이상의 적지 않은 인원이 봉사활동을 하고자 할 때 기꺼이 봉사를 하러 오라고 하는 곳은 거의 없다. 그리 크지 않은 곳에, 열 명 이상이 한꺼번에 몰려가서 무엇인가를 하고자 할 때 이는 북적거림만을 초래할 뿐 적절하게 봉사가 이루어지기가 쉽지가 않다. 오히려 봉사 수요자 입장에서는 불편하기만 할 뿐 봉사자들로부터 제대로 필요한 바를 제공받지 못할 수가 있다. 나아가 봉사자의 동기가 시간을 채우는 데 있을 경우, 봉사 수요자가 어떤 느낌을 갖게 될 것인가는 불을 보듯 뻔하다.

그런데 이처럼 봉사가 형식적으로 이루어지고 봉사 수요자에게도 그다지 도움을 주지 못할 경우, 나아가 피해를 주는 경우가 많아지게 되면 모처럼 좋은 취지로 시작된 공교육 기관에서의 사회봉사가 제대로 피어 보지도 못하고 시들게 될 우려가 있다. 무엇인가 돌파구가 있지 않으면 안 되는 것이다. 나는 농활이 이와 같은 돌파구 역할을 할 수 있다고 생각한다. 대체로 농활은 대규모로 인원이 동원되어도 문제가 없는 편이며, 오히려 농촌에서는 많은 사람들이 동원될수록 좋을 수가 있다. 왜냐하면 농가의 입장에서는 한 명이라도 더 많은 사람들이 일손을 거들수록 할 일이 줄어들기 때문이다. 실제로 별다른 동기 없는 대규모의 인원이 한꺼번에 동원 되어도 긍정적인 효과를 산출할 수 있는 일은 농활이 거의 유일하다고 해도 과언이 아닐 것이다. 이는 조금만 주의를 하면 어떤 경우에도 봉사 수요자에게 도움이 될 수 있는 활동이다. 물론 봉사자들이 할 수 있는 일은 한정되어 있을 것이다. 농촌의 일 또한 전문적인 것들이 있고, 따라서 잘못하다간 농사를 망칠 가능성도 배제할 수 없다. 하지만 농촌에는 허드렛일을 포함해 잠시 지시를 받으면 충분히 잘 할 수 있는 일들이 많이 있다. 정리하자면 농활은 동기와 무관하게, 대규모의 인원이 할 수 있는 흔치 않은 봉사활동이며, 만약 농활이 활성화된다면 봉사 수요에 대한 공급이 충분히 이루어질 수 있게 될 것이다. 이는 적어도 도움 수요자의 측면에서 고려해 보았을 때, 형식적인 봉사가 아닌 수요

이런저런 이유로 농활 가서 단체 사진을 찍은 경우는 거의 없었는데, 이날은 뒤풀이가 끝나고 의기투합해서 단체 사진을 찍었다.

자에게 도움이 되는 실질적인 봉사활동으로 자리매김할 수 있게 될 것이다.

(3) 지도 교사나 교수의 참여가 가능한 활동이다

봉사활동이 형식적으로 이루어지는 것을 방지하기 위한 한 가지 방법으로 생각해 볼 수 있는 것은 교수자가 학생들과 함께 봉사활동에 참여하는 것이다. 청소년기를 포함해 학생들에게 교수자의 행동은 종종 교육적인 효과를 발휘한다. 교수자가 함께 봉사활동을 하는 모습은 학생들에게 살아 있는 교육이 될 수 있으며, 이론을 통해 봉사활동을 권유하는 것보다 훨씬 효과적으로 봉사에 관심을 갖게 할 수 있다. 그런데 한 학기에 한두 번 정도 농활을 가는 것이라면 교수자 또한 직접 농활에 참여해 학생들과 함께 땀을 흘릴 수 있다. 교수자가 열심히 일하는 모습을 보일 때, 학생들은 그러한 모습을 통해 분명 얻는 바가 있을 것이다. 물론 함께 일을 하지 않고 뒷짐 지고 관리만을 할 경우에는 차라리 함께 가지 않는 것보다 못한 결과를 낳을 수 있을 것이다.

농활을 가게 될 경우 참여자들이 하루 종일 일만 하는 것은 아니다. 점심시간이 있고, 일을 하다 막간을 이용해 새참을 먹을 수도 있으며, 작업을 마치고 나서는 뒤풀이 시간을 가지면서 이런저런 이야기를 나누기도 한다. 그런데 이러한 시간은 오늘날 우리나라의 교육에서 문제로 지적되는 학생과 교수자의 의사소통 부재를 극복하는 시간이 될 수 있으며, 이를 통해 학생들과 교수자가 친해지는 계기가 마련될 수 있다. 이러한 관계 개선을 위한 장場은 몇 가지 이유에서 중요하다. 그 중 내가 이야기하고 싶은 것은 이러한 기회가 학생들이 이후에도 계속 봉사활동에 관심을 갖게 하는 데 도움을 줄 수 있다는 것이다. 일을 하고 난 후 적절한 기회에 학생들에게 봉사의 중요성에 관한 이야기를 해줄 경우 하루 동안의 공동 작업의 경험과 보람이 한데 뭉쳐져 효과적으로 학생들의 관심을 유도할 수 있는 것처럼 보인다. 이러한 방법이 '모든' 학생들을 이끌 수는 없다. 사실 이처럼 이끌고자 해도 정작 실제로 실천의 계기를 마련하는 학생들은 그리 많지 않을 것이다. 그럼에도 수업 시간에 강의만 하고 봉사활동 증명서를 받음으로써 지속적인 봉사활동을 이끌어내려는 경우와 단 하루라도 함께 일을 하고 이런저런 이야기를 나누면서 동일한 목적을 달성하려는 경우 중에 어느 쪽이 지속적으로 봉사에 관심을 갖게 할 가능성이 높은가에 대해서는 굳이 말할 필요가 없을 것이다. 내 생각에 사람의 마음을 움직이는 데 필요한 요소 중의 하나는 친분을 쌓는 것이다. 나는 수업 시간에 언급한 내용을 몸소 보여 줌으로써 어느 정도 신뢰가 느껴지는 친근한 교수자가 하는 이야기가 말로만 봉사의 이념이나 중요성을 이야기하는 교수자가 하는 이야기에 비해 훨씬 설득력이 있을 것이라 생각한다. 만약 교수자가 학생들과 함께 농활을 가고, 가서 일만 하는 데 그치는 것이 아니라, 친분을 쌓기까지 한다면, 그리고 이를 계기로 지속적으로 봉사활동을 할 것을 권유하고, 실제로 그렇게 된다면 봉사 교육이 이루고자 하는 소기의 목적을 어느 정도 달성하게 될 것이다.

농촌에서 함께 일을 하다 보면 자연스레 학생들과 교수자가 친해지는 계기가 마련된다. 진정한 교육은 무엇보다도 양자 간에 의사소통을 하고자 하는 생각이 뒷받침되어야 하는 것은 아닐까? 농활을 다녀와서 부쩍 친해진 지은, 소희, 나, 지현이.

2) 봉사와 관련된 세 주체를 통해 본 농활의 장점

이번에는 농활의 장점을 다소 다른 시각에서 조명해 보도록 하자. 대체로 보았을 때 봉사와 관련된 주체는 봉사자, 봉사 수요자, 그리고 사회까지 포함시킬 수 있다. 말할 것도 없이 최악의 봉사는 이 세 주체에게 부정적인 결과가 산출되는 경우다. 시간 보내기 식으로, 어쩔 수 없이 하는 봉사는 대체로 이에 해당한다. 예를 들어 봉사자가 왜 이런 것을 하는지 모르겠다고 생각하면서 그저 시간만 보내려 하고, 봉사 수요자 또한 이런 봉사자의 태도로 인해 불쾌감을 느낀다면, 그리고 이러한 봉사활동이 대부분이라 결국 봉사활동 무용론까지 대두하게 되어 봉사활동을 요구하는 제도권 교육 기관이 없어지게 된다면 사회적으로도 부정적인 영향을 주었다고 할 수 있을 것이다. 다음으로 어느 한 주체에게만 만족을 주는 봉사가 있을 수 있다. 예를 들어 봉사활동에 대해 봉사자는 만족을 느꼈는데, 봉사 수요자는 불쾌감을 느끼는 경우라든가, 거꾸로 봉사자는 아무것도 느끼지 못했는데, 봉사 수요자는 행복을 느끼는 경우는 이에 해당한다. 마지막으로 모두가 기쁨을 느끼고, 사회적으로도 긍정적인 결과가 산출되는 봉사가 있을 수 있다. 이는 가장 이상적인 봉사활동으로, 세 주체에게 긍정적인 영향력이 발휘되는 경우다. 만약 참다운 봉사자가 되고자 한다면 세 주체에게 자신의 능력 범위 내에서 최대한 긍정적인 결과를 산출할 수 있는 활동이 어떤 것인가를 생각해 보고, 이에 맞는 실천을 하려고 노력해야 할 것이다.

내가 농활을 적극적으로 권하는 커다란 이유는 농활이 봉사자와 농민, 그리고 사회에 두루 긍정적인 영향을 줄 가능성이 큰 활동이라고 생각하기 때문이다. 무엇보다도 농활이 갖는 장점은 도움 수요자에게 실질적인 도움을 줄 수 있다는 것이다. 농번기의 농촌은 개미라도 일을 거들 수 있으면 쓰고 싶다고 할 정도로 일손이 부족하다. 이러한 상황에서의 학생들의 일손은 농민들에게 가뭄의 단비와 같은 느낌일 것이다. 노동력을 구한다는 단순한 구도를 벗어나 농활은 젊은 사람들을 거의 보기 힘든 농촌에 활기를 불어넣을 수 있을 뿐만 아니라 농민들이 결코 외롭지 않다는 느낌을 줄 수도 있을 것이다. 가뜩이나 힘들게 살아가고 있는 농촌에 최근 설상가상격으로 FTA

비준, 소값 파동, 구제역, 쌀값 폭락 등의 악재가 겹겹이 겹치고 있는데, 이러한 상황에서의 농촌에 대한 작은 배려는 농민들에게 힘이 되어 줄 수 있을 것이다.

다음으로 농활은 봉사자에게 긍정적인 효과를 발휘할 가능성이 크다. 사람마다 느끼는 것이 달라 획일적으로 말할 수는 없지만 봉사자들은 농활을 통해 어려움을 함께 나누었다는 데서 오는 뿌듯함을 느낄 수 있으며, 농촌이 얼마나 어렵게 살아가고 있는가를 알 수 있게 될 것이다. 아울러 봉사자들은 농촌을 가깝게 느낄 수 있을 것이고, 음식을 남기지 않는 등 실천적인 측면에서도 변화가 일어날 수 있을 것이다. "그들은 밥상에 오르는 농작물이 농촌에서 얼마나 어려운 과정을 통해서 생산되는지를 알게 되어 농작물을 소중히 여기는 마음이 생길 것이다."[15]

농활은 봉사자와 봉사 수요자를 두루 만족시킬 수 있는 대규모 봉사활동이다.

---

[15] 송광성 외, 『도시농촌교환봉사활동』, 한국청소년연구원, 1992, 61쪽.

농활은 '우리'의 의미를 되새겨보는 데도 도움을 줄 수 있다. 농활에서 참여자들은 일반적으로 수 명이 함께 공동 작업을 하게 된다. 이러한 공동 작업은 서로 간의 유대감을 불러일으키는 경우가 적지 않다. 이러한 감정은 고된 일을 함께 했고 일을 마무리 지었다는 뿌듯함, 그리고 누군가에게 도움을 주었다는 느낌이 복합적으로 작용하는 데 따라 나타나는 것처럼 보인다. 실제로 나는 전혀 모르는 사람들끼리 모여서 작업을 하다가 자연스럽게 친해지는 경우를 적지 않게 보았다. 이는 남녀가 섞여 있을 때뿐만 아니라 동성끼리 일을 하는 경우에도 드물지 않은 현상이었다. 2011년 여름에 수재가 났을 때 SNS를 통한 구룡마을 복구에 힘을 모으자는 방송인 김제동의 제안에 따라 수백 명의 사람들이 구룡마을에 모여 각자 맡은 구역에서 일을 한 적이 있었다. 나 또한 젊은 사람들 사이에 끼어 함께 일을 했는데, 그들은 이전에 서로 전혀 본 적이 없었음에도 일을 하면서 동료가 되었고, 헤어지면서도 아쉬운 듯 핸드폰 번호를 주고받았다. 이러한 반응이 예컨대 중등학교의 같은 반 학생들 사이에서 일어난다면 오늘날 문제가 되고 있는 학교 폭력이나 왕따 현상 등을 줄이는 데도 조금이나마 기여할 수 있지 않을까 생각해 본다.

마지막으로 단지 일부 학교에서만 시행되지 않고 전국적으로 확산될 경우 농활은 농촌, 나아가 어려운 사람들의 삶에 대한 전 국민적인 관심을 촉발하는 데도 도움을 주게 될 것이다. 이러한 경우에까지 이르게 하는 데는 농활을 지도하는 교수자의 역할이 중요하다. 교수자가 더욱 훌륭한 봉사자로 성장하는 데 도움을 주겠다는 생각을 하지 않고, 아무런 의미부여 없이 그저 하루 노동을 하고 오면 된다는 식으로만 생각한다면 그 효과는 최소한에 머물 수밖에 없을 것이다.

김제동을 통해 나는 연예인의 영향력을 새삼 깨달을 수 있었고, 그와 같은 연예인들이 더욱 많아졌으면 하는 바람을 가지고 있다. 뒤의 왼쪽부터 나, 박지용 교수, 도훈이, 선일이, 김제동, 수연이, 연호.

하지만 노동에 의미를 부여하고, 어려운 이웃들에 대한 관심을 갖게 하겠다는 생각을 가지고 이끌어 줄 경우 봉사자들은 농촌뿐만 아니라 어렵게 살아가는 이웃 일반에 대한 관심을 갖게 될 수 있을 것이다. 이렇게 촉발된 관심을 통해 봉사자들이 주변 사람들을 이끄는 이웃 사랑 실천의 리더로서의 역할을 적절히 하게 된다면 농활이 주는 긍정적인 효과가 극대화된 격이 될 것이다.

3) 벤담의 공리 계산법을 통해 본 농활의 장점

이번에는 초점을 달리하여 이와 같은 개괄적인 장점을 제러미 벤담Jeremy Bentham이 말하는 공리 계산에 관한 일곱 가지의 기준으로 정리해 보도록 하자. 벤담에 따르면 우리가 공리를 계산하고자 할 때에는 강렬도, 지속도, 확실도, 신속도, 다산도, 순수도, 광도라는 일곱 가지 기준을 통해 판단을 해야 한다. 그런데 농활은 이와 같은 기준으로 보았을 때 모든 면에서 긍정적으로 평가할 수 있는 것처럼 보인다. 먼저 농활은 강렬도와 확실도라는 측면에서 긍정적으로 평가할 수 있다. 그 이유는 농번기에 가장 필요한 것이 노동력이며, 이와 같은 노동력을 제공한다는 측면에서 농활이 농민들에게 강렬하고도 확실하게 기쁨을 줄 수 있기 때문이다. 이는 농민에게 당장 시급한 일손을 제공하기 때문에 신속도라는 측면에서도 긍정적으로 평가할 수 있다. 한편 농활을 통해 학생들은 단순히 하루 동안 농촌을 경험하는 데 그치지 않고, 농촌의 현실을 엿볼 수 있다. 이러한 경험은 주변 사람들에게도 알려지게 될 것이며, 이는 더욱 많은 사람들이 농촌에 관심을 갖게 하는 데 도움을 주게 될 것이다. 이는 농활이 다산도라는 측면에서도 긍정적으로 평가할 수 있음을 보여 준다. 또한 순수도라는 측면에서도 농활은 긍정적으로 평가를 할 수 있는 것처럼 보인다. 순수도라는 측면에서 가장 긍정적으로 평가를 할 수 있는 봉사는 봉사자와 봉사 수요자에게 모두 만족을 주는 활동인데, 농활은 양자 모두에게 긍정적인 결과를 초래할 가능성이 크다. 당장에는 일이 힘들어서 농활을 간 학생들이 고통을 느낄 수 있다. 하지만 공리주의에서 말하는 진정한 의미의 고통이 이상적 관찰자가 먼 장래까지 고려한 것을 말한다고 한다면 농활을 가서의 육체적인 고통은 진정한 의미의 고통이라 말할 수 없다. 심지어 정말 힘들었던 기억밖에 없다고 하는 학생마저도 좀 더 숙고를 해 본다면 자신에게 분명 도움이 되었음을 알 수 있을 것이다. 마지막으로 농활이 일부 학교에서 시행되다가 점차 이의 긍정적인 측면이 부각되어 더욱 많은 사람들이 농촌의 일손을 더욱 많이 도울 수 있게 된다면 이는 광도라는 측면까지도 충족시킬 수 있을 것이다.

일곱 가지 기준 중에서 농활이 충족시킬 수 있는지가 의문시되는 것은 지속도다. 물론 지속도를 어떻게 이해하는가에 따라 일일 농활이 이러한 기준을 충족시킬 수 있다고 말할 수도 있다. 그럼에도 농민들이 지속적으로 행복하게 살아가기 위해서는 농촌의 구조적인 측면에서의 개혁이 이루어지는 것이 더욱 중요할 수 있고, 이러한 시각에서 보았을 때 일손 돕기가 얼마만큼 실효성을 거둘 수 있을지가 의심스러울 수 있다.

4) 일손 돕기로서의 농활에 대한 비판과 대응

지금까지 우리는 사회봉사 과목에 대한 진단과 농촌의 현실, 그리고 이를 근거로 한 처방으로서의 농활의 장점을 살펴보았다. 이 책에서 말하는 농활은 말 그대로 봉사활동에 초점이 맞추어져 있다. 그런데 농활이 봉사활동에 초점을 맞춘다는 것에 대해 비판이 제기될 수 있다. 비판자들은 1930년대의 브나로드 운동과 전후戰後의 계몽운동, 초기의 봉사활동이 낭만적이고 감상적인 인도주의라는 한계를 벗어나지 못했으며, 이것이 구조적인 농촌문제와 모순을 은폐시키는 역할을 했음을 떠올릴 것이다. 그리고 이 책에서 말하고 있는 방식의 농활 또한 과거의 한계를 또다시 노정한다고 비판할 것이다.

이러한 생각을 하는 사람들은 농활이라는 단어가 농촌 봉사활동이 아니라 농민 학생 연대 활동, 즉 농민들과 학생들 간의 연대임을 의도적으로 강조하고자 할 것이다. 여기서 연대란 대체로 농민과 학생이 서로의 삶을 이해하고 공동의 목표를 이루기 위해 협력하는 것, 그리고 우리가 살고 있는 사회의 모순을 이해하고 그 모순에 공동으로 대응하는 것을 말한다. 연대의 궁극적 목적은 단순히 농민과 학생이 서로를 이해하는 데 그치지 않고, 사회의 문제점을 해결하면서 사회를 개혁하는 데 있다. 이런 이유로 그들은 농활을 농촌 봉사활동이라고 부르지 않으려 한다. '봉사'는 대개 한쪽이 일방적으로 주는 것이지만 '연대'는 서로 주고받으며 함께 하는 것이기 때문이다.

농활이 농민 학생 연대 활동이라고 생각하는 사람들은 이른바 봉사가 사회의 구조적인 모순을 은폐하면서 기존의 질서를 부지불식간에 정당화하는 측면이 있다고 비판한다. 그들에 따르면 설령 봉사의 의의를 어느 정도 인정한다고 하더라도 이는 한계에 부딪힐 수밖에 없다. 때문에 우리는 사회 구조적인 측면의 개혁 쪽에 무게를 둬야 한다. 이러한 관점에서 박정하는 봉사를 사회 구조적 봉사와 사회 구호적 봉사로 나누고, 이 중에서 사회 구조적 봉사가 사회봉사의 더욱 중요한 차원임을 부각시키고자 한다. 그에 따르면 자선적 봉사는 급한 상황을 해결하는 역할을 하기 때문에 반드시 필요한 사회봉사다. 하지만 자선적 봉사는 도움수요자의 지속적인 요구를 따라가기가 불가능하며, 자칫 도움수요자의 의존심만 강화시킴으로써 그들의 현 처지의 고정화를 초래할 수 있다. 또한 사회의 구조적 문제가 해결되지 않는 이상 사회봉사는 밑 빠진 독에 물 붓기가 될 가능성이 크다. 그는 다음과 같이 말한다.

> 사회 구호적 봉사는 사회 구조적 봉사로 나아가지 않을 경우, 때로는 오히려 보수적이고 체제 긍정적인 개량주의에 머물 위험성이 농후하다. 부정의한 체제가 빚어내는 문제들을 임시변통의 치료를 통해 약화시킴으로써 체제의 근본적인 문제를 은폐하고 사람들로 하여금 그 체제 속에서 견디며 살아가게 하는 역할을 하는 체제 유지의 시녀로 전락할 수 있기 때문이다.[16]

이와 같은 점을 고려하지 않고 말 그대로 사회 구호적 봉사로 분류될 수 있는 농활은 문제점을 가지고 있는 것이 아닌가?

이러한 비판은 충분히 일리가 있다. 실제로 구호 차원의 봉사활동은 위에서 지적한 문제점들을 분명 가지고 있으며, 때문에 우리는 사회 구조적인 문제에 대해 마땅히 관심을 가져야 한다. 그럼에도 이러한 비판에 대해서는 다음과 같은 대응이 이루어질 수 있다. 먼저 앞에서 밝힌 바 있지만 필자의 농활에 대한 권고는 봉사가 오직 사회 구호적 차원에서만 이루어져야 한다는 주장이 아니며, 농활만이 유일무이한 대안이라는 주장도 아니다. 필자가 이 책에서 말하고자 하는 것은 대규모로 함께 가는 하루나 이틀 동안의 봉사활동으로 적합한 프로그램이 무엇인가를 고려해 보았을 때 단기 농활이 훌륭한 선택지가 될 수 있다는 것일 따름이다. 우리는 얼마든지 구호적 활동과 구조적 문제 해결을 아울러 도모할 수 있다. 이는 양자택일의 문제가 아닌 것이다.

다음으로 필자는 사회 구호적 차원과 사회 구조적 차원이 엄격하게 분리된다고 생각하지 않는다. 사실 사회 구호적 차원의 프로그램으로서의 농활도 사회 구조적인 문제에 관심을 갖지 못하는 것은 아니다. 예컨대 학생들은 직접 봉사활동을 가기 전후에 있는 사전 교육과 평가회 등에서 우리나라 농촌의 현실 문제에 대해 교육을 받을 수 있으며, 농촌에서의 직접적인 체험이나 농촌 사람들과의 대화를 통해 농촌의 실상을 어느 정도 파악할 수 있다. 이와 같이 직·간접적인 방식으로 교육이 이루어진다고 해서 하루아침에 학생들이 개혁가로 나

---

16 박정하, 「사회봉사의 철학적 기초」, 『시대와 철학』 제12권 1호, 한국철학사상연구회, 2001, 112쪽.

서서 사회 체제의 변혁을 도모하게 되는 것은 분명 아닐 것이다. 하지만 장기적인 관점에서 보았을 때 농촌의 현실을 직접 경험해 보고, 농촌의 구조적인 문제에 대해 조금이나마 교육을 받은 학생들은 오직 도시에만 살았던 학생들에 비해 농촌에 대한 관심을 상대적으로 많이 가질 것이며, 이러한 변화 자체가 개혁의 맹아가 될 수 있다.

실제로 농활을 채택하는 대학이 늘어나고, 농활 프로그램이 활성화된다면 이것 자체가 개혁의 교두보가 될 수 있다. 이 경우 동일한 지역으로, 지속적으로 농활을 가는 것은 중요하다. 그 이유는 동일한 사람들을 지속적으로 만날 경우 친분이 생겨날 것이고, 이로 인해 그들이 안고 있는 문제에 대한 관심이 자연스레 생겨날 것이기 때문이다. 이러한 자연스런 관심은 농민들이 필요로 하는 많은 것들에 도움을 주려는 노력과 맞물리게 될 것이다. 예를 들어 사회봉사단이 학교뿐만 아니라 각종 사회·종교 단체, 그리고 여러 기업체 등에서 만들어지고, 여기에서 농활 프로그램을 채택하여 한 농촌 마을과 한 단체가 연결될 경우 농활 참여자들은 농민들의 일손을 덜어주게 될 것이다. 또한 농활 참여자들은 지역 주민들과 일정한 협정을 맺어 그곳에서 생산된 농산물을 직접 구입하거나 유통 루트를 개척하는 데 관심을 가질 수 있을 것이며, 농활에 필요한 물품을 현장에서 구입하여 지역 경제에 작게나마 도움을 주려 할 수도 있을 것이다. 이 밖에 농촌과 도시가 지속적으로 연대할 수 있는 방법은 농활 참여자들이 꾸준히, 지속적으로 특정 지역을 방문할 경우 자연스레 파악될 것이다.

이처럼 다양한 방법을 통해 상호 협력이 이루어지고 더욱 많은 사람들이 농촌에 대해 관심을 갖게 된다면 농촌의 구조적인 문제에 대한 개혁을 요구하기도 상대적으로 쉬워지게 될 것이다. 이와 같이 일들이 전개될 경우 사회 구호적인 차원에서 시작된 농활이 자연스레 사회 구조적인 차원에까지 영향을 미치게 될 수가 있다. 요컨대 농활이 '봉사'로 이루어지든 '연대'로 이루어지든 궁극적으로 지향하는 바가 무엇인가를 분명하게 의식하고 있다면, 그리고 농민들이 안고 있는 고민거리들에 대해 관심을 가지고 있다면 결국 종착점은 하나가 될 수 있을 것이다.

5. 누가 활용할 수 있는가?

농활은 특정한 시설이나 기관에서 이루어지는 소규모의 활동이 아니라 비교적 많은 인원이 동원되는 활동이다. 때문에 농활을 기획하기에 적절한 주체는 아무래도 많은 사람들에게 영향력을 발휘할 수 있는 기관이나 단체 또는 개인 등일 것이다. 이렇게 보자면 고등학교, 대학교, 종교 단체, 관공서, 회사, 동아리 등의 각종 모임, 연예인 등이 농활을 가기에 적절하다고 말할 수 있다. 하지만 조금만 관심을 기울이면 누구나 기획을 할 수 있고, 누구나 사람을 모아서 갈 수 있는 것이 농활이다. 처음 농활을 가고자 할 때 활동을 이끄는 집단이나 개인은 전체적인 일정을 짜고 준비를 해야 하는 번거로움을 어느 정도 감수해야 한다. 그럼에도 여러 날을 농촌에서 보내게 되는 농활과는 달리 일일 농활은 준비해야 할 것이 그다지 많지 않으며, 일단 매뉴얼을 만들어 놓으면 그 이후로는 쉽게 다녀올 수 있다. 많은 생각을 하지 말고 일단 시작을 해보라. 그러면 농활을 가는 것이 특별히 어렵지 않은, 수월하면서도 의미 있는 활동임을 알 수 있을 것이다. 이하에서는 농활을 활용할 수 있는 주체들에 대해 좀 더 상세히 이야기해 보도록 하자.

1) 대학교

대학에 몸담고 있으며, 대학에서 학생들을 인솔하고 농활을 다니고 있는 나로서는 다른 곳에 비해 대학에서 농활 프로그램을 활용할 수 있는 방안에 대해 상대적으로 할 말이 많다. 대체로 보았을 때 농활 프로그램은 대학에서 크게 다섯 가지 방식으로 활용이 가능하며, 그 실효성 또한 높을 것으로 판단된다. 다음은 생각해 볼 수 있는 농활의 실용적 가치다.

구분	세부 내용
활용 방안	- 인성 교육 관련 과목과 사회봉사 과목 등에 활용 - 학교에서 이루어지는 특별 교육에 활용 - 사회봉사단 프로그램으로 활용 - 학생들과 지역 사회 주민의 봉사활동에 활용 - 동아리나 학회 등에서 친목 도모를 겸한 봉사활동으로 활용

(1) 인성 교육과 관련한 과목이나 사회봉사 과목에서 활용

농활 프로그램은 여러 교과목, 그 중에서 인성 교육과 관련한 과목이나 사회봉사 과목 등에서 적절히 활용할 수 있을 것이다. 예를 들어 교양 윤리의 경우 교수자는 농활을 과목당 한 학기에 한 번 정

농활은 교육 기관 등에서 다양한 방법으로 활용할 수 있는 프로그램이다.

도 실시하면 되고, 두 번 정도의 강의실 수업을 농활로 대체하면 큰 무리가 없을 것이다. 그런데 현재의 우리나라의 교육 현실과 교양 수업의 근본 목적 등을 고려하자면 교수자는 어떤 수업을 해도 농활을 갈 수 있다. 실제로 나는 윤리학 수업뿐만 아니라 내가 담당하는 모든 과목, 심지어 '섹슈얼리티 연구'라는 과목의 수강생들까지도 농활을 데려갔다. 물론 섹슈얼리티와 농활이 무슨 관계가 있는가라고 생각했던 학생들도 없지 않았을 것이다. 하지만 어떤 교양 강의건 궁극적인 목표를 인성 개발에 두어야 하고, 이를 위해서는 실천을 포함시킬 수밖에 없다는 이야기에 학생들은 수긍을 해주었고, 이로 인해 문제가 생겼다거나 불만이 제기된 경우는 한 번도 없었다.

(2) 교내에서 이루어지는 특별 교육이나 행사 프로그램으로 활용

농활은 교내에서 이루어지는 특별 교육이나 행사 프로그램으로 활용될 수 있다. 예를 들어 일부 대학에서는 우수 학생을 위한 개별 교육 프로그램을 운영하고 있는데, 이러한 우수 학생 교육 프로그램에 농활을 포함시킬 수 있을 것이다. 과거에 내가 있었던 대학에서는 방학을 이용하여 우수 학생들에 대한 별도의 교육을 실시했는데, 그러한 교육 프로그램에는 토론 프로그램, 리더십 프로그램, 문화·예술·교양 프로그램, 명사특강, 특별 활동 등의 커리큘럼 이외에 사회봉사 프로그램이 포함되어 있었다. 나는 이들 중에서 사회봉사 프로그램을 맡아 학생들은 데리고 농활을 갔는데, 그 효과가 만점이었다. 우수 학생으로 선발되었다는 자부심을 갖추고 있는 학생들은 그 이름에 걸맞은 모습을 보이기 위해 최선을 다해 일을 했고, 농활을 갔던 시설인 '가난한마음의집'의 원장님은 이제껏 이렇게 열심히 일을 하는 학생들을 본 적이 없다고 칭찬을 아끼지 않았다. 그런데 이러한 긍정적인 결과는 단지 봉사수요자 측뿐만 아니라 봉사활동을 간 학생들에게도 나타났다. 설문조사 결과 학생들은 농활에 대해 상당한 만족도를 나타냈는데, 나는 이것이 단순히 봉사활동을 했다는 뿌듯함에 기인한 것만은 아니라고 생각한다. 한 학생이 내게 다음과 같은 말을 해주었다. "서로 모르는 사람들이었기 때문에 다소 어색했는데 농활을 가서 함께 땀을 흘림으로써 끈끈한 우애를 느끼며 서로 친해지게 되었어요." 이는 농활이 갖는 장점을 적절히 보여 주는 말이라 할 수 있을 것이다. 실제로 농활은 성원들 간의 관계를 돈독하게 만드는 역할을 할 수 있다.

(3) 학생들은 물론 일반인들을 대상으로 확대 실시할 수 있다

농활 프로그램은 봉사활동을 하고자 하는 모든 학생들을 대상으로 실시가 가능하다. 예를 들어 대학에서 사회봉사단 등이 농활을 주관하고, 이러한 주체가 학교 내 동아리, 봉사 시간이 필요한 학생들, 그리고 사회봉사단 소속 학생뿐만 아니라 학교의 직접적인 구성원이 아닌 지역 주민이나 학교에 관심이 있는 사람들에게 미리 신청을 받아 주말 등을 이용해 농활을 갈 경우 학교 이미지 개선은 물론이고, 봉사자와 봉사 대상 지역 모두에게 긍정적인 영향력을 발휘할 수 있을 것이다. 최근 들어 중고등학교에서 대학 견학을 오는 경우를 흔치 않게 보는데, 학교에서 이들을 인솔하고 다니면서 설명을 해주는 것은 대학생들이다. 그런데 만약 학교에 관심이 있는 중고등학생들과 대학생들이 함께 농활을 가서 땀을 흘릴 기회가 마련된다면, 그리고 뒤풀이 등을 통해 학교 이야기를 포함해 다양한 경험을 들려줄 수 있다면, 대학 홍보는 매우 만족스럽게 이루어질 수 있을 것이다.

대학에서 주민들이나 학생들의 신청을 받아서 농활 버스를 운행할 경우 인솔의 주체는 사회봉사단 직원이면 좋을 것이다. 하지만 인솔자가 굳이 교직원일 필요는 없고, 나이가 든 고학번의 학생으로, 농활의 경험이 있는 학생들이 인솔자가 되어도 별다른 문제는 없다. 농촌에 가면 어른들이 계시고, 그 분들의 지도하에 일을 하면 되기 때문이다. 만약 농활 인솔 아르바이트를 만들어 농활 프로그램을 운영한다면 설령 주말을 이용해서 농활을 간다고 해도 인솔자 문제 때문에 고민할 필요는 없을 것이다.

이 밖에 농활을 계기로 사회적 기업과 연계 하에 농산물 판매망을 구축하는 방안을 생각해 볼 수 있고, 학생들의 전공을 살려 농촌에 필요한 것들을 가능한 범위 내에서 제공할 수도 있으며, 대학 문화를 열악한 농촌 문화 개선에 활용하는 방안 등을 다각도로 검토해 볼 수 있을 것이다. 이러한 문제는 농활 프로그램이 어느 정도 보급되고 난 후 본격적으로 생각해 봐도 그리 늦지 않을 것이다.

2) 중등학교

솔직히 중등학교에서 봉사활동이 충분한 실효성을 거둘 수 있는 지에 대해서는 다소 회의적이다. 그럼에도 봉사활동을 가야 하는 상황이라면, 그리고 어떤 방식으로든 학생들의 인성 함양에 도움이 되는 무엇인가를 해보고자 한다면 나는 농활이 적절한 봉사 프로그램이 될 수 있을 것이라 생각한다. 신중하게만 이루어진다면 농활은 생각보다 성과를 거둘 수 있는데, 예컨대 학생들은 함께 땀을 흘림으로써 동료 의식을 고취할 수 있을 것이다. 설령 이와 같은 효과가 나타나지 않는다고 하더라도 만약 교사가 함께 가서 일을 할 경우 학생들은 게으름을 피우기가 상대적으로 힘들어지게 되며, 이러한 상황에서는 학생들이 별다른 동기 없이 억지로 따라갔다고 하더라도 최소한 도움 수요자에게 어느 정도 도움을 줄 수 있게 된다. 이처럼 봉사자에게 교육적인 효과를 거두지 못한다고 하더라도, 적어도 봉사 수요자인 농촌에 작으나마 도움을 주고자 한다면 교사가 한 학기 또는 1년에 한 번 정도 학생들을 인솔하고 농활을 가면 좋을 것이다. 만약 교사가 열심히 노력한다면 학생들에게도 긍정적인 결과를 산출할 수 있을 것이다. 이하의 글은 대학 시절에 내 수업을 들었던 이지은 선생님의 글이다. 이 글을 통해 독자들은 농활이 분명 성과가 있었음을 확인할 수 있을 것이다.

안녕하세요? 교수님과 여러 후배(?)님들

아주 예전에 이곳을 통해 미약하나마 봉사활동에 참여했던 이지은이라고 합니다. 교수님께 얼마 전 전화를 받고 글을 쓴다는 게 이제야 쓰게 되네요. 교수님께서 사유와 실천 모임이 이제 중·고등학생과 함께 하는 농활 쪽으로 봉사활동을 전개할 수도 있을 것 같다고 하시며 제가 얼마 전에 아이들을 데리고 다녀온 경험을 간략하게나마 이곳에 남겨달라고 말씀하셨어요. 두서없이 시작해 봅니다.

1. 봉사활동 참가 계기와 과정

제가 근무하고 있는 서울 선덕고등학교는 1학기 5월경에 전일제 봉사활동의 날이 있습니다. 이때에는 하루 종일(7~8시간) 봉사활동을 하게 되고, 학급별로 자유롭게 봉사활동을 하게 됩니다. 그런데 학교에서 접촉할 수 있는, 특히 한 학급 40명의 아이들이 한꺼번에 참여할 수 있는 봉사기관을 찾기란 쉬운 것이 아니지요. 그래서 말만 학급별 봉사활동이고, 실제로는 국립현충원으로 1,2학년 아이들을 모두 보내고, 깃발 꽂기, 비석 닦기 등의 활동을 하고 기념관을 관람한 후 봉사활동을 재빨리 마치는 경우가 많답니다.

하지만 이렇게만 끝내기엔 너무 봉사활동의 날의 의미가 없기 때문에, 봉사활동 주관부서인 특별활동부에서는 가평, 충청도에 있는 꽃동네에 일부 반이 갈 수 있도록 몇 개월 전부터 예약을 해 놓습니다. 학년당 1~2개 반 정도만 꽃동네에 갈 수 있고, 나머지 반은 학급 담임 선생님이 개인적으로 봉사 장소를 알아보지 않는 이상 현충원을 가게 되는 겁니다. 작년에는 충청도에 있는 꽃동네에 갔었는데, 올해는 조금 다른 것을 해보고 싶다고 생각하던 차에, 대학 때 참여하면서 정말 즐거웠던 농활이 생각났습니다. 남자고등학교 아이들이라 힘쓰는 것이 가장 좋은 봉사인 것 같았습니다.^^ 그래서 교수님께 여쭤보았고, 충북 괴산의 '솔뫼공동체'라는 곳에 참여가 가능하다는 연락을 받게 되었습니다.

학교의 일이라는 것이 제 마음대로 되는 것은 아니라서, 저와 아이들의 동의, 주관 부서장의 동의, 교감·교장 선생님의 결재가 나야만 갈 수 있고, 버스 대절비 등도 민감한 문제입니다. 우선 저는 아직 젊은 교사이기 때문에 저희 반만 농활을 간다고 하면 절대 보내주지 않을 것 같아 친한 선생님들 위주로 농활 참가반을 모집했습니다. 모집은 순조로웠을까요. 문제는, 보통 10시 11시에 퇴근하는 선생님들이 학급별 봉사활동의 날만큼은 국립현충원에서 2~3시에 마치기 때문에 쉴 수 있는 날인데, 충청도까지 가면 서울 도착이 7~8시가 되기 때문에. 선생님들께서도 별로 참가를 선호하시지 않습니다.(교사의 나태함이라고 생각하지 말아 주세요. 출근 7시, 퇴근은 밤 10시~11시가 보통이므로.)

또 하나의 문제는, 아이들 역시 교사의 출퇴근 일정과 같은 등하교 일정을 보내고 있기 때문에 선호하지 않는 경우가 많았습니다. 어찌되었건 저와 친한 선생님들 위주로 모집을 해서 처음에는 5개 반 정도가 모집이 되었었는데, 어떤 반에서는 학부모님이 전화하셔서 지방까지 아이들이 가야한다면 보내지 않겠다는 등 여러 항의가 있어서 불가피하게 빠지게 되었습니다. 또, 버스 예산이 미리 잡혀 있지 않아서 아이들이 그 먼 곳까지 가야 하는데 차비를 지불해야 할지도 모르는 상황이었습니다. 그래서 주관 부서인 특별활동부에서 참여 학급을 2~3개로 줄였으면 좋겠다는 주문이 들어왔습니다. 200명 넘게 참가할 수도 있다는 애초의 바람과는 달리, 결국 2개 학급만 참가를 하게 되었습니다. 물론 버스비는 지원이 되었고요. 저희반 아이들에게 끊임없는 꼬임의 멘트를 날려 그곳까지 아이들을 데리고 가게 된 것이지요.

2. 봉사활동 당일

우리 반(2-4) 아이들과 담임인 저, 부담임인 상담교사, 저의 동기 선생님 반인 2-6 아이들과 담임선생님, 특별활동 부장 선생님이 참여를 하였고, 도착한 후 각 농장(?)의 농장주 분들께서 트럭을 가지고 오셔서 아이들을 몇 명씩 태워 갔습니다. 평소 말을 잘 듣지 않는 아이들에게는 제일 어려운 일을 하도록 슬쩍 조정도 했고요. 아이들은 도시에서만 살아서 트럭 뒤에 타본 것은 처음이라고 합니다.

트럭을 타고 농장을 가는 길에 얼마나 신이 나 하던지… 저는 인삼밭을 새로운 밭으로 일구신다며 1,000평 밭에 있는 돌을 주워 나르는 팀에 합류를 하게 되었는데 밭으로 가는 길에 트럭 뒤에서 아이들이 노래하고 소리 지르고, 절경이라며 감탄하는 모습 때문에

정말 오기 잘했다는 생각을 했습니다. 또, 인삼밭이라 아이들이 심 봤다며 자잘한 인삼뿌리를 캐기도 하더라고요. 또 농장주께서 아이들을 위해 감

자라면과 사과즙을 준비해 주셨고, 봉사를 다 마친 후 계곡에 발을 담그고 라면을 먹는 아이들은 정말 정말 좋아했습니다. 아마 잊을 수 없는 기억이겠지요.

3. 한 학생의 후기

맨 처음 농촌으로 봉사활동을 간다고 하였을 때, 한 번도 해보지 못한 경험이라서 기대되고 또는 힘들지 않을까 걱정되기도 했고, 여러 가지 마음을 가지고 버스를 타고 충북 괴산으로 갔습니다. 서울에서 충북까지, 먼 거리를 봉사활동을 위해 간다는 새로운 경험을 하기도 했습니다. 버스에서 내리고 도착했을 때, 덥기도 했지만 무슨 일을 할까 궁금하기도 했습니다. 40명의 아이들을 5~6명 정도씩 조를 나눠서 봉사활동을 하였는데, 우리 조는 트럭을 타고 비닐하우스에 갔습니다. 트럭 짐칸에 앉아서 바람을 쐬면서 가는데, 처음으로 경험했던 일이어서 재밌었습니다.

비닐하우스에 도착하고, 우리가 하는 일을 듣고 그 일을 하는데, 비닐하우스 안은 정말 찌는 듯 덥고 일은 계속 해야 되서 정말 힘들었습니다. 비닐하우스 안의 채소들 옆에 싹을 자라지 못하게 하기 위해 정말 긴 검은색 천을 땅위에 덮는 작업을 했는데, 생각보다 정말 힘든 작업이었습니다. 그래도 같이 따라오신 학부모님들이 있어서 다행이었습니다. 작업을 하면서 등에는 땀이 흐르고, 얼굴은 빨개지면서 정말 농부 분들이 힘들게 일하신다는 생각을 했고, 앞으로 채소를 편식하지 말고 남김없이 먹어야겠다고 생각했습니다. 그렇게 3~4개의 비닐하우스를 작업하고, 서울에서 싸온 도시락을 먹었는데, 일하고 먹고 나니 정말 맛있었습니다.

우리가 돈을 내는 줄 알았는데, 갑자기 선생님이 쏘신다고 하셔서서 기분이 좋았습니다. 그렇게 도시락을 다 먹고, 또다시 트럭을 타고 일을 하러 갔습니다.

몇 번 이 작업을 하다 보니, 요령이 생겨서 농부 못지않게 빨리빨리 일을 끝냈습니다. 일을 끝내고, 아직은 땀이 덜 마른 채로 찝찝하고 더운 상태로 다시 버스를 타고 서울로 갔습니다. 서울에서 충북으로 버스를 타고 갈 때는, 왠지 모를 기대감이 있었지만 충북에서 다시 서울로 갈 때에는 모두들 힘든 봉사활동에 지쳐 잠들었지만 왠지 모를 뿌듯함도 많이 느꼈습니다. 이 봉사활동은 저에게 정말 의미 있고 보람찬 시간이었고, 다른 친구들도 모두 그렇게 생각하리라 믿습니다. 앞으로도 이런 의미 있는 시간을 더 가지고 싶습니다. (에듀팟이라는 학생 포트폴리오 모음 홈피에 있는 K군의 글)

4. 봉사활동 그 후(저의 후일담)

역시 보람 있었고, 아이들도 좋아했습니다. 아무래도 봉사활동은 현충원은 아닌 것 같아요. 이왕 하는 거 아이들에게 잊지 못할 봉사활동의 기억을 주고 싶었습니다. 저희 학급은 솔뫼 공동체까지 다녀왔다는 칭송을 받았습니다. 선덕고 개교 이래 농활은 처음이었다며 선배 선생님들께 칭찬도 많이 받았고요.

정말 후일담.

솔뫼 공동체에 다녀온 저희반과 6반은 특혜(?)도 받았습니다. 대학탐방을 가게 되었는데 두 학급만 편의를 봐주시더라고요. 다른 학급이 건국대학교까지 탐방을 갈 때, 저희 두 학급은 가까운 고려대학교에 보내 주셨지요 …(생략)… 내년에도 학급 담임을 맡게 된다면 봉사활동은 농활이 될 것 같습니다. 학교에도 그렇게 전달했습니다. ^^

— 이지은 선생님과 농활에 참여했던 한 학생의 글

이지은 선생님의 글을 통해 미루어 짐작할 수 있는 바와 같이 농활을 가는 데 몇 가지 애로 사항은 불가피하게 있지만 그럼에도 농활이 제대로 된 봉사 교육으로 활용될 수 있는 것은 분명한 듯하다. 물론 사전 교육이나 농활의 의의, 그리고 어려운 이웃들에 대한 배려까지 간략하게나마 교육이 이루어진다면 더욱 좋을 것이고, 학생들이 즐거워할 수 있는 몇 가지 프로그램까지 개발해서 활용한다면 더더욱 좋을 것이다. 즐거움과 뿌듯함, 그리고 이웃에 대한 배려심을 마련하는 계기, 그리고 실질적인 도움이 어우러지는 봉사만큼 좋은 봉사활동이 있을 수 있을까?

여기서 내가 초등학교나 중학교를 언급하지 않은 이유는 이들이 가는 것은 봉사보다는 농촌 체험에 가까울 수 있기 때문인데, 다시 말해 이들이 가는 농활은 교육적인 효과는 있을지 몰라도 그것이 농촌에 실질적인 될 수 있는 봉사활동이 되기에는 다소 어려울 수 있기 때문이다. 그럼에도 만약 봉사를 하는 쪽과 수요자 측 모두에게 도움이 될 수 있다면 초등학교나 중학교에서도 농활을 고려해 볼 수 있을 것이다.

3) 종교 단체

종교 단체나 모임 등이 어려운 이웃을 돕는 데 관심을 기울여야 함은 말할 것도 없다. 이는 앞에서 살펴본 바와 같이 어떤 종교에서도 신이 요청하는 바이기 때문이다. 나는 개인적으로 종교가 제대로 사회적 기능을 발휘하기 위해서는 개인의 구원 이상으로 어려운 이웃에 대한 관심을 촉구하는 데 앞장 서야 한다고 생각한다. 물론 많은 종교인들이 지금도 그렇게 하고 있지만 아직도 더 많은 노력이 필요하다.

종교적 입장에서 보았을 때, 어려운 이웃들에 대한 관심은 (a)개인의 구원을 위해, (b)신을 위해, (c)종교 자체를 위해 필요하다. 이 모두는 별개의 것이 아니라 불가분의 관계라 할 것이다. 어려운 이웃에 관심을 많이 가질수록 천당이나 극락과의 거리는 더욱 가까워질 수밖에 없다. 예를 들어 기독교에서는 모든 인간이 신의 형상을 따라 만들어진 유일한 피조물이다. 때문에 신자들은 마땅히 인간에게 관심을 가져야 하며, 그들이 곤궁에 빠져 있을 경우 도움을 주어야 한다. 그리고 도움을 줄 경우 개인은 구원을 받게 되는 것이다. 신의 자식들이 어려움에 처해 있을 때 도움을 준 것이기 때문이다. 이렇게 보자면 개인적으로 구원을 얻기 위해서건, 신을 위해서건 모든 기독교인들은 마땅히 어려운 이웃에게 관심을 보여야 한다.

어려운 이웃을 돕는 것은 자신이 속한 종교의 사회적 확산이나 포교 등을 위해서도 필요하다. 좋은 선교 방법은 사람들에게 전단지 등을 돌리면서 신자가 되라고 반강제적으로 권유하는 것이 아니다. 이는 대부분의 사람들에게 긍정적인 생각보다는 부정적인 생각을 갖게 한다. 선교를 하는 좋은 방법은 직접적으로 신자가 되라고 말하는 것보다는 마음이 열릴 때까지 기다리는 것이다. 동양화에서 구름을 그릴 때 직접 구름을 그릴 경우 훌륭한 그림이 될 수 없다고 한다. 거꾸로 배경 화면을 적절히 활용하여 자연스럽게 구름이 나타나게 하는 것이 가장 높은 수준의 그림이라고 하는데, 선교에서도 이를 염두에 둘 필요가 있다. 많은 종교인들은 이를 충분히 이해하고 있고, 실제로 이질적인 문화 지역을 대상으로 선교를 할 때에는 직접적으로 자신의 종교를 말하기 보다는 어려움을 함께 하는 데 우선적으로 초점을 맞춘다. 그리고 시기가 무르익었다고 생각되는 때에 이르러서야 비로소 자신의 종교를 이야기한다. 만약 자신이 속한 종교의 사회적 확산을 진심으로 바란다면 이를 명심할 필요가 있다. 봉사활동을 활발히 하여 도덕적인 명성을 얻게 될 경우 사람들은 자연스레 그 종교의 신자가 되고자 하는 마음을 갖게 될 것이다.

이처럼 나누는 삶이 여러 측면에서 중요하다고 한다면 종교인들은 더욱 적극적으로 이에 초점을 맞출 필요가 있고, 나는 이를 실현하는 장을 만들어 준다는 측면에서 농활 프로그램을 활용하면 좋을 것이라 생각한다. 대략적으로 종교 단체에서 생각해 볼 수 있는 농활을 가는 방법은 (a)일정한 날을 정하고 봉사자를 모아 특정한 지역을 방문하는 방법, (b)단체 내의 크고 작은 모임별로 농활을 가는 방법 등인데, 내가 특별히 강조하고 싶은 것은 스님, 목사님, 수녀님, 신부님 등의 성직자의 역할이다. 이들은 일정한 범위 내에서 신자들과 함께 할 수 있는 일들이 적지 않다. 물론 성직자들은 대체로 바쁠 수밖에 없기 때문에 소속 기관 내에서 이루어지는 봉사활동에 일일이 관여하기 어렵다. 하지만 농활 프로그램을 기획하고, 1년에 한두 번 정도 신자들과 함께 농촌에 가서 땀을 흘리는 것은 조금만 여유를 가지려고 노력하면 그렇게 어려운 것만은 아니다. 성직자들은 그가 차지하는 사회적 지위로 인해 그 영향력이 일반인에 비해 훨씬 큰 공인이다. 이웃 사랑을 강조하면서 막상 본인은 아무런 일도 하지 않는 성직자와 이웃 사랑을 실천을 통해서도 보여 주는 성직자 중 누구를 신뢰하고 따를 것이며, 어떤 종교단체를 더 선호하게 될 것인가는 굳이 말할 필요가 없을 것이다. 이를 떠나서 성직자의 이웃 사랑과 관련한 솔선수범은 스스로가 모범이 되어 신자들을 참된 신앙인으로 이끌기 위해서도 중요한 의미를 지닌다. 성직자들은 신자들에게 종교적인 인성교육을 한다는 측면에서도 모범을 보일 필요가 있으며, 이웃 사랑에 대한 관심을 촉발하기 위한 다양한 방안들을 강구해 볼 필요가 있다. 만약 성직자들이 형식에 그치지 않고 진심으로 어려운 이웃들에 관심을 갖기 위해 노력한다면, 그리고 상징적인 의미에서 1년에 한두 번 정도 농활에 함께 참여한다면 그가 이웃 사랑과 관련해 추진할 수 있고, 현실화할 수 있는 일들이 적지 않을 것이다.

  교회나 성당, 또는 절을 포함한 종교 단체나 시설, 기관 등은 많은 인력을 동원하여 농활을 갈 수 있는 인프라를 갖추고 있다. 이러한 인력이 농활에 동원될 경우, 그리고 이를 계기로 농활을 간 곳에서 생산된 농산물을 판매해 주는 데 도움을 주는 등 농촌에서 필요한 부분에까지 도움을 줄 경우 농촌은 천군만마를 얻은 격이 될 것이다. 긍정적인 효과는 여기에서만 끝나는 것이 아니다. 개인의 구원과 신을 위한다는 점을 차치하고라도 농활을 가서 함께 일을 할 경우 신자들은 돈독한 유대감을 갖게 될 수 있을 것이다. 나아가 함께 농활을 가는 사람들을 그 시설이나 기관의 성원으로 한정하지 않고 지역 주민들을 포함해 누구에게나 개방을 한다면 이는 자연스레 선교 방법이 될 수 있을 것이다. 이러한 방법으로 선교를 할 경우, 그리고 이런 과정을 거쳐 신자가 된 사람들은 훨씬 그 종교를 신뢰하면서 훌륭한 신앙인이 될 가능성이 클 것이다.

4) 관공서

우리나라에서 농활 프로그램의 확산을 위해 역할을 해줄 수 있는 대표적인 기관 중의 하나는 관공서다. 예를 들어 구청의 사회복지를 담당하는 부서는 지역 주민들을 위한 농활의 장을 열어 주는 역할을 해줄 수 있다. 물론 현재 이러한 부서는 사회복지와 관련한 적지 않은 일들을 하고 있으며, 관내에서 도움을 필요로 하는 대상자들이나 시설의 현황 파악과 이들과 봉사자들을 연결하는 매개 역할을 하는 등 실로 많은 역할을 하고 있다. 그럼에도 내가 관공서에서 농활 프로그램을 운영했으면 하고 생각하는 이유는 무엇보다도 봉사의 취지에 걸맞은 활동이 지금보다 더 많이 이루어지기를 바라기 때문이다. 주지하다시피 중고등학교뿐만 아니라 대학에서도 봉사활동 시간을 채워야 하는 학생들은 넘쳐난다. 그런데 봉사활동을 할 수 있는 시설 등이 부족하고, 조건이 제대로 맞아떨어지지 않다 보니 봉사자와 봉사대상자 모두에게 별다른 도움이 되지 않고, 나아가 피해의 여지마저 있는 활동들이 이루어지는 경우가 적지 않다. 그런데 관공서에서 봉사자를 모아 정기적으로 농활을 가게 될 경우 이러한 문제를 어느 정도 해결할 수 있다. 앞에서 언급한 바와 같이 농번기 때의 농촌은 사람이 많으면 많을수록 그만큼 일에 대한 부담을 덜 수 있다. 농번기에 일손을 제공하겠다고 했을 때 그에 대해 부정적인 입장을 취할 농촌은 사실상 없다고 해도 과언이 아니다. 활동을 할 장소를 물색하는 것도 그렇게 어렵지 않다. 예를 들어 구청 내에서 농촌 출신들을 통해 정보를 얻어내면 가는 곳을 찾아내는 것은 문제가 되지 않는다. 관공서에서 일정한 홍보를 통해 가는 일시와 준비물, 그리고 교통비 등에 대해 간단한 공지를 하고, 필요하다면 간단한 교육을 실시하고 약속 장소에 모여서 농활을 다녀오면, 그리고 갔다 온 후에도 봉사자에 대한 일정한 관리를 하여 적절한 방식으로 또 다른 봉사활동을 하는 데 도움을 준다면 농활 프로그램을 운영하는 목적이 극대화될 것이다.

관공서에서 버스를 마련해서 농활을 가게 될 경우 운영비용이 걱정이 될 수도 있다. 만약 농활에 관한 제 비용을 관공서에서 부담해야 한다면 이에 대한 부담 때문에라도 농활을 가기가 쉽지는 않을 것이다. 하지만 이는 문제될 것이 없다. 한마디로 이에 관한 비용을 농활을 가고자 하는 사람들이 부담하면 되기 때문이다. 이들이 버스 임대료와 식대 등이 포함된 참가비를 미리 내서 신청을 하고, 적절한 인원이 되었을 때 농활을 가게 된다면 농활에 관한 비용을 관공서 측에서 걱정할 것은 없다.

관공서에서 농활을 간다고 했을 때 인솔은 담당 공무원들이 책임을 맡을 수밖에 없을 것이다. 그런데 이들은 교육자나 성직자와는 상황이 다르기 때문에 이들에게 봉사 정신만을 강조할 수는 없다. 설령 봉사 정신으로 무장된 사람이 인솔을 한다고 해도 황금 같은 주말에 시간을 할애해 준 것에 대한 대가는 지불할 필요가 있는데, 이의 해결 방법은 회비에 아예 인건비를 포함시키는 것이다. 만약 공무원이 이러한 역할을 맡는 것이 벅차다면 봉사 정신이 투철한 젊은이에게 일정한 교육을 시키고 아르바이트 형식으로 인솔을 맡기는 것도 한 가지 방법이 될 수 있을 것이다. 이미 농활을 다녀온 경험이 있고 성실히 일을 한 관내의 젊은이 중에서, 특히 집안이 넉넉지 않은 젊은이에게 인솔을 맡긴다면 인솔자 문제는 해결될 수 있으며, 이는 아르바이트 자리 창출 역할까지도 할 수 있을 것이다.

농활 버스는 참여하고자 하는 인원이 너무 적을 경우 굳이 운행할 필요가 없으며, 일정한 인원 이상이 될 경우에만 운행을 하면 될 것이다. 이처럼 관공서에서 농활 버스가 운행된다면 관내에 살고 있는 다양한 사람들이 활용할 수 있게 될 것이다. 예를 들어 가족 간에 대화가 지나치게 적어 심지어 서먹서먹하다는 느낌마저 드는 경우라든가, 이런 저런 동호회, 계모임의 회원들, 봉사에 관심이 있는 사람들이 관광버스를 대절해서 여행을 떠나는 것과 유사하게 함께 농촌에 가서 일을 할 수 있다. 반복되는 이야기지만 함께 흘린 땀과 누군가를 도왔다는 데서 오는 뿌듯함 등은 알 수 없는 동지애를 불러일으킨다. 그리고 이러한 상황에서 일을 끝내고 둘러앉아 음료수나 막걸리 등을 마시면서 이런저런 이야기를 나누다 보면 서로에게 끈끈한 정을 느낄 수 있게 될 것이다.

학교나 종교 단체와 마찬가지로 관공서에서도 중요한 역할을 하는 것은 최종 결정권자다. 그런데 농활 프로그램을 운영하는 것은 최종 결정권자에게도 어느 정도 도움이 될 수 있다. 예컨대 구청에서 농활 버스를 운행한다는 것은 구청이 구민들에게 적극적으로 관심을 가지고 있음을 보여 주는 것이며, 이를 통해 구민들은 구청에 대한 긍정적인 생각을 가질 수 있다. 유의해야 할 것은 형식적인 전시 행정은 득보다 실이 많을 수 있다는 것이다. 단지 무엇을 한다는 데만 머물지 않고, 마음을 다해 농활 프로그램을 운영할 경우 이는 구청장의 평판에도 긍정적인 영향을 줄 수 있다. 만약 구청장이 직접 농활에 참여한다든가 농민들과 구민들 모두가 만족하는 가격대에 농활 가는 곳의 농산물을 판매하는 상설 매장을 만들어 운영을 하는 등의 조치까지 취한다면 이는 농민들과 구민, 그리고 구청장 자신에게 두루 긍정적인 효과를 발휘하게 될 것이다.

5) 연예인

현재 우리나라의 젊은이들에게 가장 영향력을 발휘하는 사람들은 아마도 연예인들일 것이다. 이와 같은 측면에서 연예인은 엄청난 영향력을 가지고 있는 공인임에 분명하다. 아마도 동일한 이야기를 하더라도 내가 젊은이들에게 매일같이 수년 동안 반복해서 하는 것보다 연예인이 잠시 이야기하는 것이 훨씬 강력한 힘을 발휘할 것이다. 예를 들어 이효리가 모피를 입지 않겠다고 매체를 통해 밝히는 것이 내가 『동물해방』을 번역해서 동일한 메시지를 전달하고자 하는 경우에 비해 훨씬 많은 사람들의 실천을 이끌어 낼 수 있을 것이다. 이처럼 우리의 젊은이들에게 타의 추종을 불허하는 영향력을 발휘하는 집단이기에 나는 실천을 촉발하는 연예인의 역할 또한 언급하지 않을 수 없다.

내가 『동물해방』을 번역해서 동물들을 소중히 여기자고 주장하는 것과 이효리가 짧게 동일한 주장을 하는 것을 비교할 경우 어떤 쪽이 더 큰 영향력을 발휘할지는 굳이 말할 필요가 없을 것이다. 연예인의 힘은 상상을 초월할 정도로 막강하다. '사유와 실천'의 유기견 봉사팀장 선민이가 유기견 보호센터에서 개의 벗이 되어 함께 노는 모습.

최근 들어 사회 문제에 대해 관심을 갖는 연예인들이 늘어나고 있다. 나는 이러한 모습을 보면서 이왕이면 연예인들이 팬클럽 회원들과 함께 실천을 한다면 더 좋지 않을까라는 생각을 해봤다. 물론 혼자서 하는 봉사와 기부 또한 너무 좋은 일이다. 하지만 그 누구 이상으로 영향력을 행사할 수 있는 사람들임을 감안했을 때, 그들이 함께 나눔을 실천한다면 그 파급 효과는 실로 적지 않을 것이다. 나는 방송인 김제동을 통해 이를 실감했다. 2011년 8월 서울에 집중 호우가 내려서 강남 지역이 수해를 입은 당시 김제동은 SNS를 통해 구룡마을을 돕자는 제안을 했다. 그러한 제안을 한 바로 다음 날임에도 구룡마을에는 수백 명의 젊은이들이 모여 들어 하루 종일 복구를 위해 구슬땀을 흘렸다. 그날 김제동 또한 하루 종일 열심히 일을 했고, 그의 모습은 진정성을 담지하고 있었다.

일을 마무리하고 나서 김제동은 함께 일한 모든 사람들에게 짜장면을 돌렸는데, 짜장면을 먹으면서 그는 정기적으로 봉사 모임을 갖고 싶다는 이야기를 했다. 나는 그 제안이 지금도 강한 인상으로 남아 있는데, 그 이유는 혼자만의 선행이 아니라 함께 하는 실천을 제안하는 것이야말로 연예인이 공인으로서 맡아야 할 최선의 역할이라 생각했기 때문이다. 실제로 그때의 모임은 좋아하는 연예인이 원하면 팬들은 언제든지 달려오며(심지어 어떤 젊은이는 경북 문경에서도 달려왔다), 그러한 모임이 정기적으로 있다고 해도 기꺼이 참석할 의지가 있음을 보여 주었다는 점에서 시사하는 바가 있었다.

그런 일이 있은 후 현재 모임이 정기적으로 이루어지고 있는지에 대해서는 모르겠지만 김제동이 만약 그런 모임을 계속 잘 이끌어서 최소한 분기별로 한 번이라도 봉사활동을 한다면 그 영향력은 적지

2011년 8월 김제동의 제안으로 이루어진 구룡마을 수재 복구 작업을 마치고.

않을 것이다. 그리고 아이돌 그룹을 포함해 많은 연예인들 또한 이와 같은 일을 한다면 이의 사회적 파장력은 실로 클 것이다. 문제는 팬클럽 회원들과 함께 무엇인가를 한다고 했을 때 많은 인원들을 수용할 수 있는 봉사 공간이 거의 없다는 것인데, 나는 이러한 문제를 해결할 수 있는 좋은 대안이 바로 농활이라고 생각한다. 김제동과 함께 일을 했던 날, 나는 그에게 농활을 제안해 보고 싶었다. 하지만 결국 나중으로 미루고 말았는데, 언제든 기회가 되면 꼭 해볼 생각이다.

구룡마을의 경우로 미루어 보건대, 연예인들이 제안을 할 경우 인원 동원은 그리 어려운 일이 아니다. 만약 요즘 인기 있는 아이돌 그룹이 제안을 한다면 아마도 수천 명까지도 모일 수 있을 것이다. 그런 인원이 동원되어 농사일을 돕는다고 한다면 설령 일을 해야 하는 지역이 매우 넓다고 해도 일은 순식간에 끝나 버릴 것이다. 팬의 이름으로 봉사활동을 와서 요리조리 빼면서 일을 하지 않는 경우는 일반적인 봉사의 경우에 비해 상대적으로 훨씬 적을 것이다. 특히 자신이 좋아하는 연예인이 열심히 일을 한다면, 그리고 격려의 말을 한마디라도 던져 준다면 아마도 팬들은 아오지 탄광에서 강제 노동을 하는 사람들보다도 훨씬 열심히, 그것도 기꺼이 자발적으로 일을 할 것이다.

연예인의 영향력을 감안한다면, 연예인들이 조금만 움직여 줘도 그 파급력은 매우 클 수가 있다. 우리나라에 연예인이 한두 명 있는 것이 아니고 연예인들은 크고 작은 팬클럽을 가지고 있다. 이들 중에서 일부만 움직인다고 하더라도 그 수와 영향력은 적지 않을 것이다. 그들은 학교에서 해주지 못하는 인성 교육의 역할마저도 할 수 있는 능력을 갖추고 있으며, 제대로 움직이면 적지 않은 사람의 목숨마저도 구할 수 있는 힘마저 갖추고 있다. 이런 힘을 적절히 활용할 경우 연예인들은 연예라는 방법을 넘어서 사회적으로 이바지하는 바가 매우 큰 사람들로 자리매김하게 될 것이다.

6) 개인

앞서 나는 평범한 사람들이 개인적으로 가는 농활에 초점을 맞추기보다는 학교, 관공서, 종교 단체 등이 농활을 선택하는 것의 장점을 주로 이야기했다. 그렇다면 평범한 개인들은 농활을 가기가 힘든 것인가? 농활이라는 활동의 특성상 개인이 농활을 가는 것은 집단으로 가는 것에 비해 상대적으로 그 장점이 낮아지는 것은 분명 사실이다. 그럼에도 개인이 농활을 가지 말라는 법은 없다. 개인 또한 갈 만한 곳을 물색해서 일손을 돕고 오는 것이 얼마든지 가능할 것이다. 그런데 개인의 경우 혼자서 농촌을 가서 일하는 것 이상으로 긍정적인 효과를 산출할 수 있는 다른 방법이 있을 수 있다. 내가 생

농활 가서 잠시 휴식을 취하고 있는 진수(가운데). 진수는 '사유와 실천' 2대 회장으로, 1990년대 말 학번임에도 지금도 활동을 이어가고 있는 '사유와 실천'이 낳은 나눔 스타다.

각하는 것은 크게 두 가지인데, 그 중 하나는 주변 사람들을 이끌어 농활을 가는 것이고, 다른 하나는 농활의 필요성을 주변 사람들에게, 그리고 SNS를 포함해 다양한 방식으로 많은 사람들에게 홍보하는 것이다.

나는 개인적으로 농활을 가는 것도 나쁘지 않지만 그보다 주변 사람들에게 농활을 가자고 권유하여 함께 가는 것이 더 좋은 방법이라고 생각한다. 동아리 MT나 이런저런 모임을 겸해서 일일농활을 제안해 보면 좋을 것이고, 특히 자신이 속해 있는 기관이나 단체의 장을 움직여 대규모로 활동이 이루어질 수 있도록 요청하여 함께 농활을 간다면 더욱 좋을 것이다.

한편 주변 사람들과 함께 농활을 직접 가는 것 못지않게 의미 있는 활동이 있을 수 있는데, 만약 주변 사람들, 나아가 나와 직접적인 관계가 없는 사람들이 농활을 가는데 도움을 줄 수 있다면 심지어 본인이 직접 농활에 참여하지 못한다고 하더라고 매우 훌륭한 실천을 한 격이라 할 수 있을 것이다. 이처럼 농활의 의미나 중요성을 주변에 권유하거나 이의 중요성을 널리 홍보해서 많은 사람들이 실제로 농활을 가게 만드는 것을 '간접적인 방식의 봉사활동'(이렇게 부를 수 있다면)이라 부를 수 있을 것이다. 우리는 흔히 직접적으로 봉사활동을 하는 것만을 진정한 의미에서의 봉사활동이라 생각하는데, 이에 대해서는 생각을 바꿀 필요가 있다. 다시 말해 설령 직접적으로 나눔을 실천하는 데 동참하지 못한다고 하더라도, 더욱 많은 사람들에게 나눔의 중요성을 홍보하고, 이를 실천에 옮길 수 있도록 독려하고 권유할 경우 직접적인 활동 못지않은, 혹은 그 이상으로 훌륭한 나눔을 실천할 수 있다는 것이다. 주변에서 농활을 이끌 수 있는 사람들에게 농활을 권유하는 방법, SNS 등의 매체를 통해 일일농활을 홍보하는 방법은 그 예이다. 오늘날과 같이 인터넷을 통해 과거와는 비교할 수 없을 정도로 많은 사람과 의견을 주고받을 수 있는 상황에서는 개인의 힘과 역할이 적지 않을 수 있다. 우리는 SNS 등 인터넷에서 다양한 방법을 통해 일일농활을 촉구할 수 있을 것이다. 최근 내 수업을 들었던 박재인은 자원봉사 블로그 '나두모두'에 일일농활에 관한 기사를 썼는데, 이는 그 한 가지 방법이었다고 말할 수 있을 것이다.

최근 들어서야 매체의 막대한 영향력에 눈을 뜨게 된 나는 앞으로 대중 매체를 적극적으로 활용해 볼 생각이다. 당장 다음 학기에는 농활을 다녀오고 난 후 학생들에게 SNS 등을 이용해 관련 활동에 대한 홍보를 해볼 것을 권유해 봐야겠다. 만약 내가 가르친 학생

ⓐ 방학의 꽃, 농활 - 단기농활 '가난한마음의집'에 다녀오다

나두모두 풍경/enjoy자원봉사   2012-06-25 17:00

방학의 꽃, 농활 - 단기농활 '가난한마음의집'에 다녀오다

농활은 1920년대 농촌계몽운동을 시작으로 1930년대의 브나로드운동 등에서 그 기원을 찾을 수 있다. 그 기원은 1980년대 후반에 농민운동과 학생운동의 사상을 바탕으로 농민들의 의식 변화를 통한 사회운동 참여유도로 시작되었지만 지금에 이르러 농촌활동은 농촌 일손 돕기와 학생들의 사회체험을 넓혀주는 방향으로 변화하였다. 특히 여름방학 기간에 이루어져서 1학년별 농활 동아리가 70~90년대 초에 활발하게 이루어졌던 동아리 학생의 연대활동이었다. 추기말 회수로 와서 농촌봉사운동 이라는 기념으로 파귀가 시작에면서 대학생들이 봄부터서 부족한 일손의 지원을 봉사하곤 하였다.

농활은 농번기에 부족한 일손을 돕기 위해 농촌에서 이루어지는 밭, 논농사에서 필요한 단순 작업을 주목적으로 한다. 그리고 추가적으로 농촌의 초등학교에서 교육봉사를 하기도 하고 농촌에 계시는 할머니, 할아버지들과 함께 즐거운 시간을 보내거나 집안 수리, 마을 청소 등 청년들이 할 수 있는 다양한 일을 도맡기도 한다.

보통 사람들이 '농활'이라고 하면 2주일이상의 긴 농활을 떠올린다. 하지만 장기 농활이 아니더라도 1일 혹은 1박2일 동안의 단기 농활이 있다. 아직 장기 농활에 비해 잘 알려지지도 않았고 활성화되지도 않았지만, 단기 농활은 장기 농활이 가지지 못하는 장점이 있다. 첫째, 처음 농활을 시도하는 사람들이 부담을 가지지 않고 참여할 수 있다는 것이다. 대학생들이나 직장인 모두 주말을 이용하여 농촌봉사활동에 참여할 수 있다. 둘째, 농촌에서는 봄, 가을에 필요한 일손을 제공 받을 수 있다는 것이다. 셋째, 많은 사람들이 한꺼번에 참여하기 때문에 단 하루의 노동이라 하더라도 힘든 일을 함께함으로 여러 사람과 봉사의 기쁨을 나눌 수 있다. 넷째, 교육받을 필요가 없고, 특별한 재능을 필요로 하지 않기 때문에 단순 노력봉사로 참여할 수 있다.

개인들은 농활을 가서 일손을 돕는 것 외에도, 농활의 필요성을 널리 알림으로써 농활의 대중화에 기여할 수 있다. 사진은 내 수업을 들었던 재인이가 쓴 일일농활에 대한 기사.

들 중에서 상당수가 이를 실천에 옮기고, 이를 전해들은 또 다른 사람들이 동일한 역할을 해준다면 그 파급력이란 생각보다 클 수 있다. 독자들 또한 농활의 필요성에 동조한다면 그러한 영향력을 행사하기 위한 실천을 해보길 바란다. 그리고 본인이 영향을 줘서 일일 농활을 가게 된 경우의 수를 세어보라. 나는 이를 통해 성취감을 느낄 수 있다고 생각하며, 이는 웬만한 성취감 이상의 뿌듯함을 제공할 것이다.

7) 기타

이외에도 농활을 갈 수 있는 주체는 많이 있다. 예컨대 기업은 조직적으로 움직일 수 있는 힘이 남다르고, 기획력 또한 뛰어나다. 기업이 이런저런 방법을 통해 농촌에 관심을 기울인다면 사회적 공헌자로서의 역할을 더욱 분명히 하게 될 것이며, 이를 통해 기업 자체의 홍보 효과도 누릴 수 있게 될 것이다. 이미 일부 기업에서는 '한 부서 한 마을 인연 맺기 운동' 등을 통해 농활을 정기적으로 다니고 있는데, 나는 이러한 활동이 더욱 확산되길 기대하고 있다. 예컨대 기업은 신입 사원 연수 프로그램 등 다양한 방법으로 농촌으로 다가설 수 있는 방안을 마련할 수 있을 것이다.

방송국이나 언론 기관 등 대중 매체와 관련된 기관 또한 농활을 기획하기에 적합하다. 이러한 기관은 직원들을 모아서 가는 것 외에 일반 대중들을 대상으로도 농활 버스를 운영할 수 있을 것이다. 예를 들어 일정한 홍보를 통해 농활 버스가 운영이 되고, 여기에 방송 관련 일들을 하는 사람들, 나아가 연예인들까지 포함될 경우, 아마도 제대로만 알려진다면 그 파급력은 적지 않을 것이다.

마지막으로 농활은 한국과 비슷한 식생활권 국가에서 봉사 프로그램으로 활용될 수 있다. 내가 이 책에서 언급하고 있는 농활은 대한민국이라는 특수한 환경 하에서 이루어질 수 있는 봉사로, 이는 한국형 봉사활동이라고 말할 수 있다. 실제로 논과 밭 등이 거대 기업의 소유로 대규모 재배가 이루어지는 곳에서는 굳이 이러한 활동이 이루어질 이유가 별로 없다. 이러한 이유 때문인지 나는 유럽이나 미국 등 서구의 잘 사는 나라에서 농활이라는 활동이 이루어진다는 이야기를 들어 본 적이 없다. 하지만 서구 사회에서 필요하지 않다고 해서 모든 나라와 지역 등에 불필요한 것은 아니다. 다소 맥락은 다르지만 우리는 농활 프로그램을 열악한 주거 환경으로 고통 받으며 살아가는 사람들이 제대로 된 집에서 살아갈 수 있도록 집을 지어 주는 활동을 하고 있는 헤비타트(Habitat for Humanity)와 견주어 볼 수 있을 것이다. 헤비타트 운동은 1976년 미국의 변호사 밀라드 풀러Millard Fuller 부부가 미국의 조지아 주 아메리쿠스 코이노니아Koinonia 농장에서 시작했다고 하며, 활동을 시작한 이래 2011년까지 50만 채 이상의 집을 세우고, 150만여 명의 사람들이 새로운 거주 공간을 가질 수 있도록 도움을 주었다고 한다. 헤비타트는 향후 5년 이내에 30만 채의 집을 새로이 보급할 예정이라고 한다. 이처럼 헤비타트는 미국에서 시작되어 현재 많은 지역과 국가에서 시행되고 있는 전 세계적 활동이다. 그런데 농활 또한 이와 유사하게 여러 나라에서 채택할 수 있는 봉사 프로그램이 되지 말라는 법이 없다. 물론 이는 나라와 지역 등의 상황에 맞게 적절하게 변형이 이루어져야 할 것이다. 예컨대 동남아의 농촌 지역은 우리와 다른 특성을 갖추고 있으며, 이에 따라 그들이 필요로 하는 것은 우리나라의 상황과는 상당히 다를 수 있다. 하지만 그러한 필요를 파악하여 적절한 방식으로 인적, 물적 자원이 투입

된다면 많은 어려움을 겪으면서 살아가는 그 나라의 농촌 지역에 사는 사람들에게도 도움이 될 수 있을 것이다.

*　　*　　*

현재 대학에서 학생들과 농활을 가는 것과 별개로 나는 조만간 농활 중개업체를 만들어 보고자 한다. 이러한 업체를 통해 나는 단지 대학생들뿐만 아니라 봉사활동을 하고자 하는 모든 사람들에게 농촌 활동의 기회를 제공해 보려 한다. 내가 이러한 업체를 통해 이루고자 하는 것은 농촌 활동의 대중화 이상이다. 나는 이를 이용해 농활뿐만 아니라 다른 긍정적인 활동들까지도 해보고자 한다. 다음은 내가 생각하고 있는 농활 중개업체를 이용해 할 수 있는 것들이다.

(1) 기부금 마련

나는 농활을 가는 데 필요한 최소한의 비용 외에 참가비를 어느 정도 더 받아 이를 기부금으로 활용하고자 한다. 이러한 기부금을 활용하는 방법은 크게 두 가지를 염두에 두고 있다. 한 가지는 기부 대상을 몇 부류로 나누어서 농활 참가자들이 원하는 대상에게 사용하는 것이다. 예컨대 아프리카 등 오지에 필요한 시설이나 재원 마련, 소년소녀 가장 돕기 등으로 분류하여 기부금을 적립하고, 목표 금액에 도달하면 기부자들과 함께 직접 대상을 찾아가서 기부금을 전달하는 것이다.

내가 생각하는 또 다른 기부금 활용 방식은 일명 '기부 농장'을 만들기 위해 기부금을 적립하는 것이다. 일정 정도 기부금이 적립되면

토지를 마련하고, 농활 신청자들은 그곳에서 일을 하며, 거기에서 나온 생산물을 팔아 그 수익금으로 매년 기부를 하는 것이다. 이것이 굳이 농장이어야 할 필요는 없다. 가능하다면 적립금으로 도시 내에 부품 조립 시설 등을 만들어 놓고, 그곳에서 나온 수입으로 기부를 하는 방법도 생각해 볼 수 있다. 이러한 시설을 도시 내에 만들어 놓을 경우 사람들의 접근이 용이할 수 있고, 이로 인해 기부가 더욱 효과적으로 이루어질 수 있을 것이다.

(2) 봉사 모임 조직

일단 농활을 다녀 온 사람들 중에는 지속적으로 나눔을 실천하고자 하는 사람들이 있을 것이다. 나는 이들을 묶어 봉사 조직을 만드는 것을 생각해 보고 있다. 조직은 뒤에서 이야기할 '사유와 실천'과 같은 모임이면 좋을 것이다. 이러한 모임에서는 선정된 운영진들이 가능한 봉사 횟수와 원하는 봉사 대상, 그리고 나이 등 몇 가지 기준으로 봉사를 하고자 하는 사람들을 분류하고, 3~8명을 한 팀으로 만들어 활동을 연결해 주며, 봉사자들은 이렇게 만들어진 팀별로 활동을 하게 된다. 얼마만큼 많은 사람들이 농활을 가려하고, 계속 나눔을 실천하려 할지는 모르겠지만 인원이 많으면 많은 대로 팀을 만들고, 적으면 적은대로 팀을 만들어 사람들의 나눔 실천에 도움을 준다면 업체는 단순히 농활을 매개하는 이상의 역할을 할 수 있을 것이다.

(3) 아르바이트 자리를 마련

농활을 가고자 하는 사람들이 많아질 경우 나 혼자 매번 농활을 갈 수는 없다. 이 경우 여러 명의 인솔자가 필요하게 되는데, 이러한 문제를 해결하기 위해 나눔에 관심이 있는 젊은이들, 특히 집안이 어려운 학생들을 교육시켜 인솔을 책임지게 하면 될 것이다. 이렇게 할 경우 단순히 인솔 문제만 해결되는 것이 아니라 금전적인 어려움을 겪는 학생들의 아르바이트 자리까지 마련해 주는 역할까지 하게 될 것이다.

정리를 하자면 농활 중개업체를 운영할 경우 농촌의 일손 문제를 해결할 수 있을 뿐만 아니라 기부금을 적립하고 봉사 모임을 만들어 나눔을 실천할 수 있게 될 것이다. 또한 인솔자에게 일당을 지불함으로써 아르바이트 자리를 만들어 줄 수도 있는데, 실제로 업체가 만들어져 이러한 일들을 할 수 있다면 두루 긍정적인 역할을 해낼 수 있을 것이다. 나는 이러한 역할을 하는 모임이나 단체가 여럿 생겨서 크게는 시나 도 내지 군 등의 단위로, 작게는 마을 등의 단위로 농활을 비롯한 여러 봉사활동이 이루어질 수 있게 되길 바란다.

제4장

봉사 모임의 조직

봉사 조직을 만들어 봉사활동에 대한 관심을
지속시키기 위해 노력한다면 이에 가입한 회원들은
틈나는 대로 직접적인 봉사활동이나 기부 등을 통해
나눔을 실천하며 살아갈 수 있게 될 것이다.
또한 적절한 동기 부여가 될 경우 회원들은
또 다른 봉사활동의 전령사로 다른 곳에서
유사한 모임을 조직할 수 있을 것이며,
이와 같은 일의 중요성을 널리 알릴 수도 있을 것이다.

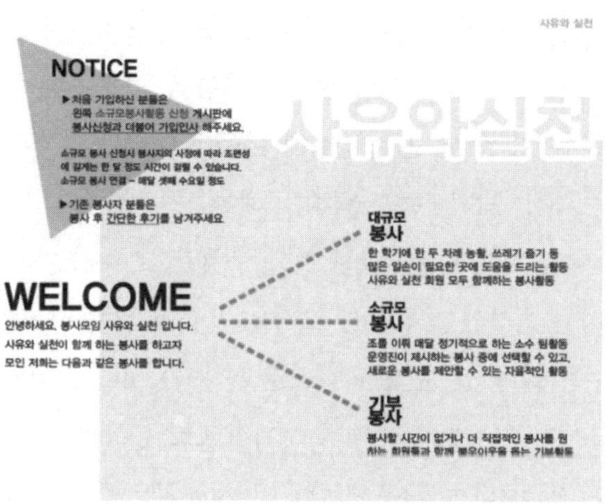

지금까지 나는 농활에 대한 개인적인 경험과 장점에 대해 이야기를 했다. 그런데 농활을 갔다 온 것만으로 봉사와 관련된 원하는 모든 것들이 이루어지리라고 생각하는 것은 잘못이며, 그렇게 생각해서도 안 된다. 만약 농활 한 번 다녀왔다고 사람이 달라지고, 세상이 달라질 수 있다면 그 누가 그런 방법을 취하지 않겠는가? 한 번의 농활 경험으로 그러한 변화가 이루어진다는 것은 어림도 없는 일이다. 특히 우리나라와 같이 경쟁으로 점철된 사회에서는 비유하자면 바다에 물 한 방울 떨어뜨린 것에 지나지 않는다고 할 정도로 그 효과는 미미할 수 있다. 하지만 설령 계란으로 바위치기를 하는 것에 가깝다고 하더라도 아예 포기를 해서는 안 될 것이고, 가능한 범위 내에서 최선을 다해 더 많은 사람들이 나눔의 삶을 살아갈 수 있도록 노력하는 것이 중요하다. 우리가 '계란으로 바위치기'보다는 '물방울이 계속 떨어지다 보면 결국 바위를 뚫는 경우도 있다'는 말을 믿어야 하는 것은 아닐까? 이런 생각을 가지고서 우리는 뜻이 있는 사람들이 나눔을 실천할 수 있는 장場을 만들어 지속적으로 실천에 관심을 갖게 할 필요가 있다. 진정으로 세상의 고통을 없애는 데에 관심을 갖는다면 봉사활동을 한 번의 경험에 머물게 해서는 안 되며, 장기적으로 관심을 가질 수 있도록 노력해야 해야 하는 것이다.

그런데 이를 위해 할 수 있는 것은 무엇일까? 내가 제안해 보고 싶은 한 가지는 온라인상에 봉사 조직을 만들어 많은 사람들이 지속적으로 나누는 삶을 살 수 있도록 도움을 주는 것이다. 만약 이러한 조직이 만들어져 기부를 한다거나 주기적으로 봉사활동이 이루어진다면 적어도 지금보다는 많은 사람들이 계속적으로 나눔을 실천할 수 있게 될 것이다.

지금부터 내가 소개하는 모임은 이러한 목적으로 만들어져 운영되고 있는 '사유와 실천'이다. 이는 농활을 갔다 온 이후에도 학생들이 계속 사유하고 실천하는 삶을 살았으면 하는 취지에서 만들어진 모임이다. 나는 농활에 이은 사후 관리의 차원에서 이러한 모임의 지도를 맡고 있으며, 함께 활동을 하고 있기도 하다. 이러한 모임이 반드시 농활과 연계되어야 할 이유는 없으며, 이러한 모임을 만드는 사람이 반드시 교수자이어야 할 이유도 없다. 이는 농활과 무관하게 다양한 방식과 모습으로 만들어질 수가 있고, 어떤 사람이 만들어도 상관이 없으며, 정기적이건 비정기적이건 농활을 가는 것을 모임의 활동 중 하나로 포함시켜도 될 것이다. 이하에서 소개하는 모임은 김성한이라는 사람이, 대학의 교양 과정을 담당하는 선생으로서, 사후 관리 차원에서 지도를 맡고 있는 모임이다. 따라서 나와 다른 상황에 있는 사람들은 자신의 상황에 맞게 이러한 모임을 조직해 보면 될 것이다.

봉사 조직을 만들어 봉사활동에 대한 관심을 지속시키기 위해 노력한다면 이에 가입한 회원들은 틈나는 대로 직접적인 봉사활동이나 기부 등을 통해 나눔을 실천하며 살아갈 수 있게 될 것이다. 또한 적절한 동기 부여가 될 경우 회원들은 또 다른 봉사활동의 전령사로 다른 곳에서 유사한 모임을 조직할 수 있을 것이며, 이와 같은 일의 중요성을 널리 알릴 수도 있을 것이다. 만약 이러한 노력이 전 사회적으로 퍼져 나갈 수만 있다면 우리 농촌, 우리 사회를 포함해 모두가 더불어 살아가는 세상을 향해 한걸음 나아갈 수 있으리라 생각한다.

저는 대학교 재학 시절에 김성한 교수님께서 만든 '사유와 실천'이라는 모임을 통해 봉사활동을 시작한 박진수라고 합니다. 지금까지 제가 경험했던 봉사활동은 보육원, 노인 복지회관, 호스피스, 식당 설거지 봉사, 홀몸 노인과 시간 보내기 등입니다. 다닌 장소로 보면 정말 봉사활동을 열심히 한 것 같지만, 보통은 한 달에 한 번 정도 다녔던 것 같습니다. 그 중에는 지금까지 지속적으로 다니는 곳도 있고, 단기간 다녔던 곳도 있습니다. 한 달에 한 번 정도 가벼운 마음으로 봉사를 나가서인지 지금까지 꾸준하게 봉사활동을 하고 있습니다.

지난 6년 정도의 봉사활동이 저에게 어떤 것을 가져다 주었는지 잠시 생각해 보았습니다. 일단 많은 사람들을 만났습니다. 보

육원에서 만난 귀여운 아이들, 노인복지회관에서 만난 식당 아주
머니, 호스피스에서 만난 죽음을 앞둔 할아버지/할머니들, 그리
고 같이 일했던 친구들…… 그 많은 인연들 중 일부는 지금도 이
어가고 있습니다.

봉사활동은 새로운 인연을 만나게 해주는 장소가 되기도 합니
다. 그 중에 가장 기억에 남는 분은 제가 5년 동안 설거지를 도와
드리러 가는 식당의 아주머니입니다. 대학교 때부터 다니기 시작
해서 지금도 한 달에 한 번씩 토요일 아침에 설거지를 도와드리러
갑니다. 꾸준히 봉사하러 나오는 제가 귀여우셨는지 혹은 아주머
니가 보시기엔 젊은 남자(?)라서 그런지 엄청 좋아해 주십니다. 얼
마나 좋아해 주시냐면 아직 미혼인 저에게 가끔 이런 말씀을 하시
기도 합니다. 내년까지 정 마음에 드는 여자가 없으면 내 딸 소개
시켜 주겠다고 꼭 말하라고 ㅋㅋㅋ 물론, 농담이시겠지만 그만큼
저를 아껴 주신다는 마음이 느껴져 한 달에 한 번 설거지 하러 가는 길은 참 행복합니다.

누군가 나를 기다려 주고 인정해 준다는 것은 경쟁이 격렬한 한국과 같은 사회에서, 서로 인정받으려고 애들 쓰고 좀 더 완벽해지려고 긴장하는 한국 사회에서 봉사하면서 나를 인정해 주고 고

진수가 너무나도 사랑받으며 설거지 봉사활동을 하고
있는 노인복지회관 앞에서. 가운데가 진수.

마워해 주는 사람을 만난다는 것은 행복하게 사는데 좋은 재료가 된다고 생각합니다. 그래서 이 글을 읽는 분들에게 봉사활동을 권하고 싶습니다.

한 가지 덧붙이고 싶은 건, 봉사활동도 자신에게 맞는 것을 찾으려고 조금의 수고를 들여야 한다는 것입니다. 누군가는 아이들과 같이 노는 보육원 봉사가 편하고, 누군가는 어르신들과 시간을 같이 보내는 봉사가 편하고, 누군가는 저처럼 설거지와 같은 육체적인 노동이 편하기 때문입니다. 저도 여러 곳을 다닌 후에 저에게 맞는 봉사활동을 찾았던 것 같습니다.

부디, 약간의 수고로움을 감수하고 저처럼 기쁨을 누리시길 바랍니다.

박진수

1. '사유와 실천'

1) 모임 현황

'사유와 실천'이라는 모임은 사전 계획 없이, 뜻하지 않게 탄생했다. 2002년 1학기 수업을 마치고 학생들과 술자리를 가졌는데, 뜻이 맞다보니 계속 정기적으로 모이자는 이야기가 나왔고, 이왕이면 모임을 통해 사유와 실천 능력을 함양해 보는 것이 좋겠다는 의견이 반영되어 모임이 결성되었다. 솔직히 처음 모임이 만들어졌을 때만 해도 모임을 어떻게 이끌어 가야겠다는 구상은 전혀 없었다. 하지만 현재 이 모임은 학생들이 수업을 듣고 나서도, 학교를 졸업하고 나서도, 나아가 내 수업을 들었는지와 무관하게 누구나 원하면 참여하여 작으나마 나눔을 실천할 수 있는 모임으로 자리를 잡아가고 있다. 최근 들어서는 봉사활동은 하고 싶은데 시간을 많이 내기 힘든 사람, 어떻게 봉사활동을 시작할지 모르겠다고 생각하는 사람들이 작은 실천을 할 수 있도록 도움을 주고자 하고 있다. 이처럼 과거에는 '사유와 실천'이 수업을 듣거나 들은 학생들에게 초점을 맞추었다면 지금은 어떤 사람이건 나눔을 실천하는 계기를 만드는 데 도움을 주고자 하고 있다. 말 그대로 봉사 알선 기능을 하면서 함께 나눔을 실천하는 모임으로 나아가고 있는 것이다.

'사유와 실천'은 2013년 2월 말 현재 회원이 510명의 적지 않은 모임이다. 회원들 중에는 내 수업을 들은 학생은 물론 수업을 듣지 않았던 학생들도 상당수 있으며, 여러 학교의 대학생 및 졸업한 사회인들로 구성되어 있다. 학번도 1990년대 학번에서 2012학번에 이르기까지 다양하다. 현재 이들이 모두 활동을 하고 있는 것은 아니다. 대

2002년도에 내 수업을 들었던 지은이, 은경이와 함께. 지은이는 현재 고등학교에서 학생들을 이끌고 농활을 다니고 있고, 은경이는 구룡마을에서 아이들에게 수학을 가르치고 있는 예쁜 제자들이다.

략 활동을 하고 있는 회원은 전체 회원의 15% 정도인 70~80명 정도이며, 앞으로 그 비율을 늘려 가고자 한다. 그리하여 내년 상반기까지는 활동하는 회원들의 수를 200명 정도까지 끌어올릴 생각이다. 이처럼 내가 인원수에 신경을 쓰는 이유는 한 사람이라도 더 많은 사람들이 나눔을 실천하도록 만드는 것이 최대다수의 최대행복을 도모하는 방법이라 생각하기 때문이다. 솔직히 정치를 하는 사람도 아니고, 내가 굳이 인원수를 불리기 위해 노력할 필요는 없다. 인원수가 늘어나면 이런저런 일들이 상대적으로 늘어날 수밖에 없고, 그에 비례해서 여러 가지로 번잡한 일들이 많이 생긴다. 그럼에도 나는 최대다수의 최대행복의 설득력을 부인할 수 없기 때문에 다소 성가시고 귀찮다고 하더라도 많은 사람들이 나눔을 실천하는 매개 역할을 하려는 것이다.

'사유와 실천'은 대학 동아리와는 다소 성격이 다른 모임이다. 동아

'사유와 실천' 운영진이 회의를 진행하고 있다. 회장 선일이(사진에는 없음), 운영진 강훈이, 영혜, 지은, 홍실이는 역대 최대 회원들의 봉사활동을 알선해 주면서 나눔을 확산하기 위해 열심히 노력하고 있다. 이들은 지금까지와는 다른 새로운 방식의 나눔을 주도하고 있다.

리에 가입을 할 경우 비교적 의무적으로 해야 하는 활동들이 있음에 반해, '사유와 실천'은 활동이 자유로운 편이다. 그럼에도 일단 활동을 하겠다고 의사를 밝혔을 경우 적어도 한 달에 한 번 정도 1년 동안 꾸준히 시간을 내어 활동을 하는 것을 원칙으로 하고 있고, 활동 날짜는 소모임의 경우는 소모임 회원들끼리 시간을 맞춰서, 전체 활동의 경우는 온라인을 통해 공지된 봉사 날짜와 하는 일을 확인하고, 그때 시간을 낼 수 있는 회원들이 모여서 활동을 하고 있다. 요컨대 '사유와 실천'은 자율적인 활동에 초점이 맞추어져 있는 모임으로, 회원들의 부담을 최소화하면서 봉사에의 끈을 놓지 않도록 하려는 모임이다. 나는 봉사 정신이 투철하거나 이미 다년간의 봉사 경험이 있는 사람보다는 살면서 나누는 삶에 관심을 가져보지 않았던 사람들이 '사유와 실천'을 통해 계기를 만들었으면 하는 바람을 가지고 있다.

　'사유와 실천'에서 활동을 시작한 것은 2008년 여름으로 이미 나의 대학생활이 반 이상 지나가고 3학년 2학기가 시작될 무렵이었다. 설렘과 두려움으로 시작한 대학생활이 익숙한 일상이 되고도 한참이 지나, 이제는 진지하고 의미 있는 무언가로 20대를 채워야겠다는 생각이 들었던 것 같다. 그런 막연한 마음으로 시작한 봉사활동을 햇수로 5년째인 지금도 꾸준히 할 수 있는 이유는 봉사활동을 통해 '더 가치 있고 의미 있는 삶'에 대해 배우게 되었기 때문일 것이다.

　사실 '가치 있고 의미 있는 삶'이라는 것은 5년 전의 나에게나 지금의 나에게나 어렵기는 마찬가지다. '사유와 실천'에 소속된 이후 거의 매 달 봉사를 하고 봄, 가을마다 농활을 다니고 있지만 지금 내가 윤리적인 삶을 살아가고 있다고 확언할 수는 없다. 다만 확실한 것은 5년 전의 나보다 다른 사람의 삶에 대해 생각하고 공동체를 위해 노력하게 된 지금의 내가 더 나은 사람이 되었다는 것이다. 또한 아주 미미하다고 할지라도 그동안 내가 들인 시간과 노력만큼 세상은 조금 더 나아졌다고 믿는다.

　'사유와 실천'은 2002년에 만들어진 봉사활동 단체로, 김성한 교수님의 지도하에 농활을 다녀왔던 선배들이 농활 및 다른 봉사활동과 기부금 모금 활동을 하기 위해 자발적으로 결성하였다. 내가 활동하기 시작한 2008년에는 이미 7년 동안 많은 학생들이 가입하고 다양한 봉사활동 프로그램을 만들어 활동하고 있었다. 친목 도모 목적의 모임 자리에서는 스무 살 대학 새내기부터 나와 나이 차이가 열 살이 나는 직장인 선배도 만나볼 수 있었다. 그

다양한 연령대의 많은 사람들이 남을 돕겠다는 뜻으로 한데 모여 세상을 변화시킬 수 있다는 선한 가치를 추구하면서 10년 동안 함께 해 왔다. 그리고 10년의 시간 동안 우리 '사유와 실천'이 해온 여러 봉사

주영이와 주희. 누구보다도 열심히 일해 주었던 3대 회장인 주희는 '사유와 실천'이 자리를 잡는 초석이 되어 주었고, 지금도 여전히 홀몸 노인을 방문하면서 활동을 이어가고 있으며, 주영이는 지금 군에 있으면서도 틈나는 대로 연락을 해서 나눔을 매개하고 있다. 순수한 마음에서 변함없이 나눔을 실천하는 이들과 같은 친구들이 내 주변에 있다는 것이 나로서는 행운이다.

활동과 기부금 모금 활동이 세상에 미친 영향은 결코 미미하지 않을 것이라고 생각한다.

5년 전, 성적과 진로에만 신경 쓰며 사는 대학생이었던 내가 우연한 기회에 김성한 교수님을 만나서 사유하는 삶에 대해 배우고 농활을 접한 후 현재 이렇게 다른 삶을 살게 된 것처럼, 또 나의 끈질긴 권유에 못 이겨 농활에 한번 따라 왔다가 본격적인 농활 마니아가 된 나의 고등학교 동창처럼, '사유와 실천' 같은 단체가 계속해서 만들어지고 유지된다면 사회는 완전히 달라질 수 있을 것이다.

취업을 위해 봉사활동 시간을 만들기 위한 것이든, 좁은 인간관계를 다양하게 하기 위한 사회적 목적이든, 건강한 취미를 만들기 위함이든 봉사활동을 시작하는 계기가 되는 이유는 '사유와 실천'에 가입해 있는 500여 명의 회원들마다 달랐을 것이다. 그러나 우

리가 만들어 낸 작은 변화들을 몸소 확인하고, 봉사활동 대상자
들의 행복한 얼굴과 감사의 인사를 받으면서 우리들은 더 가치 있
고 의미 있는 삶에 대해 매번 새로 배운다. 그리고 나를 포함한 '사
유와 실천' 사람들은 앞으로도 우리가 사회를 변화시킬 수 있다고
믿으면서 지금처럼 살아갈 것이다.

이주희

이러한 모임이 만들어질 수 있었던 계기는 역시 농활이었던 것 같
다. 대학의 특성상 같은 과 학생들끼리 같이 수업을 듣는 경우가 아
니라면 수업을 듣는 학생들끼리 친해질 수 있는 기회는 그리 흔치 않
다. 또한 선생과 친분을 쌓을 기회도 그다지 많지 않다. 하지만 농활
을 가서 함께 땀을 흘리면서 공동으로 작업을 하고, 그 과정에서 자
신도 모르는 사이에 동료애 같은 것이 느껴졌던 것 같고, 이로 인해
자연스레 모임이 결성된 것이 아닌가 싶다. 우연히 모임이 만들어졌
던 처음과는 달리, 나는 현재 이 모임의 중요성과 나아갈 방향을 비
교적 뚜렷하게 의식하고 있다. 나는 이 모임이 인성 교육의 장이 됨
과 동시에 고통 받는 이웃들에게 작으나마 힘이 되길 바라고 있으며,
회원들이 이러한 모임에서의 경험을 바탕으로 자신의 주변 사람들과
함께 또 다른 모임을 꾸리는 등 봉사의 리더로 활동했으면 하는 희
망을 가지고 있다. 만약 농활을 포함한 어떤 계기를 통해 '사유와 실
천'과 같은 모임이 많아져서 그 작은 힘들이 결집하면 나중에는 적지
않은 영향력을 발휘할 수 있게 될 것이다. 특히 사회적 영향력이 적
지 않은 사람들이 조직을 만들어서 '사유와 실천'과 유사한 역할을
해 준다면 그 파장은 적지 않을 것이다. 예컨대 잘 알려진 연예인이

봉사 조직을 만든다면 '사유와 실천'에 가입하는 인원과는 비교할 수 없을 정도로 많은 사람들을 이끌 수 있을 것이다. 만약 회원들이 조직의 하부 조직인 소모임 별로 각자 시간을 정해서 봉사활동을 하면서 기부를 하고, 1년에 한두 번 정기 모임을 통해 많은 사람들이 함께 농활을 간다면 이 사회는 지금보다 훨씬 살만한 곳이 될 것이다. 만약 외국 팬들까지 끌어들여 각자 자신의 나라에서 소모임 활동을 하게 한다면 그야말로 국제적으로 나눔을 확산하게 될 것이다.

이러한 역할을 하는 것은 그리 어려운 일이 아니다. 그럼에도 사람들이 이러한 활동을 의식하지 못하는 것은 넌센스 문제를 풀어 보라는 이야기를 들었을 때의 상황과 유사하다. 넌센스 문제를 내면 우리는 답을 쉽게 맞추지 못하는데, 막상 답을 듣고 나면 너무 쉬운 문제를 맞추지 못했다고 생각하게 된다. 마찬가지로 '사유와 실천'과 같은 모임을 만들어 더욱 많은 사람들이 나눔을 실천하도록 하는 것은 알고 보면 쉬운데 우리가 생각해 보지 못하고 있을 수 있는 것이다.

나는 입시 패러다임 속에서도 나눔을 실천하겠다고 회원이 된 '사유와 실천' 회원들이 몹시 자랑스럽다. 만약 이들이 없었다면 나 또한 나태함의 나락으로 빠져서 실천을 도외시한 삶을 살고 있을지 모르겠다. 무엇인가를 함께 한다는 것은 개인이 나약해질 때 힘이 되어 줄 수 있는 장점이 있다. 이는 혼자가 아닌 함께 하는 것이 갖는 소중한 가치 중의 하나인 것이다.

2) 결성과 운영 방식

'사유와 실천'은 운영과 관련해 시행착오를 적지 않게 겪었고, 현재의 모임 결성과 운영 방식이 최선이 아닐 수 있기 때문에 운영 방법을 적극적으로 소개할 입장은 아닌 듯하다. 그럼에도 이하에서는 말 그대로 참고의 차원에서 모임 운영에 관한 이야기를 해보도록 하겠다. 모임을 만드는 방법은 간단했다. 먼저 사이트를 만들어서 그 안에 필요한 내용들을 포함시켰고, 그렇게 하고 난 후 회원을 모집하면서 활동을 시작했다.

(1) 운영자

과거를 돌이켜 보았을 때 나는 처음에는 교수자가 모임의 운영을 맡는 것이 좋다고 생각한다.[17] 물론 봉사 모임을 결성하여 운영하는 사람이 누가되건 상관은 없지만, 그리하여 이를 맡을 회원이 있다면 굳이 교수자가 아니어도 무방하지만 교수자는 말 그대로 회원들을 이끌어 주는 선생이며, 모든 회원들과 공통적으로 연결되는 중심에 서 있다. 때문에 아무래도 처음에는 교수자가 운영을 맡아 얼개를 만들어 놓는 것이 좋아 보인다. 앞에서 언급한 바

2대 운영진 모임. 과거로부터 지금까지 운영진은 한 달에 한 번 모여 활동을 계획하고 점검하고 있다.

---

[17] 이는 학교에서의 활동을 전제로 하고 있는 생각이며, 상황에 따라 운영자는 얼마든지 달라질 수 있을 것이다.

와 같이 '사유와 실천'은 모임이 결성되고 나서 한참이 지난 후 체제가 대략적으로 정비되었는데, 정비할 시점에는 내가 적지 않게 개입을 했지만, 어느 정도 체제가 정비된 지금은 가급적 회원들끼리 모임을 꾸려 나가게 하고 있다. 현재 나는 운영에 관한 커다란 전환이나 조정이 필요하다고 판단할 때 외에는 가급적 개입을 하지 않으면서 소모임 활동 알선 등의 역할을 맡으려 하고 있고, 나머지는 회원들의 몫으로 남겨 두려 하고 있다. 경험상 지도 교수가 너무 많이 개입하는 것도, 거꾸로 너무 개입하지 않는 것도 좋지 않은 것처럼 보이기 때문이다. 그럼에도 활동이 활발하게 이루어지지 않을 경우 지도교수는 나름대로의 역할을 적극적으로 해야 할 것이다.

　　'사유와 실천' 회장 백선일입니다. 이 모임에 가입한 지 어느덧 2년, 회장을 역임한 지 1년이 조금 넘었습니다. 가입하지 얼마 지나지 않아 회장을 맡게 되면서 많은 시행착오를 겪었고, 현재도 여러 어려움에 부딪히고 있습니다. 하지만 든든한 후원자이신 김성한 교수님과 적극적으로 참여해 주시는 회원 분들의 힘이 보태지면서 모임이 나날이 발전하고 있습니다. 이에 회장으로서 이 모임에 대한 큰 자부심을 가지고 활동하고 있습니다.

　　'사유와 실천'은 그동안 계속 변화 하였습니다. 사회 이곳저곳 도움이 필요한 곳에 어떻게 하면 도움의 손길을 보낼 수 있을지 고민하고 또 고민하였습니다. 올해는 그 일환으로 새로운 변화를 시도하고 있습니다. 기존 활동이 전체 회원을 대상으로 하는 대규모 봉사에 중점을 두었다면, 현재는 팀별로 활동하는 소규모 봉사를 주요 활동으로 삼고 있습니다. 소규모 봉사가 갖는 이점은 보다 많은 사람들이 봉사활동에 참여할 수 있고, 보다 많은 사람들이 도움을 받을 수 있다는 점입니다. 이러한 이점을 살리기 위해서 많은 회원 확보와 봉사 장소 섭외가 주요 과제로 떠올랐습니다. 이 부분은 운영진이 적극적으로 방법을 모색하였습니다. 특히 기존에는 교수님 수업의 수강생들이 신입 회원의 대부분을 차지했지만, 현재는 적극적인 홍보를 통해 다른 여러 학생들도 '사유와 실천' 모임에 동참할 수 있게 하였습니다. 활동하고자 하는 영역이 비슷한 회원들끼리 하나로 묶어 팀을 만들어 주고, 그 팀이 봉사활동을 할 수 있게 연결해 주고 있습니다. 단순히 기존 회원들이 봉사활동을 할 수 있게 도와주는 것을 넘어서, 봉사활동을 하고자 하는 사람들에게 새로운 봉사 장소를 소개시켜는 중개자 역할을 하기 시작한 것입니다. 그리고 중개자 역할에만 국한시키지 않고 지속적인 관리와 피드백으로 팀 활동을 계속 지원할 계획입니다. 비록 이러한 소규모 활동이 아직은 시작 단계에 불과하지만 시간이 흘러 자리를 잡는다면 수백, 수천 명의 사람들이 도움을 주고 도움을 받을 수 있을 것이라 기대합니다.

　이러한 변화 속에서도 지난 10년 동안 변하지 않는 활동이 있습니다. 바로 이 모임의 주요 활동이자 '사유와 실천' 모임이 돌아갈 수 있는 원동력을 제공하는 농활 활동입니다. 모임의 원동력이라

표현한 이유는 농활을 통해 새로운 회원이 들어오게 되고, 기존의 회원들이 다시 활동을 시작할 수 있기 때문입니다. 농활은 교수님 수업을 듣는 수강생들의 중간고사 대체활동입니다. 그렇기 때문에 매 학기 새로운 학생들이 농활을 참여하고, 농활에 참여함으로써 '사유와 실천' 활동에 본격적으로 참여할 수 있는 기회를 접하게 됩니다. 또한 기존 회원들도 농활에 참여할 수 있으므로 새로운 회원과 기존 회원들이 만날 수 있는 장의 역할도 합니다. 또한 '사유와 실천' 농활은 주말, 공휴일을 이용한 당일치기 농활이라는 점에서 참여자들의 부담을 줄여 많은 사람들이 참여할 수 있게 유도하고 있습니다.

그 외에도 정기적인 대규모 봉사활동, 기부금 활동을 통해 여러 분야에 도움을 주고 있습니다. 지도교수인 김성한 교수님이 구심점 역할을 하여 지난 10년 동안 꾸준히 도와주신 덕분에 기존회원과 신입회원이 어우러져 지금까지 모임이 지속되었습니다. '내가 직접 봉사를 하는 것만이 봉사가 아니라 다른 사람이 봉사를 하게 도와주는 것도 봉사다'라는 생각으로 보다 많은 사람들이 봉사활동을 할 수 있게 저희 운영진은 앞으로도 계속 힘쓸 것입니다.

백선일

어느 철학자의 농활과 나누는 삶 이야기

너무 고맙고도 자랑스러운 '사유와 실천' 회원들의 소모임 활동. 마포 노인복지관 급식 봉사팀, 수유 종합사회복지관 급식 봉사팀, 답십리 유기견 관리 봉사팀, 송파 화훼마을 홀몸 어르신 방문 봉사팀. 이외에도 여러 팀들이 조별로 활동을 하고 있는데, 사진이 없어 사진을 올리지 못해 유감이다. 나는 이들이 고난 속에서 살아가고 있는 이 세상의 모든 이들을 위해 나눔 리더로서의 역할을 해줄 것임을 확신한다.

(2) 사이트

조직을 운영하기 위해 일차적으로 해야 할 일은 온라인상에 사이트를 개설하는 것이었다. 이에 따라 사이트를 개설했고, 거기에 공지 사항, 활동 점검표, 봉사 일정, 봉사 후기, 봉사 사진, 기부금 관련 내용을 올리는 항목을 만들었다. 이밖에 회원들 간의 친목을 도모하고, 힘을 북돋을 수 있는 내용들을 올릴 수 있는 공간도 마련했다. 내 생각에 온라인 사이트는 얼마든지 나중에라도 수정할 수 있으니 처음부터 지나칠 정도로 완벽하게 만들려고 노력할 필요는 없고, 차근차근 일을 해 나가면서 필요한 것들을 추가해 나가면 된다. 개인적으로는 사이트 운영에 너무 신경을 쓰기보다는 활동 자체에 더 신경을 써야 한다고 생각하는데, 그럼에도 운영자는 소모임 활동이 잘 이루어질 수 있도록 직간접적으로 도움을 주어야 하고, 이를 위해 사이트에 자주 들어가서 회원들의 활동을 독려해 줄 필요가 있다.

'사유와 실천' 사이트. 사이트에는 소모임별 활동 공지와 후기를 올리는 곳, 활동에 대한 점검을 하는 곳 등을 마련해 놓고 회원들의 활동을 적절히 이끌어내고자 하고 있다.

(3) 회원 가입

현재 '사유와 실천'은 수업을 듣는 학생들에게 가입을 권유하는 방법과 학교 게시판 등을 이용하는 방법으로 회원을 모집하고 있다. 수업 시간을 통한 가입 권유는 대략 한 학기에 세 번 정도 이루어지고 있다. 첫 번째는 학기 초에 모임을 소개해 주면서 적어도 한 학기 동안 활동을 하도록 권유하며, 두 번째는 농활을 가서 뒤풀이 시간에, 혹은 농활을 갔다 오자마자 첫 수업 시간에 활동을 권하고 있다. 내가 초점을 맞추는 시기는 바로 이때인데, 그 이유는 농활을 통해 친해진 학생들끼리 자체적으로 친목 모임을 갖는 경우가 있고, 이에 따라 조금만 관심을 기울이면 학생들이 봉사에 관심을 갖게 하기가 비교적 수월하기 때문이다. 특히 기존의 '사유와 실천' 회원들이 수업의 일환으로 농활에 참여하는 학생들과 함께 일을 하고 난 후 뒤풀이 시간에 '사유와 실천' 활동을 권하는 방법은 효과적인 회원 모집 방법인 것처럼 보인다. 마지막으로 기말 즈음한 수업 시간에 농활을 또 가고 싶은 학생들에게 언제든지 문이 열려 있으며, 어려운 이웃과 나누는 삶을 살고 싶으면 방법이 있다고 말해 주면서 모임을 홍보하는데, 이때에는 주로 '사유와 실천' 운영진이 직접 수업 시간에 들어와 모임을 소개하면서 회원을 모집하고 있다.

'사유와 실천' 회원들이 학교에 와서 수업 시간에 모임 소개를 하고 있다.

이러한 방법은 꽤 오래 동안 별다른 변화 없이 그대로 유지된 편이다. 그런데 최근 들어서는 수업이나 농활을 매개로 하는 방법에서 벗어나 좀 더 적극적으로 회원을 모집하고 있다. 학교 게시판을 통해 회원을 모집하는 방법이 그것인데, 회원 모집에 국한시켜 보자면 이는 생각 이상으로 효과가 있었다. 솔직히 게시판을 통한 모집은 나를 모르는 학생들이 대부분이기 때문에 별다른 성과가 없으리라 생각해서 별로 기대를 하지 않았다. 내가 먼저 시도해 본 것은 동료 선생님들을 통한 회원 모집이었다. 나는 동료 선생님들께 수업 시간에 학생들에게 활동 권유를 해 달라고 부탁했고, 이 방법을 통해 어느 정도 회원을 모집할 수 있으리라 생각했다. 하지만 결과는 참담했다. 사실상 이 방법을 통해 가입한 학생들은 없다고 해도 과언이 아니었다. 이러한 방법이 실패로 돌아가고 있는 중에 술자리에서 지나가는 말로 이제는 친구처럼 느껴지는 제자들인 태형, 홍명, 성준, 승현이에게 대학 자유 게시판에 글을 올려달라는 부탁을 했는데, 글을 올린 후 얼마 있지 않아서부터 갑자기 많은 학생들이 가입을 하기 시작했다. 물론 무

'사유와 실천' 홍보 대자보. 운영진들은 여러 방법을 통해 적극적으로 모임을 홍보하고 있다.

미건조하게 홍보를 했다면 별다른 성과를 거두지 못했을 것이다. 각종 홍보물이 봇물처럼 쏟아지는 상황에서 동기 부여가 확실하게 될 수 있는 방법을 고려하지 않았다면 그러한 홍보는 전혀 실효성이 없었을 것이다. 홍보가 성과를 거둔 것은 무엇보다도 회원들에게 봉사활동에 대한 부담을 최대한 덜어주면서 활동을 꾸준히, 지속적으로 하는 것을 강조했기 때문이었던 것 같다. 그리고 그 이상으로 중요했던 것은 학생들이 흥미를 끌 수 있는 특징들을 내세워 홍보를 한 것이 아니었나 싶다. 나는 젊은 사람들이 무엇에 관심이 있는지를 파악하고, 이를 적절히 이용한 것이 홍보가 성공한 직접적인 원인이었다고 생각한다. 부담만 잔득 주면서 봉사 의무만을 강조했다면 아마도 회원 모집은 실패로 돌아갔을 것이다.

3) 현재 하고 있는 활동

'사유와 실천'은 크게 (a)농활 참여, (b)봉사활동 홍보 방안 마련, (c)분기별 대규모 활동, (d)월별 소규모 활동, (e)기부금 마련 등의

사유와 실천 (2010-4)

- 주임 : 김성환
- 회장 : 이주희
- 발행인 : 사유와 실천

주요 행사

★ 3월 20일 - 홀몸 노인 가정 방문활동

★ 4월 24일 - 홀몸 노인 가정 방문 예정

★ 5월 1, 2, 8, 9일 중 하루 신나는!! 농활 예정

클럽 소식

★ 새롭게 함께 하시는 분들
　김주성(이상 1명)

봉사 활동

★ 홀몸 어르신 가정 방문 봉사 3월 20일

3월 20일 홀몸 어르신들을 찾아 뵈었습니다. 총 9명의 사유와 실천 회원 분들이 참석해 주셨고, 복지사 님들과 연락을 통해 어르신들 댁에 부족한 생필품 및 다과를 작은 사랑 작은 실천 회비로 구매하여 전해드렸습니다. 이익현 할머니와는 외출하여 함께 영화를 봤고, 한수년, 이옥선 할머니와는 할머니 댁에서 오붓한 시간을 보냈습니다. 날씨가 생각보다 추워서 걱정을 많이 했는데, 다행히 할머니께서 너무 즐거워 하셨습니다. 앞으로도 종종 어르신들과 함께 나들이 할 수 있는 기회를 만들어야겠다는 생각이 들더군요.

참석자: 김성환, 이주희, 전도훈, 양지운, 박상현, 심규선, 허시원, 정주영, 전경화

4월에도 이번과 같이 어르신들을 찾아 뵐 예정입니다. 날짜는 24일이구요. 봄이 오는가 싶더니 날씨가 다시 추워졌네요. 들리는 소문에 의하면 곧 방학기에 접어든다고 하는데, 진짜 그런 건 아니겠죠? 다들 중간고사 기간이라 바쁠 것 같아 평소보다 한 주 늦게 봉사활동 일정을 잡았습니다. 학생분들 다들 시험 잘 보시고, 중간고사 후 가벼운 마음으로 만나요. ^_____^

"처음에는 몸이 불편한 할머니를 모시고 외출하는 것이 오히려 폐를 끼치는 일이 되지는 않을까 걱정했습니다. 하지만 극장에서 많은 사람들 사이에서 밝게 웃으시는 할머니 모습을 보고는 제가 쓸데없는 걱정을 했다는 것을 알았습니다. 작은 집에서 거의 대부분의 시간을 홀로 보내시는 할머니에게 저희와 함께 하는 시간이 얼마나 소중한 것인지, 이렇게 사람들과 함께 하는 것이 얼마나 즐거운 일인지 느낄 수 있었죠.
저에게는 별 것 아니었을 수도 있는 짧은 시간이 누군가에 이처럼 소중한 시간이 된다는 사실에 다시 한번 감사하는 마음을 느꼈습니다. 이것이 '봉사'의 참된 의미가 아닌가 싶네요. '봉사'는 무언가 특별한 것을 요구하는 것이 아니라, 상대방의 입장에서 진실로 필요한 것이 무엇인지 잠시만 생각해보면 쉽게 답을 얻을 수 있는 일 같아요."

-봉사활동 후기 by 허시원-

작은 사랑 작은 실천

★ 참여 명단

김성환, 정주영, 윤광호, 김대원, 정비천, 양지운, 외계버섯, 진석원, 김도경, 김성환, 윤광호, 박진수, 사유와 실천, 박상현, 사유와 실천, 바보, 이주희, 장재희, 전도훈, 심규선, 허시원(이상 21명)

따뜻한 봄날도 다가오고 움츠렸던 마음도 활짝 펴시고, 작은 사랑 작은 실천에도 많은 참여 부탁 드리겠습니다.

★ 결산

총 모금액	580,000원
기부 금액	591,270원
계좌 잔액	1,179,180원

★ 기부 납부 내역

홀몸 노인 가정 지원비	91,270원
유니세프	200,000원
아름다운 집	100,000원
성바오로 다문화 가정센터	200,000원

여러분의 작은 실천이 큰 사랑을 만들 수 있습니다 ♡

'사유와 실천' 회보. 지금은 만들어지지 않고 있지만 과거에는 이를 통해 어떤 활동이 있었는지, 기부를 얼마나 했는지 등을 회원들끼리 서로 나누었다.

활동을 하고 있는데, 나는 이 모든 것을 통해 궁극적으로 회원들이 (f)봉사활동에 대한 노하우를 익혀 나눔 리더로서의 역할을 할 수 있길 기대하고 있다. 지금까지의 경험을 통해 보았을 때 너무 많은 일

들을 하려는 경우 그 취지는 좋지만 금방 지치는 경향이 있어 보였다. 이에 따라 당위로서는 옳지만 현실적으로 무리한 활동보다는 최소한으로 활동을 하면서 지속적으로, 그리고 다른 사람들을 이끌어 활동을 하는 방향으로 '사유와 실천'을 운영하고자 하고 있다. 다음은 현재 이루어지고 있는 활동에 대한 좀 더 상세한 내용이다.

(1) 농활 참여

'사유와 실천' 회원들은 거의 대부분이 농활을 다녀왔기 때문에 농촌 일에 '상대적'으로 익숙한 편이다. 이에 따라 이들은 내가 수업의 일환으로 농활을 갈 때 함께 참여해서 처음 농활에 참여한 학생들을 이끌어 주는 멘토 역할을 해 주고 있다. 이들은 농활에서 조교 역할을 맡기도 하고, 뒤풀이 시간에 '사유와 실천'을 소개함으로로써 계속적인 봉사활동을 권유하기

'사유와 실천' 캐릭터. 눈의 ㅅ,ㅇ은 사유를, 몸의 ㅅ, ㅊ은 실천을 나타낸다. 영혜가 캐릭터를 만들었고, 회장 선일이, 운영진 강훈이, 지은이, 홍실이가 수고를 해 주었다.

도 한다. 이러한 방식의 농활 참여와는 별개로 '사유와 실천' 회원들은 전체 모임의 차원에서 농활을 가기도 한다. 개인적으로 나는 학교 수업의 일부로 가는 농활에 더 초점을 맞추는 편이지만, 교수자가 아니면서 모임을 운영하는 입장에서는 전체 회원들이 함께 하는 프로그램으로 농활을 정기적으로 다니면 좋을 것이다.

(2) 농활을 포함한 봉사 홍보 방안 마련

'사유와 실천'의 일부 회원들은 농활의 활성화를 포함해 더 많은

봉사 모임을 조직하는 것은 그렇게 어렵지 않으며, 그러면서도 최대다수의 최대행복을 도모할 수 있다. '사유와 실천' 회원들이 농활에 참여해서. 그들은 처음 활동을 해 보는 학생들의 멘토 역할을 해주기도 한다.

사람들이 나누는 삶에 관심을 갖게 하기 위한 방안들을 마련하기 위해 노력 하고 있다. 회원들은 농활에 관한 교육, 홍보, 연구 자료 등을 만들어 농활 프로그램의 발전과 사회적 확산을 도모하기 위한 작업을 하고 있으며, ppt와 팜플렛, 자료 화면 등을 제작하여 대대적인 홍보 작업을 함으로써 농활 프로그램의 사회적 확산을 도모하려 하고 있다. 또한 그들은 농활의 효과를 극대화하기 위한 교수법과 그 효과의 검증 방법, 농활을 포함해 어려운 이웃들과 함께 하는 데 도움이 될 수 있는 서적, 사이트 등을 소개하는 방법, 그리고 '사유와 실천'과 같은 모임을 확산 시키는 방안 등에 대해서도 고민을 하고 있다. 언뜻 보기에 이러한 활동은 봉사활동이 아닌 것처럼 보일 수 있다. 하지만 이는 나누는 삶의 장으로 사람들을 이끄는 활동이고, 실제로 이를 통해 더욱 많은 사람들이 나눔에 관심을 갖게 되고, 또한 실천을 하게 된다면 이러한 활동은 웬만한 봉사 이상의 사회적 이익을 산출하는 격이라 말할 수 있을 것이다.

올해로 13년…철학교수와 제자들 '농활수업'

김성한 교수 "올바른 삶은 아는 것보다 실천이 중요"
제자들은 매달 독거노인 방문…취업뒤엔 기부활동

"차라리 힘쓰는 게 더 좋은데, 섬세한 작업을 해야 하니 손이 좀 느리네요."

전도훈(31)씨가 넝쿨에 매달린 포도송이에 일일이 포장지(종이옷)를 입히느라 분주하다. 이주희(22·서울여대 국문4)씨가 전씨에게 푸른 포도 한 송이를 내보이며 "오빠, 이거 떨어뜨렸는데 어쩌지?" 하고 머쓱한 표정으로 묻는다. 지난 11일 오전, 경기도 가평군 상면의 한 포도밭에선 20여명의 청년들이 가지치기와 포도 포장을 하며 연신 땀을 닦아냈다. 이 포도밭은 발달장애인 생활시설인 '가난한 마음의 집'에서 가꾸는 곳이다.

국문과, 컴퓨터공학과 등 전공이 다른 대학생들과 이미 졸업한 직장인 등 22~31살의 청년들이 이렇게 한자리에 모인 것은 이들이 "형", "아빠" 또는 "선생님"이라고 부르는 김성한 경희대 객원교수 때문이다. 다들 김 교수가 강사 시절 강의했던 철학 교양과목을 들었던 제자들이다.

전씨는 김 교수의 강의를 2002년 1학기에 들었다. "당시 복학한 뒤 첫 학기에 학점 잘 받으려고 1학년 수업을 들었다가 발목이 잡혔죠." 전씨는 '충북 괴산으로 농활을 가면 중간고사를 빼주겠다'는 김 교수를 따라 농활을 내려간 이후 취업한 지금까지 계속해서 나오고 있다. 8년째다. "봉사활동엔 관심이 없었다"던 이씨도 4년 전 대학 1학년 때 '인간과 윤리'라는 과목을 들은 인연으로 이곳까지 따라왔다.

김 교수가 봉사활동과 관계없어 보이는 철학 교양수업을 통해 학생들에게 농활 참가를 제안한 건 1997년부터다. 이런 제안은 고려대·강원대·서울여대·동덕여대 등에 강의를 나갈 때마다 반복됐다. 자기 자신도 빠지지 않고 참가했다. 김 교수는 "올바른 삶을 '아는 것'에만 머물면 부족하기에 이를 기반으로 '실천할' 수 있는 계기를 만들고 싶었다"며 "많은 이들이 함께할 수 있으면서 당장 필요한 곳에 현실적인 도움을 줄 수 있는 게 바로 농활이었다"고 말했다. 김 교수의 수업에만 있던 농활은 지난해부터 경희대의 지원으로 경희대 수원캠퍼스 기숙사 입소생 전원이 참여하는 프로그램으로 확대됐다.

수업을 들었던 학생들 중 일부는 한 차례의 농활 참여로 끝내지 않고 '사유와 실천'이라는 사이월드 클럽을 만들어 봉사활동을 계속하고 있다. 활동 범위도 넓혀 2008년부터는 홀로 사는 노인이 가장 많다는 서울시 노원구 공릉동에서 한 달에 한 차례씩 독거노인 방문도 하고 있다. 취업한 이들은 기부금을 내기도 한다.

6년째 농활에 참가하고 있는 양지운(27·고려대 교육학석사1)씨는 "봉사활동조차 점수 따는 수단으로 여기며 그동안 나만을 위해 살아왔는데, 농활에 참가한 뒤부터는 남을 위하는 게 나도 더 행복해지는 일이라는 걸 알게 됐다"며 웃었다.

가평/글·사진 김민경 기자 salmat@hani.co.kr

▲지난 11일 경기도 가평군 상면 가난한 마음의 집이 가꾸는 포도밭에 농활을 온 김성한 경희대 겸임교수가 포도나무 가지를 친 뒤 다른 곳으로 이동하고 있다.
◀김 교수와 함께 온 제자들이 트럭을 타고 다른 포도밭으로 일하러 떠나고 있다.

기사화되었던 '사유와 실천' 농활

(3) 봉사활동

'사유와 실천'은 정기적으로 봉사활동을 하고 있다. 이는 커뮤니티의 핵심 활동에 해당하는 것으로, 현재 많은 회원들이 참여하는 대규모 봉사활동과 소규모 정기 봉사활동을 하고 있다. 이 중에서 전자는 보육원이나 장애인 시설, 노인 복지 시설 등을 비교적 많은 인원이 함께 방문하는 활동이고, 후자는 한 달에 한 번 또는 그 이상을 3~5명씩 짝을 이루어 홀몸 노인 방문, 설거지, 빈민층 아동 교육 등을 하는 정기 활동이다. 이 밖에 모임은 비정기적인 봉사활동을 하기도 하는데, 회원들과 직간접적으로 관련이 있는 단체나 시설에서 도움을 요청하는 경우에 인원이 투입되기도 하고, 크리스마스 행사나 김장 담그기 등 특정 기관에서 주관하는 1회성 봉사활동에 참여하기도 하며, 홍수 등 천재지변이 일어났을 때 복구활동에 나서기도 한다.

최근 들어 '사유와 실천'은 소규모 활동에 초점을 맞추는 방향으로 나아가고 있다. 그 이유는 대규모로 하는 활동은 이벤트성이 되기 쉽고, 봉사 수요자에게 실질적인 도움이 되는지가 분명치 않으며, 활동할 장소 물색이 어려울 뿐만 아니라 회원들이 약속한 날에 몇 번 활동에 참여를 하지 못하다 보면 결국 활동을 포기하게 될 수도 있기 때문이다. 또한 대규모의 활동을 할 경우 회원들이 활동

을 하는 것 이상으로 모르는 사람을 만나는 것에 대한 부담을 느낄 우려가 있다. 때문에 나는 대규모 활동 보다는 소규모 활동에 초점을 맞추려 하고 있다.

소모임 단위의 활동은 방금 언급했던 대규모 활동이 갖는 문제들을 최소화시켜 줄 수 있는 것처럼 보이는데, 우선 친한 사람들끼리 소모임을 이루어 활동을 할 경우 어색함으로 인해 발생할 수 있는 문제가 나타나지 않을 수 있고, 소규모의 모임을 통한 봉사활동이기 때문에 설령 처음에는 서로 몰랐다고 하더라도 만나다 보면 얼마되지 않은 인원이라 서로 친해져서 활동을 할 수 있으며, 소모임의 장長이 활동을 책임지면서 소집단 단위로 활동을 하는 것이기 때문에 아무리 전체의 규모가 커진다고 하더라도 별다른 문제가 없다. 운영자는 온라인상의 카페 관리 또는 그보다 약간 더한 업무 하중만 감수하면 되는 것이다.

대규모 봉사활동을 마치고 나서. 이러한 활동은 2~3개월에 한 번씩 갖고 있다. 회원들이 열심히 활동을 하고 있기에 나는 행복하다.

소모임 단위의 활동은 봉사활동을 확산시키기에 용이하다는 장점을 갖기도 한다. 소모임 단위로 활동을 하게 되면 굳이 농활이나 수업이라는 매개가 없어도 다양한 상황에서, 다양한 형태로, 다양한 봉사를 하기 위해 얼마든지 소모임이 만들어질 수 있다. 예컨대 소집단은 친구, 동아리, 계모임 등 각종 모임을 기반으로도 만들어질 수 있으며, 소모임 구성원은 많을 수도, 적을 수도 있을 것이다. 또한 회원들의 성격과 상황 등에 따라 소모임은 최소한의 활동을 하는 데서부터 많은 활동을 하는 데 이르기까지 여러 방식으로 활동을 할 수 있다. 가령 성원들의 성격에 따라 소모임은 노인, 청소년 등 면대면 활동에서부터 자신들의 재능을 이용해서 하는 활동 등을 할 수 있으며, 농활 전문 모임, 기부금 모임, 동물 사랑 모임, 봉사 기획이나 홍보 모임 등이 만들어질 수도 있을 것이다. 이 모든 모임이 하나의 커뮤니

티의 하위 조직이 되
어 웹사이트에서 서로
의 활동을 공유하면
서 서로 이끌어 준다
면 혼자서 하는 활동
에 비해 분명 시너지
효과가 있을 것이다.

열심히 할머니를 찾아뵙고 있는 은경이와 만식이가 할머니와 함께.

다은이가 온라인상에 올린 송파 화훼마을 홀몸 어르신 방문 봉사 후기

* '사유와 실천' 팀 현황 (2013년 2월 현재)

– 공릉동 홀몸어르신 방문 봉사(이익현 할머니)
  1팀 : 박현주(팀장), 김성한 교수님, 이은지
  2팀 : 양지운(팀장), 정유진, 서은경, 이상미

– 공릉동 홀몸어르신 방문 봉사(정정자 할머니)
  1팀 : 이주희(팀장), 연재민, 최수연, 김재훈, 강태호
  2팀 : 윤재석(팀장), 한아영, 윤혜수, 최주안

– 구룡마을 새터민 거주지역 봉사
  심규선(팀장), 김홍실, 김지은, 진정현, 이부찬, 모대중

– 구룡마을 홀몸어르신 방문 봉사 : 오화목(팀장), 강혜원

– 송파 화훼마을 홀몸 어르신 방문 봉사(매월 마지막 주 토요일)
  김영오(팀장), 조유진, 양한결, 조민수, 위현아, 정다은, 심진용, 유재욱,
  윤덕기, 고은지, 김기석

– 공릉동 홀몸어르신 방문 봉사(조동옥 할머니)
  최태환(팀장), 오한결, 이채영

– 흑석 아동센터 멘토링 : 박진(팀장), 김유나

– 망우 청소년수련관 활동보조
  이강훈(팀장), 정유신, 김정연, 홍상락, 김민지, 김소정

– 안국 서울노인복지센터 급식봉사
  1팀 : 유한결(팀장), 정성윤, 장평화, 송다솜, 정예빈, 남영주, 신창민
  2팀 : 이동승(팀장), 고성윤, 홍석호, 김규영, 권민정, 신세미, 곽영은

– 마포 노인복지관 급식봉사
  1팀(둘째, 넷째 토요일) : 문준현(팀장), 김민규, 권진웅, 정지혜,
                 허윤경, 정윤지
  2팀(첫째, 셋째 토요일) : 이혜림(팀장), 서재원, 이지수, 주정원,
                 이지윤, 이장석

- 답십리 유기견관리 봉사
  1팀(첫째 토요일) : 차규현(팀장), 박정훈, 정선미, 김영선, 한만경
  2팀(첫째 일요일) : 김선민(팀장), 최윤정, 권희정, 유병진
  3팀(금요일 오전) : 편승훈(팀장), 김형미, 이예림
  4팀(둘째 금요일 오후) : 방현우(팀장), 김민경, 이재호, 최지은

- 수유 종합사회복지관 급식봉사(둘째, 넷째 토요일)
  장동섭(팀장), 이준용, 김수현, 최정민

- 노원 동천요양원 급식봉사(넷째 토요일)
  채유리(팀장), 이재성, 윤덕기, 이주성, 문종인, 김소연

- 강남 청음회관 멘토링(둘째, 넷째 토요일)
  이정훈(팀장), 홍준기, 김지윤, 권효진

(4) 기부

다음으로 '사유와 실천'은 기부금을 마련하여 나눔을 실천하고 있다. 현재 '사유와 실천'은 성바오로 다문화 가정센터, 아름다운집, 유니세프 등 세 곳에 기부를 하고 있는데, 기부는 금액의 크고 작음에 관계없이 기부 습관을 만든다는 차원에서 이루어질 필요가 있다. 필자는 장기적인 측면에서 보았을 때 기부를 습관화하려는 연습이 매우 중요하다고 생각하고 있다. 모든 회원들이 시간을 내서 주말을 이용해 봉사활동에 계속, 직접적으로 나서면 좋겠지만, 나이가 들어가면서 주말에 시간을 내기란 여간 어려운 일이 아니다. 특히 결혼 후에는 가정을 꾸리고 살아가는 것 외에 다른 것에 신경을 쓸 경우 자칫 가족들에게 민폐가 될 수 있고(물론 가족이 함께 활동을 하면 좋겠지만 그것이 그리 쉽지는 않을 것이다), 일주일 내내 업무로 지친 몸을 이끌고

우리가 내는 기부금이 한 아이의 목숨을 살릴 수도 있다. 재인이가 아프리카로 해외 봉사를 갔을 때 찍은 사진.

봉사활동까지 한다는 것은 적지 않은 부담이다. 이러한 상황에서 최소한으로 할 수 있는 것이 기부이며, 모임은 이러한 연습을 하는 장場으로서의 역할을 할 수 있을 것이다.

아직 시행하고 있지는 않지만 '사유와 실천'에서는 소모임 별로 직접적인 활동을 하면서 최소한의 기부를 하는 '한 모임 한 생명 살리기' 운동을 해볼 생각으로 있다. 이는 소모임 구성원인 4~5명이 3만 원 정도를 모아서 한 달에 한 번 유니세프 등에 기부를 하는 것인데, 이는 개인의 입장에서는 그리 크지 않은 돈을 기부하는 것이지만 매우 의미 있는 활동일 수 있다. 이러한 작은 기부를 통해 한 명의 목숨을 살릴 수 있기 때문이다. 학생들로서 한 명이 3만 원을 기부할 경우 부담이 될 수 있지만 3~6천 원 정도는 요즘 커피 한 잔 값이다. 이 정도를 모아 한 명의 목숨을 살릴 수 있다면 이는 커피 한 잔의 가치와 결코 비교할 수가 없다. 이와 같은 방식의 기부는 혼자가 아닌 소모임을 이루어 활동을 하기 때문에 가능할 수 있다. 소모임을 통한 직접적인 활동과 기부, 그리고 이의 사회적 확산 도모. 이는 결코 적은 일이 아니라 생각한다.

(5) 친목 도모 활동

'사유와 실천'은 봉사 외에 회원들 간의 친목에도 관심을 쏟으며, 이를 위해 술자리를 갖거나 MT 등을 가기도 한다. 간혹 봉사를 위해 만난 사람들이 봉사 외의 다른 것을 하는 것을 좋지 않은 시선으로 바라보는 경우가 있는데, 나는 생

각이 다르다. 아무리 봉사 정신으로만 똘똘 뭉친 집단이라고 하더라도 모임에 나갔는데 서먹서먹하다는 느낌이 든다거나 만나서도 딱딱하게 봉사 이야기만 나눈다면 그 모임이 오래 가지 못할 가능성이 크다. 무엇이든지 흥미가 있고 사람 냄새가 느껴져야 원활하게 원하는 활동을 할 수 있는 법이다. 이런 이유로 나는 친목 도모를 적극적으로 추진하며, 모임에 나와서도 의미가 있었다

봉사만 있고 친목이 뒷받침된 재미가 없을 경우 그 활동은 오래 유지되기 쉽지 않다.

는 생각 못지않게 재미있었다는 느낌을 갖게 하기 위해 신경을 쓰려 한다. 물론 초점이 지나칠 정도로 친목 도모에 놓이는 경우는 곤란하다. 하지만 모임의 분위기 진작 차원에서 친목 도모는 반드시 필요하다 할 것이다. 심지어 나는 서로 모르는 사람들끼리 모여 친목을 다지는 자체만으로도 의미가 있다고 생각한다. 그러한 경우마저도 봉사활동을 위한 훗날을 기약하지 말라는 법이 없으니까 말이다.

2. 봉사활동 내용에 관한 제언

위에서 살펴본 바와 같이 '사유와 실천'은 크게 농활 참여, 농활을 포함한 봉사 홍보, 분기별 대규모 활동, 월별 정기적인 소규모 활동, 기부금 마련 등 다섯 가지 활동을 하고 있으며, 궁극적으로 모든 회원들이 봉사활동을 이끌어가는 리더십을 함양하는 것을 목표로 하고 있다. 이러한 모임은 굳이 학교에서 교육을 담당하는 사람이 아니어도, 다시 말해 무엇을 하고 있건 그와 무관하게 결성할 수가 있다. 여기에서는 봉사 모임 조직, 기부, 그리고 활동 홍보의 중요성에 대해 추가적으로 언급해 보도록 하겠다.

1) 봉사 모임을 조직해 보라

농활이 대체로 서로 알지 못하는 사람들끼리 하는 대규모의 활동이라 한다면, 내 입장에서 '사유와 실천'은 이를 기반으로 만들어진 후속 모임이라 할 수 있다. 그런데 '사유와 실천'과 같은 모임은 농활이라는 계기가 없어도 만드는 데는 전혀 문제가 없다. 이는 남녀노소, 직업과 신분 등에 관계없이 얼마든지 만들 수 있다. 특히 각종 단체, 시설, 기관의 운영자들은 조직을 만들어 효과적으로 운영할 수 있는 주체가 될 수 있을 것이다. 이들은 일반 개인들에 비해 영향력을 발휘할 수 있는 사람들로, 그 영향력은 대개의 개인에 비해 크다. 이들은 집단 내에서 제도적인 차원에서 일들을 추진할 수 있기 때문에 적지 않은 일들을 할 수 있다. 때문에 나는 이들이 자신의 역량을 의식하고 사람들의 실천을 이끌어내기 위해 노력을 기울였으면 한다.

비록 영향력이 상대적으로 크지 않다고 하더라도 개인들 또한 각자 자신이 처해 있는 환경 속에서 봉사 조직을 크고 작은 방식으로 만들어 최대다수의 최대행복을 위한 실천을 할 수 있다. 조직을 만들고, 그 하위 조직으로 몇 개의 소모임을 만들어 회원들이 봉사활동과 기부를 하게 한다면 분명 혼자만의 보이지 않은 선행보다 결과적인 측면에서 보았을 때 더욱 많은 나눔을 도모할 수 있게 될 것이다.

진경이, 할머니, 도훈이, 세한이. 세한이는 졸업하고 군대 가기 직전까지 구룡마을에서 소모임 활동을 했고, 조원들의 멘토 역할을 톡톡히 해주었다.

　나는 무엇보다도 경쟁 사회 속에서 진정한 승리자가 되고자 하는 사람들에게 봉사 조직을 만들어서 이끌어 보라고 권유해 보고 싶다. 돈을 버는 일이나 공부 등 많은 사람들이 승리를 거두고자 하는 대부분의 것들은 경쟁이 매우 치열하게 이루어지기 때문에 승리의 기쁨보다는 낭패를 보기 십상이다. 하지만 적어도 봉사 분야만큼은 해야 할 일들이 넘쳐나며, 따라서 누구나가 관심을 가지면 적지않은 행복을 맛볼 수 있다. 실제로 우리가 국내를 넘어 해외에까지 시야를 넓혀 관심을 갖고자 한다면 우리의 도움이 필요한 사람들이 수억 명이 넘는다는 사실을 알게 될 것이다. 이들을 한 명이라도 더 구하기 위해 최선을 다한다면, 그래서 나로 인해 작은 도움이라도 받는 사람이 한 명이라도 늘어난다면 나는 다른 어떤 것과도 비교할 수 없이 소중한 일을 하는 것이며, 이를 통해 커다란 자부심을 느껴도 될 것이다. 어떤 일이 사람들의 고통을 없애거나 목숨을 구하는 일보다 소중할 수 있을까? 때문에 나는 독자들에게 '사유와 실천'과 같은 봉사 조직을 만들어서 운영해 볼 것을 강력하게 권유해 본다. 이러한 조직을 통해 회원들과 함께 소모임 등의 하위 조직을 만들어 활동을 하게 될 경우, 그리고 소모임을 계속 불려 나갈 경우, 조직을 운영하는 사람은 봉사의 리더로서 또 다른 의미에서 삶의 승리자가 될 수 있을 것이다.

　최근 나는 봉사활동과 관련해 자문을 얻기 위해 찾아온 고등학생들에게 이러한 방법을 권유했고, 그들은 곧장 사이트를 만들어 본격적인 활동에 들어갔다. 이러한 조직 운영이 활성화 된다면 중등학교에서의 봉사활동은 또 다른 국면을 맞이하게 될 수도 있을 것이다. 봉사의 리더들이 생겨날 수 있게 될 것이고, 그럼으로써 학업 면에

'사유와 실천'의 송파 화훼마을 홀몸 어르신 방문 팀원들이 할머님들께 태경이가 기부한 영양제를 전달하고 있다.

서 두각을 나타내지 못한다고 하더라도 다른 면에서는 적지 않은 의미 있는 일들을 하는 학생들이 생겨날 수 있을 것이다. 이러한 일이 실제로 일어난다면 지금보다 나은 봉사활동이 이루어질 수 있을 뿐 아니라, 단지 학업 때문에 자신감을 갖지 못하는 학생들이 자부심을 가지고 살아갈 수 있는 방법이 마련될 수 있을 것이다.

이처럼 여러 소모임을 관리하는 조직을 구성하는 것이 부담스럽다면 그저 소규모 봉사 모임이라도 만들어서 운영을 해보라. 만약 이것마저 마음이 내키지 않는다면 아는 사람들끼리 최소한의 기부라도 해보라. 이는 굳이 봉사를 목적으로 한 모임을 결성하지 않아도 얼마든지 할 수 있는 일이다. 예를 들어 영어 회화 동아리인데, 봉사활동을 하려는 의지가 그다지 없다면, 그럼에도 이웃 사랑이 필요하다는 것만큼은 공감한다면 돼지 저금통이라도 동아리실에 두고, 여기에다 잔돈을 넣어두었다가 기부를 해보라. 앞에서도 말한 바와 같이 돈의 많고 적고는 문제가 아니며, 중요한 것은 습관을 들이는 것이다. 설령 한 달에 천 원이 모였다고 하더라도 그런 모임이 30곳이면 3만 원이 모이게 된다. 그리고 그것으로 아프리카 난민 아이 한 명의 목숨을 살릴 수 있음을 기억하라. 티끌 모아 태산이라는 말이 있듯이 내 작은 힘으로 무슨 도움이 될 수 있겠냐고 생각하여 아예 관심을 끊지 말고, 작은 정성을 모으면 한 사람의 목숨을 살릴 수 있음을 상기하고, 돼지 저금통이라도 배치해 놓고 기부하는 연습을 해볼 것을 권유해 본다. 이왕 기부 이야기가 나왔으니 이번에는 기부에 대해 이야기를 해보자.

2) 기부에 적극적으로 관심을 가져라

기부는 직접적으로 봉사활동을 하기 힘들 경우에 할 수 있는 최소한의 노력이 요구되는 활동이다. 이는 실천의 중요성을 자각하고 있음에도 주말에 개인 또는 가족이나 친지 등과 시간을 갖고 싶은 사람들이 할 수 있는 적절한 활동이다. 기부는 일종의 봉사활동이라 할 수 있으며, 최소한 수혜자의 입장만 놓고 보자면 직접적인 활동보다 오히려 더 많은 긍정적인 효과를 발휘할 수 있다. 누구에게, 얼마나 기부를 해야 하는지는 각자 원하는 대로, 능력껏 하면 된다. 나는 기부를 하는 것 자체에 만족을 하면서 자동 이체를 통해 매달 기부를 하는 것도 나쁘지 않지만 이왕이면 기부를 하면서 몇 가지 기준이나 지침을 마련하는 것이 좋다고 생각하는데, 다음은 내가 생각하는 기부와 관련한 몇 가지 지침들이다.

첫째, 나는 다른 봉사활동과 다를 바 없이 기부 또한 이왕이면 혼자서 하기보다는 주변 사람들과 함께 하면 더 좋을 것이라 생각한다. 주변 사람들에게 기부를 권유하고, 실제로 그렇게 해서 주변 사람들과 함께 기부를 하게 될 경우, 이는 직접적으로 시설에 가서 봉사활동을 한 것 못지않은 실익을 산출하게 될 것이다. 주변 사람들의 기부를 유도하는 실천은 더 많은 사람들이 이웃들에 대한 관심을 갖게 한다는 측면에서, 그리고 조금이라도 더 많은 혜택이 어려운 사람들에게 돌아가게 한다는 차원에서, 그리고 기부를 사회 운동으로 확산시키는 작은 디딤돌이 될 수 있다는 차원에서 중요하다.

이와 관련해 나는 다소 황당한 생각을 해보는데, 과거로부터 생각해 왔던 것은 판매 다단계가 아닌 기부 다단계다. 예를 들어 내가 10명과 기부금을 모으고, 이 10명이 또다시 각각 10명씩을 확보한다면 100명이 기부를 하게 되고, 이러한 100명이 또 다시 10명씩을 확보하면 1,000명이, 이 1,000명이 10명씩이면 1만 명이 기부를 하게 된다. 단지 4단계만 거쳐도 1만 명이 기부를 하게 되는데, 이들이 한 달에 1,000원 씩만 모아도 1,000만 원을, 1만 원이면 1억을 기부하게 된다. 이러한 금액을 3만 원씩 나누면 무려 3,000여 명의 굶주리는 아프리카 아이들의 목숨을 구할 수 있게 된다. 이처럼 더욱 많은 사람들이 기부를 할 경우 더욱 많은 사람들에게 도움을 줄 수 있음을 의식하고, 얼마 정도를 기부해야 하는가를 고민하지 말고 주변 사람들과 함께 기부를 시작해 보자. 금액은 여유가 생기면 차차 불려 나가면 될 것이고, 함께 기부하는 습관부터 우선 만들어보자.

또 다른 황당한 상상이다. 우리나라를 대표하는 걸 그룹인 소녀시대의 팬클럽 회원은 30만 명에 가깝다. 이는 특정 팬클럽에 가입한 회원에 국한된 이야기고, 만약 회원이 아니면서 국내뿐만 아니라 외국의 소녀시대 팬까지 묶는다면 그 숫자는 실로 어마어마할 것이다.(나 또한 팬클럽 회원이 아닌 팬이다.) 그런데 소녀시대가 TV를 통해 이웃돕기를 하는 장면이 방영되었다고 가정해 보자. 이는 한마디로 윈윈win-win 게임이 된다. 소녀시대는 선행을 한 데서 한 걸음 나아가, 의식을 했건 그렇지 않았건 팬들로부터 긍정적인 평가를 받게 된다. 이는 팬들의 나눔에의 의지에도 영향을 미치게 된다. 팬들은 자신이 좋아하는 연예인들의 모습을 따르고자 할 가능성이 있으며, 실제로 일부 팬들은 나눔을 실천하게 될 것이다. 마지막으로 소녀시대가 봉사활동을 한 곳의 사람들 또한 기쁨을 누리게 될 것이다. 소녀시대가 다녀갔다는 것은 그 자체로 그곳 사람들에게 평생 잊을 수 없는 경험이 될 것이다.

그런데 소녀시대가 자신들만의 실천이 아니라 팬들과 함께 하는 실천을 하게 되었다고 가정해 보자. 아마도 소녀시대가 직접 나설 경우 함께 봉사활동을 하려는 사람들의 수는 엄청나게 많을 것이다. 이러한 사람들을 적절히 묶어서 주기적으로 나눔을 실천한다면 그 파급 효과는 엄청날 것이다. 이는 혼자 하는 봉사에 비할 바가 아닌 커다란 효과를 불러일으키게 되는 것이다. 그런데 이들이 뜻을 모아 소녀시대의 이름으로 기부를 하게 되었다고 생각해 보자. 만약 팬클럽 회원 30만 명 전원이 '소녀시대 재단'을 만들어 한 달에 1원씩만 기부를 하면 한 달에 30만 원, 10원이면 300만 원, 100원이면 3,000만 원, 1,000원이면 3억 원이다.(물론 이는 엉뚱한 상상이다.) 이렇게 모은 돈으로 소녀시대 팬들이 많이 있는 동남아 국가의 빈민들을 위해 학교나 공장을 지어 준다고 한다면 이것이야 말로 윈윈 게임이 아닐까? 사실 한 달에 천 원은 그리 많은 돈이 아니다. 그런데 이 금액이 모일 경우 팬들은 말 그대로 다목적성 기부를 한 격이 된다. 팬들은 소녀시대의 이름을 걸어서 자선사업을 하는 것이기 때문에 학교나 공장이 지어진 나라의 팬들을 더욱 끌어들여서 소녀시대의 위상을 드높이게 될 것이고, 학교나 공장 등이 지어진 곳의 사람들은 그러한 시설이 만들어짐으로써 빈곤을 벗어나는 계기를 만들 수가 있다. 이것이 시큰둥하게 들린다면 3억이라는 돈으로 도대체 몇 명을 먹여 살릴 수 있는지 생각해 보라. 한 달에 3만 원이면 아프리카 난민들의 생존이 가능하다는 이야기가 사실이라고 한다면 한 달에 무려 1만 명의 목숨을 소녀시대의 이름으로 살릴 수 있게 되는 것이다. 물론 이러한 이야기는 말 그대로 황당한 상상일 수 있다. 무엇보다도 연예인들이 직접 나서서 기부를 하자는 이야기를 하기란 쉽지 않다. 다른 무엇보다도 돈 문제는 크고 작음을 떠나 민감한 사안이며, 이로 인해 자칫 팬들에게 부정적인 인상을 줄 가능성이 적지 않다. 연예인들이 직접 나서지 않고 팬 클럽 회원 중 누군가가 나선다고 해도 문제는 간단하지 않다. 그 회원에 대한 공신력 등이 문제가 될 수 있기 때문이다. 하지만 소속사가 의지를 가지고 연구를 해보면 방법이 없는 것은 아닐 것이다.

나는 연예인들이 '사유와 실천'과 같은 모임을 운영하면서 직접적인 봉사활동과 기부를 병행하는 소모임 활동을 적절히 활용할 경우 방금 한 기부 이야기를 어느 정도 실현할 수도 있을 것 같다. 만약 기부금을 거두어서 처리하는 것이 문제라고 생각한다면 소모임 별로 공인 단체에 기부를 하게 하고, 기부한 증명서 등을 모임의 사이트 등에 올리는 방법은 어떨까? 혹은 구체적인 목표, 예를 들어 아프리카의 어떤 마을에 우물을 만들어 주자는 목표를 정해 놓고, 특정 연예인과 팬들 명의로 기부를 할 수 있는 계좌를 만들어 달라고 기부 단체에 요청해서 그곳에 기부금을 적립하는 방법은 어떨까?

둘째, 이왕 기부를 한다면 최소한의 노력으로 최대한의 성과가 나타날 수 있는 곳을 물색하여 기부를 하면 좋을 것이다. 물론 어떤 방식의 기부라고 해도 그것은 분명 가치가 있는 것이고, 이에 따라 너무 많은 것들을 따져서 누구를 도울 것인가를 고민할 필요는 없다. 하지만 작은 노력으로 크게 고통을 덜 수 있는 방법이 있다면 이를 선택하는 것이 좋지 않을까? 아프리카 난민이나 동남아의 극빈 아동들은 내가 염두에 두고 있는 대상들이다. 이들은 3만 원만으로 한 달 동안의 식비를 해결할 수 있다고 한다. 그들은 그 정도의 금액으로 피자 한판을 먹으면서 혀를 만족시키는 것이 아니라 한 달 동안 목숨을 부지할 있게 되는 것이다. 윤리에 관한 서적을 조금만 읽어 봐도 우리는 수많은 철학자들이 인간 목숨의 소중함을 이야기하고 있음을 알 수 있다. 아니 굳이 그러한 책을 읽지 않아도 인간의 목숨이 소중하다는 것을 부정하는 사람은 없을 것이다. 때문에 살인죄는 가장 중벌로 간주되는 것이고, 사고가 나면 단 한 명의 목숨이라도 더 건지기 위해 총력을 다하는 것이다. 이처럼 귀중한 인명이 단지 우리가 보고 있지 않은 곳에서 스러져 가고 있다고 해서, 아니면 우리와 상관없는 사람들이라고 해서 외면한다는 것이 과연 정당하다고 말할 수 있을까? 우리에게 그들을 구할 수 있는 힘이 없다고 한다면 모르겠지만 아주 조그만 노력을 기울이기만 한다면 얼마든지 구할 수 있음에도 그렇게 하지 않는다는 것이 적어도 내 입장에서는 유감스러운 일이라 아니할 수 없다.

공리주의적 관점에서 보았을 때 이들에게 우선적으로 관심을 갖는 것은 윤리적인 요청이다. 자기 주변 사람 또는 자국민이나 친한 사람들을 우선적으로 고려하는 것도 좋은 일임에는 분명하다. 하지만 만약 고통의 양을 따지고, 자신이 도움을 줄 수 있는 한도 내에서 누구에게 도움을 주는 것이 가장 효과적인가를 따져본다면 설령 우리 민족이 아니라고 할지라도 아프리카 등에서 굶주리고 있는 아이들에게 관심을 가질 필요가 있을 것이다.

얼마 전 돌아가신 이태석 신부님의 삶을 그린 〈울지마 톤즈〉라는 영화가 적지 않은 사회적 반향을 불러일으킨 적이 있다. 많은 사람들은 아프리카의 오지에서 원주민들과 생활하면서 그들을 위해 헌신하신 이태석 신부님의 모습에 감명을 받았고, 고인을 진심으로 추모했다. 나는 사람들이 여기에 그쳐선 안 되며, 그러한 영화를 계기로 더욱 많은 사람들이 직접 실천에 나서야 한다고 생각한다. 그런데 우리가 아프리카의 어린이들을 위해 기부를 할 경우 설령 직접적으로 아이들을 돌보는 것은 아니라고 할지라도, 간접적으로나마 이태석 신부님의 모습을 따르는 격이라 할 수 있을 것이다.

마지막으로 내가 기부를 한 돈이 구체적으로 누구를 대상으로, 어

비록 봉사 대상이 우리나라 사람이 아니라고 하더라도 동일한 노력으로 최대한 그들의 고통을 덜어줄 수만 있다면 우리는 마땅히 그렇게 해야 할 것이다.

떻게 사용되었는가를 알게 되면 사람들이 더욱 기꺼운 마음으로 기부를 하게 될 것인데, 이는 기부를 하는 쪽이나 기부를 받는 쪽에서나 알아두어야 할 사항인 것처럼 보인다. 사람들은 자신이 직접적으로 아는 사람에게 그렇지 않은 사람에 비해 관심을 기울일 가능성이 높다. 진화심리학에 따르면 사람들을 포함해 동물들은 대체로 혈연, 그리고 호혜적인 관계에 놓여 있는 대상에게만 자연스레 이타성을 나타내지, 모르는 대상에게는 심지어 적대감을 나타내는 경우도 다반사다. 실제로 우리는 인류의 역사에서 같은 인종이나 민족이 아니라고 해서 차별을 하는 경우를 무수히 보아 왔다. 만약 이것이 사실이라고 한다면 모르는 사람에 대한 기부보다는 아는 사람이나 시설에 대한 기부가 지속적으로 이루어질 가능성이 높으며, 그것도 기꺼이 이루어질 가능성이 더 클 것이다.

이는 비단 기부에 국한된 이야기가 아니다. 우리가 동일한 대상에게 지속적으로 관심을 가질 때, 이것이 나중에는 봉사라는 느낌보다는 자연스럽게 하고 싶다는 느낌으로 바뀌게 되며, 그때부터는 상대방의 아픔을 자연스레 공유하고자 하는 생각을 가지고 그 대상에게 관심을 기울이게 된다. 예를 들어 동일한 농촌 지역을 지속적으로 찾아가서 그 지역과 교분을 쌓는다면 봉사 참여자는 그 지역이 안고 있는 고민을 자연스레 공유하려 하게 될 것이며, 부지불식간에 이를 해결하고자 고민하는 자신을 발견하게 될 것이다. 내 예를 들자면 내가 형 노릇을 하기 위해 20년 전에 처음 만났던 '소년 예수의 집'의 동생들, 1990년 겨울에 인연을 맺은 병옥이는 지금은 더 이상 봉사의 대상이 아니다. 그들은 실제로 내 친동생들처럼 느껴지고, 평상시에도 그들이 진심으로 잘되길 바라는 마음을 가지고 있다. '사유와 실천'에서 정기적으로 방문하는 할머니 또한 마찬가지다. 과거에는 의무감 쪽에 무게가 실렸다면 지금은 집안의 어른을 모시는 느낌으로 바뀐 나의 마음 상태를 확인할 수 있다. 할머니 또한 이제는 더 이상 봉사를 위해 방문하는 분이 아닌 것이다.

동일한 대상을 꾸준히 만나다 보면 나중에는 봉사가 아닌 절친한 사람을 만나는 기분이 들 수 있을 것이다. 할머니와 대공원으로 나들이에 나선 민지와 현주.

　여기서 내가 하고자 하는 이야기는 기부금과 관련해서도 기부를 하는 사람과 기부를 받는 사람 간에 친분 관계가 맺어지게 하기 위해 노력할 필요가 있다는 것이다. 다시 말해 모르는 사람 간의 관계에서 서로 친숙한 관계로 이동이 이루어져야만 기부가 더욱 잘 이루어질 수 있다는 것이다. 이를 위해 기부자는 구체적으로 어떤 상대에게 기부를 하는지 적극적으로 알고자 하는, 그리고 친숙해지고자 하는 노력을 기울일 필요가 있다. 거꾸로 기부를 받는 쪽, 또는 기부를 매개하는 입장에서도 기부자가 직접 수혜를 받는 상대에게 친근감을 느낄 수 있도록 하는 방안들을 다각도로 모색해 볼 필요가 있다. 이러한 일까지 일일이 신경을 써야 한다는 것이 부담이 가지 않는 것은 아닐 것이다. 그럼에도 기부가 지속적으로 이루어지게 하기 위해서는, 나아가 더 많은 사람들의 관심을 촉발하기 위해서는 이러한 작업이 이루어질 필요가 있다. 월드비전은 기부를 하는 사람들에게 도움을 받는 아동들이 직접 쓴 글이나 그림을 기부자에게 보내주고 있는데, 이는 방금 내가 한 이야기를 실천에 옮기고 있는 한 사례다. 이처럼 한 가족이나 아동과 결연을 맺고 의사소통을 하면서 기부가 이루어진다면 그 기부가 지속될 가능성은 그렇지 않을 경우보다 클 것이며, 나중에는 그 가족 전체의 복리에 대한 관심으로 확대될 수도 있을 것이다.

3) 중요한 봉사활동 홍보에 나서라

지금까지 나는 봉사를 할 때 우리가 가져야 할 마음가짐, 그리고 농활과 봉사 모임을 조직해서 여러 방식의 봉사를 기획하고 도모하는 것의 중요성에 대해 이야기했다. 독자들 중에는 이 정도만으로도 어느 정도 실천을 하면서 살아가는 것이라고 생각하는 분들이 계실지 모르겠다. 실제로 농활을 가건, 봉사 모임을 조직하건 이는 '우리'의 활동을 도모하고 있다는 측면에서 의미 있는 일이다. 하지만 이것만으로는 충분하지 않다. 이러한 활동 못지않게 중요한 것은 이러한 활동(물론 더욱 의미 있는 실천이 있다면 그러한 활동)의 필요성을 널리 알려서 더욱 많은 사람들이 이러한 활동을 하게 만드는 것이다. 그리고 다소 이상하게 들릴지 모르지만 이렇게 널리 알려야 된다는 것을 홍보하는 것 또한 이 못지않게 중요한 일이다.

우리가 주변 사람들을 이끌어 농활을 가고, 봉사활동 조직을 만드는 것뿐만 아니라 이를 적극적으로 홍보해 더 많은 사람들에게 활동의 길을 터주는 일까지 한다면, 이는 평범한 사람들이 현실 속에서 최대다수의 최대행복을 도모하는 격이 될 것이다. 정리를 하자면 내가 많은 사람들과 공유하고자 하는 것은 (a)제대로 된 마음을 갖고 봉사활동을 하고, (b)농활을 다니고, (c)봉사 모임을 조직하자는 것

현재 제작 중인 단기 농활 홍보 리플렛. 나는 조만간 이를 완성하여 내가 공유했으면 하는 나눔에 관한 생각을 최대한 많은 사람들에게 전하기 위해 노력할 것이다.

뿐만 아니라 (d)이 세 가지를 더욱 많은 사람들이 공유할 수 있도록 홍보하는 일까지도 포함된다는 것이다. 내가 이 책을 쓰고자 했던 것은 바로 (d)의 중요성을 뒤늦게 깨달았기 때문인데, 조만간 나는 이 책의 내용을 압축해 놓은 리플렛과 다큐멘터리 등을 만들어서 활동의 홍보에 박차를 가하려 한다.

나는 누구든 힘이 닿는 대로 만나서 이 책에서 언급했던 나눔을 함께 해 나가자는 제안을 하려 한다. 이를 위해 인터넷을 포함한 대중 매체 등을 폭넓게 이용해 보고자 하며, 직접 사람들을 가리지 않고 만날 생각이다. 나는 더 좋은 프로그램을 개발하고, 더 좋은 홍보 방법을 이용할 수 있거나 알고 있는 사람들, 프로그램 확산을 위해 힘쓸 사람들 또는 그러한 사람들을 소개해 줄 사람들, 스스로 나와 함께 일을 해 보고 싶은 사람들, 더 많은 관련 정보를 얻고자 하는 사람들, 막상 일을 시작하고 싶은데 어떻게 할지 모르겠다고 생각하는 사람들, 이외에 어떤 방법으로든 나눔에 관심을 갖는 사람들과 기꺼이 만날 것이다.(내 메일 주소는 kishan@sookmyung.ac.kr이니 나와 함께 뜻을 나누고 싶은 분들은 언제든지 연락을 주기 바란다.)

나는 내가 직간접적으로 만나는 사람들이 농활을 가고, 봉사 모임을 조직하고, 봉사에 관한 홍보를 했으면 좋겠지만 이를 모두 실천에 옮기지 않아도 된다. 심지어 자신은 이러한 일들에 전혀 관심이 없거나 부득이 하게 활동을 직접적으로 하지 못하는 상황이라 하더라도 주변에 뜻이 있는 사람을 소개만 해주어도 그것은 충분히 가치 있는 일이 될 수 있다. 특히 소개해 준 사람이 실제로 실천까지 하게 된다면 소개 자체가 단순한 소개로 그치는 것이 아니게 된다. 예를 들어 내 제자인 (김)성준이는 현재 미군에서 군 생활을 하고 있는데, 이 친구가 알선을 해서 조만간 미군들도 정기적으로 농활에 함께 참여를 하기로 결정을 했다. 이와 같은 매개가 직접적인 봉사는 아니다. 하지만 이는 새로이 나누는 삶을 살고자 하는 사람을 늘린 것이고, 그것만으로도 혼자서 열심히 하는 봉사 못지않은 기여를 한 것이다. 제대로 씨가 뿌려질 경우 이러한 소개로부터 거두어들이게 될 수확은 적지 않으리라 생각한다. 아무리 적다고 하더라도 이는 혼자만의 활동 이상의 파급 효과가 있는 것이다.

홍보와 관련해 덧붙이고 싶은 것은 다소 이상한 이야기지만 활동 홍보 자체의 중요성을 널리 홍보해야 한다는 것이다. 다시 말해 실천하는 삶을 널리 알리는 것의 중요성을 널리 알려야 한다는 것이다. 이는 더 많은 사람들을 더 많이 나눔에 관심을 갖게 함으로써 최대다수의 최대행복을 도모하고자 할 경우 염두에 두어야 할 실천인데, 예를 들어 내가 친구에게 농활을 다녀 보라고 이야기했고, 친구가 과연 농활을 가게 되었다. 그런데 나나 친구가 농활 전파에 관심이 없다면 여기에서 모든 상황이 종료된다. 농활을 가는 사람은 단 두 사람에 머물게 되는 것이다. 반면 나와 친구가 농활을 전파하려는 의지를 가지고 홍보를 한다면, 실제로 농활을 가고자 하는 사람이 얼마나 될지는 몰라도 농활이 다른 사람에게로 확산될 여지가 있다. 그럼에도 단지 농활 자체가 필요하다는 이야기만 하게 될 경우, 나와 친구의 이야기를 들은 사람들이 농활을 다니게 될지 몰라도, 거기에서 또 다시 상황이 종료될 우려가 있다. 그런데 나와 그가 농활을 전파하면서 홍보의 중요성마저 아울러 이야기해 준다면 그렇게 해서 농활을 가는 사람은 단지 자신만 농활을 가지 않고 다른 사람에게 또다시 농활을 홍보하려 할 것이다. 물론 가능성은 그리 크지 않겠지만 만약 실제로 이처럼 농활과 이에 대한 홍보의 중요성이 계속적으로 전달되어 이를 몸소 실천하는 사람들이 많이 생기게 된다면 그 파급 효과는 처음 시작했을 때 생각지도 못할 만큼 커질 수도 있을 것이다.

"네 시작은 미약하였으나 네 나중은 심히 창대하리라"는 성서 구절이 현실화되려면 시작 시점에서 이후에 초래될 결과들을 의식해야 한다. 그렇게 한다고 해서 반드시 원하는 결과가 나타나리라는 보장은 없지만 그럼에도 그 가능성을 조금이라도 크게 하려면 파급 효과를 염두에 두고 나눔에 대한 홍보를 시작해야 할 것이다. 요컨대 우리는 나눔의 중요성을 널리 알려야 하고, 나눔의 중요성을 널리 알려야 하는 것마저도 널리 알려야 하는 것이다.

3. 기부 활성화를 위한 몇 가지 제안

앞에서 나는 봉사 모임의 조직과 기부의 중요성을 이야기했다. 그런데 각각은 나름의 문제점을 가지고 있다. 먼저 봉사 모임의 조직은 취지는 좋지만 일주일에 한 번 이상 활동을 하지 않을 경우 활동할 만한 것들이 그리 많지 않다는 문제가 있다. 다음으로 기부의 경우는 설령 수요자의 입장에서 볼 때 직접적인 활동에 비해 긍정적인 결과가 산출되는 경우가 적지 않다고 하더라도 기부를 하는 사람의 입장에서는 왠지 무엇인가를 한다는 느낌이 부족하다고 생각 할 수가 있다. 이러한 문제점을 보완할 수 있는 방법은 없을까?

봉사활동을 시도해 본 사람들은 알겠지만 실제로 적절한 봉사 대상을 구하는 것이 그리 쉬운 일은 아니다. 학교 등에서 봉사활동을 의무로 만들어 놓거나 이수 과목으로 정해 놓음으로써, 그리고 소위 스펙에 봉사활동 경력이 포함됨으로써 봉사를 하고자 하는 사람들은 넘쳐난다. 상황이 이러하다 보니 일주일에 한 번 이상 시간을 내기 힘든 사람들은 마땅히 봉사활동을 하기가 힘들고, 심지어 봉사를 하고자 함에도 거절을 당하기도 한다.

봉사를 하고자 하는 입장에서 보자면 봉사활동을 하려 하는데 거절당한다는 것이 선뜻 납득이 가지 않을 것이다. 하지만 봉사 수요자의 입장에서 생각해 보면 이는 너무나도 당연한 일이다. 앞에서 밝힌 바 있지만 봉사라는 것이 대체로 사람을 만나는 것인지라 뜨내기 봉사는 자칫 상대에게 마음의 상처를 주기 십상이다. 실제로 봉사 수요자의 입장에서는 봉사를 잘할 수 있는 사람이 아닌 사람들은 기꺼울 수가 없다. 아주 부정적으로 평가를 한다면 봉사 수요자의 입장에서 보았을 때 뜨내기 봉사는 말 그대로 짐이 될 따름이다. 이 경우 봉사 수요자와 공급자의 상황이 뒤바뀌어 버린다. 봉사 수요자는 봉사자의 제대로 된 봉사 서비스를 제공받는 것이 아니라 거꾸로 봉사자의 체험을 담당하는 서비스 제공자가 되고 마는 것이다.

물론 봉사는 어려운 상황에 처해 있는 사람들을 받들어 섬길 수 있는 사람들이 하는 것이 좋고, 봉사활동은 마땅히 그래야만 하지만 그렇게 할 수 있는 사람은 생각보다 많지 않다. 그렇다면 이와 같은 극소수의 사람들만을 남기고 나머지 사람들에게는 봉사의 기회마저 주지 말아야 하는 것일까? 봉사 정신이 투철한 사람 외에는 봉사활동을 포기해야 하는 것일까? 모두가 참여하면서도 두루 긍정적인 결과를 산출할 수 있는 방법은 없을까?

1) 기부를 봉사 시간으로 인정해 주자

앞에서도 언급했지만 가장 손쉬운, 그러면서도 의미가 있는 방법은 기부를 하는 것이다. 반복해서 이야기하지만 기부는 잘만 하면 한 사람의 목숨까지도 살릴 수 있는 소중한 활동이다. 설령 목숨을 살리는 것이 아니라고 하더라도 내 경험으로 미루어 보았을 때 금전적인 도움이 다른 방법의 봉사보다 더욱 필요하다는 생각이 들 때가 적지 않다. 봉사 대상이 마땅치 않은 상황에서, 평범한 사람들이 민폐를 끼치지 않으면서 할 수 있는, 그러면서도 실질적인 도움을 줄 수 있는 활동은 기부인 것이다. 하지만 직접적인 활동을 통해 의미를 찾고자 하는 사람들은 왠지 기부만으로는 무엇인가 봉사활동을 했다는 느낌을 갖지 못하는 아쉬움을 가질 수 있으며, 돈으로 무엇인가를 하는 것이 바람직하지 않다는 생각을 할 수도 있다. 또한 기부는 봉사활동 시간을 인정해 주지 않는다는 문제가 있기도 하다.

　하지만 결과에 초점을 맞추어 볼 경우 이는 제도적인 개선과 더불어 사람들이 생각을 바꿀 필요가 있다. 예컨대 아프리카 등의 아동들을 대상으로 기부를 할 경우 웬만한 봉사활동 이상을 한 것이라 생각해야 할 것이다. 이를 통해 한 아이의 목숨을 살릴 수 있기 때문이다. 이처럼 긍정적인 결과가 산출되는 것이기에 나는 기부 또한 봉사활동 점수로 어느 정도 인정해 주어야 한다고 생각한다. 물론 1만 원이면 1시간, 10만 원이면 10시간 활동을 인정해 준다는 것은 우습지만, 실익을 고려해 보았을 때 기부를 일정 시간의 봉사활동으로 인정해 주는 것은 나쁘지 않은 방법이다. 마치 헌혈을 봉사활동으로 인정해 주는 것처럼, 한 아이의 목숨을 살릴 수 있다는 3만원을 매달 지속적으로 기부하는 것을 봉사활동으로 인정해 주는 것에 문제가 있다고 이야기해야 할 별다른 이유는 없다.

　여기에서 예상할 수 있는 문제점은 집이 부유한 학생들의 경우 별다른 부담을 느끼지 않고 봉사활동 시간을 인정받을 수 있음에 반해 그렇지 못한 학생들은 직접 몸으로 뛰어야 한다는 것이다. 또한 무엇인가 봉사활동을 했다는 의미 부여가 적절히 이루어지지 않는다는 것도 문제점으로 지적될 수 있을 것이다. 하지만 이는 크게 문제가 될 것 같지 않다. 먼저 앞의 지적에 대해서는 기부를 통해 인정받는 봉사 시간에 제한을 두는 방법을 생각해 볼 수 있다. 예컨대 30시간 봉사활동을 해야 할 경우 30시간을 모두 기부를 통해 채울 수 없게 제한을 가하고, 일부 시간만을 기부로 대체할 수 있게 하면 될 것이다. 다음으로 두 번째 문제에 대해서는 결과론적인 측면에서 생각한다면 뿌듯함이라는 것은 그다지 중요하지 않다고 대응할 수 있을 것이다. 생각해 보라. 뿌듯함을 느끼는 것이 중요한가? 아니면 한 아이의 목숨이 중요한가?

2) 아르바이트 기부 또한 봉사활동으로 인정하자

그럼에도 이러한 방법이 좋지 않다고 생각을 하는 사람들이 있을 수 있다. 이러한 사람들을 위해 나는 아르바이트 기부가 이루어질 수 있었으면 한다. 아르바이트는 특성상 하루만 할 수 없는 경우가 대부분이다. 그럼에도 시급을 5,000원으로 잡고 여섯 시간 아르바이트를 해서 3만 원을 만들어 유니세프 등에 기부를 한다면 다른 봉사활동 이상의 긍정적인 활동을 했다고 말할 수 있을 것이다. 이러한 기부를 활성화하기 위해서는 무엇보다도 이를 봉사활동으로 인정해 주는 제도적인 뒷받침이 필요하다. 예컨대 이러한 활동을 하겠다고 미리 봉사활동 승인 기관에 고지를 하고, 이에 대한 승인을 받아서 아르바이트를 해서 번 돈의 일부를 떼어서 기부를 하는 것을 봉사활동으로 인정해 주어야 이러한 기부가 정착될 수 있다는 것이다. 이 경우 아르바이트를 한 학생은 아르바이트를 했다는 사실을 입증하는 서류와 기부 증명서 등을 학교에 제출함으로써 기부금을 벌기 위해 활용된 시간만큼 봉사활동 시간을 인정받을 수 있을 것이다.

나는 이러한 활동이 직접적인 활동 이상의 실효성을 거둘 수 있는 봉사활동이 될 수 있으며, 이를 인정해 주는 것을 제도화해야 한다고 생각한다. 이러한 방법으로 기부를 한 사람들은 직접적인 활동을 하지 않음으로 느끼게 되는 허전함을 메울 수 있을 것이다. 특히 기부 증명서를 받는 데 머물지 않고 기부 대상에 대한 상세한 신상을 파악해서 적극적으로 그들에게 관심을 가질 경우, 이는 매우 의미 있는, 뿌듯함을 느낄 수 있는 봉사활동이 될 수 있을 것이다.

3) 작업을 통해 기부가 이루어질 수 있는 방안들을 마련해 보자

일과 기부를 연결할 수 있는 또 다른 방법은 지금 당장, 개인이 실천할 수 있는 것은 아니며, 고려해 봐야 할 문제점들이 있을 수 있다. 하지만 국가나 기업, 학교 등의 제도권에서 적극적으로 관심을 가지면서 시도해 보려 할 경우 봉사 수요를 충족시키면서 기부를 활성화할 수 있는 좋은 방법이 될 수 있다고 생각한다. 내가 상상하는 것은 (a)기부 작업장을 통한 기부, (b)알선 받은 일거리를 통한 기부다.

먼저 기부 작업장을 통한 기부란 일정 장소에 기부 작업장을 마련하고, 이곳에서 공장 등으로부터 하청 받은 부품을 조립하는 등의 일을 하는 것이다. 일한 사람들은 일한 만큼의 작업 수당을 받게 되는데, 그 수당을 기부금으로 사용한다면 봉사자는 일을 했다는 뿌듯함이 이웃돕기와 이어지는 기쁨을 맛볼 수 있을 것이다.

작업장을 통한 기부 봉사는 의도하지 않게 봉사 수요자에게 피해를 주는 일이 발생하지 않을 뿐 아니라 봉사자들이 무엇인가를 했다는 보람을 느낄 수 있고, 어려운 이웃들에게 실질적인 도움을 줄 수 있다는 장점이 있다. 또한 이는 대규모의 인원이 동원되어도 무방한 활동이다. 나는 이러한 작업장을 초등학교에서 대학에 이르기까지의 교육 기관 뿐 아니라 종교 단체, 구청, 복지관 등 다양한 장소에서 운영할 수 있으며, 이곳에 누구든지 시간이 나는 대로 들러서 작업을 하여 기부를 할 수 있으리라 생각한다. 만약 이처럼 작업장이 실제로 만들어질 수 있다면 그 효과는 생각보다 클 수 있다. 적어도 이는 학교에서 일정 시간 봉사활동을 요구하면서 학생들에게 활동을 일임하고, 활동 증명서를 제출하게 하는 것보다 좋은 봉사 방법일 수 있다. 예컨대 교육 기관에서 봉사 과목을 전국적으로 필수 과목으로 정해 놓고, 요구하는 활동 중 매달 일정 시간을 작업장 기부에 할애하게 한다면 이를 통해 이루어지는 기부는 적지 않게 될 것이다. 이러한 작업장이 학교뿐만 아니라 종교 단체나 시설, 구청 등에 두루 배치될 수만 있다면 기부는 상상 이상으로 이루어지게 될 수 있다.

전국적으로 기부 작업장을 만드는 일은 내가 가장 필요하다고 생각하는 것 중의 하나다. 사진은 '사유와 실천' 회원들이 동작구에 있는 장애인 보호 작업장에 전체 활동을 가서 조립 작업을 하는 모습인데, 나는 이로부터 기부 작업장에 대한 영감을 얻었다.

만약 종교 단체, 학교나 구청 등이 작업장을 제공하기 어렵다면 특별한 기술이 요구되지 않는 작업을 제공할 수 있는 기업 등이 나서는 방법을 생각해 볼 수 있을 것이다. 이러한 기업들은 일정한 방식으로 기부 작업에 대한 공지를 하면 될 것이고, 봉사자들은 직접 기업을 찾아가 작업을 하고, 거기에서 나온 작업 수당을 기부하면 될 것이다. 이 경우 기업의 입장에서는 관련 업무가 늘어남으로써 번거로워질 수 있다. 하지만 사회에 대한 기업의 책임을 생각한다면 그 정도의 번거로움은 감내할 필요가 있으며, 기업의 이미지를 위해서라도 시민들의 봉사를 위한 장을 만들어주면 좋지 않을까 생각해 본다.

이와 같은 작업장에는 단순히 작업을 위해 필요한 도구나 물품만을 마련해 놓아서는 안 될 것이고, 기부 대상에 대한 사진, 기부금 적립 상황, 기부금을 낸 사람들의 명단, 기부의 소중함을 느낄 수 있는 환경 등을 두루 갖추어야 할 것이다. 예컨대 이러한 작업장에서도 극빈국의 아동, 소년 소녀 가장, 홀몸 노인 등으로 분류하여 봉사자들이 원하는 대상에 기부금을 적립하고, 목표액에 이르면 기부자들이 직접 대상을 찾아가서 기부금을 전달할 수 있을 것이고, 기부 농장이나 기부 작업장을 만드는 데 기부금을 활용할 수도 있을 것이다. 어떤 방식이든 작업장은 봉사자들이 일회성의 활동에 머물지 않고 계속적으로 봉사나 기부에 관심을 가질 수 있도록 다각도의 노력을 기울일 필요가 있으며, 봉사자들이 보람을 느낄 수 있도록 하는 데에도 최선을 다해야 할 것이다. 이러한 작업장이 잘 운영되기 위한 가장 기본적인 전제는 기부금 사용의 투명성이다. 이를 위한 제도적 장치들이 빈틈없이 마련되어야 한다는 것은 굳이 첨언이 필요하지 않다.

이처럼 기부 작업장이 긍정적인 측면이 많은 것처럼 보임에도 이를 제도화하여 운영하는 데에는 문제점들이 있을 수 있다. 첫째, 이러한 작업장으로 인해 자칫 저임금 노동자들이 일거리를 빼앗길 우려가 있으며, 둘째, 봉사자들의 봉사에 대한 수요를 충족시킬 만큼 충분한 작업거리가 제공되기가 어려울 수 있다. 이러한 문제는 나눔이라는 명목 하에 자칫 곤경에 처해 있는 사람들의 생존을 위협할 수 있기 때문에 심각하게 고민을 해 보아야 한다. 이밖에 기부 작업장은 생각하지 못한 문제점들이 있을 수 있는데, 이에 대해서는 사전에 충분히 대처 방안들을 강구해야 할 것이다. 그럼에도 여기서 말할 수 있는 것은 이상의 지적이 대체로 기부 작업장이 대대적으로 만들어졌을 경우에 발생할 수 있는 문제점이라는 것이다. 때문에 이에 대한 고민은 기부 작업장이 시범적으로 몇 군데에서 운영되고 난 후 고민을 해 봐도 늦지 않을 것이다. 우선 국가나 시市에서 서민들의 일자리에 영향을 주지 않으면서 기부를 위한 작업을 할 수 있는 기부 작업 단지와 같은 것을 몇 개 만들어 운영해 보는 것은 어떨까?

다음으로 생각해 보는 일을 통한 기부는 기부를 위한 작업 소개 센터를 만드는 것이다. 이러한 센터는 다양한 일거리를 여러 곳에서 제공받고, 기부를 위한 작업을 하고자 하는 사람들에게 일거리를 소개해 주는 역할을 맡는다. 일의 연결은 인터넷 사이트를 통해 이루어질 수 있을 것이다. 이러한 센터는 부품 조립 작업 등 단순 작업을 소개해 줄 수도 있지만 만약 이것이 저소득층들의 일거리를 빼앗을 가능성이 있다면 이러한 작업을 제외한 것들, 예를 들어 번역이나 교열, 통역 뿐 아니라 단기적으로 할 수 있는 일거리를 소개해 주는 데에 초점을 맞추면 될 것이다. 일거리를 제공받은 봉사자들은 일한 시간에 상응하는 봉사활동 시간을 인정받고, 작업을 한 만큼의 금액을 기부하면 될 것이다. 이는 굳이 작업장이 필요하지 않으며, 기부 봉사를 하고자 하는 사람들은 일거리의 성격에 따라 여러 곳에서 작업을 할 수 있을 것이다. 이는 저소득자층들에게 피해를 주지 않으면서 작업을 통해 기부할 수 있는 방법이 될 수 있다.

　지금까지의 생각들이 현실적이지 못하다고 하더라도 이것이 기부와 작업을 연결하여 심지어 뜨내기 봉사자마저도 실익이 되는 봉사 활동을 할 수 있는 방안을 마련하자는 제안이라는 데 초점을 맞출 필요가 있다. 내가 생각하기에 이러한 방식의 기부는 봉사자의 봉사에 대한 부담을 덜어주면서 봉사 수요자에게 실질적인 도움을 줄 수 있는 얼마 되지 않은 실천 방안이다. 바로 이러한 이유로 이는 더욱 많은 사람들을 나눔의 장으로 이끌 수 있는 방안이기도 하다. 때문에 그냥 안 된다고 내쳐 버리기보다는 이를 현실화할 수 있는 방법들을 생각해 볼 필요가 있다. 기부와 작업을 연결하는 데에 초점을 맞추면서 문제점들에 대한 해결 방안을 다각도로 검토해 볼 경우 우리는 좋은 아이디어를 떠올릴 수 있을 것이며, 이를 통해 긍정적인 방향으로 나아갈 수 있을 것이다.

진정한
개인주의자로서의 삶

다른 모든 사람들이 세상과 타협한다고 해도
자신은 타협하지 않으려는 태도,
다른 사람들이 경쟁에만 매몰되어 살아간다고 해도
자신만은 나누는 삶을 살아가려는 태도,
다른 사람들이 진정으로 가치 있는 삶이 무엇인가를 생각하지 못하고
세태에 휩쓸려간다고 해도 자신만은 그렇게 살지 않으려는 태도,
바로 이와 같이 살아가는 것이 진정한 개인주의며,
고난스러운 세태에 필요한 사람이다.

1

이 책을 쓰면서 줄곧 나는 정말 행복했다. 이 책이 얼마만큼 긍정적인 결과를 산출할 수 있는지의 여부를 떠나서 내가 많은 사람들과 공유하고 싶은 생각을 글을 통해 현실화할 수 있다는 점, 그리고 이를 통해 아주 조금이나마 아름다운 세상을 이루어 보려는 꿈이 실현될 수 있을 것 같다는 생각에 가슴이 벅차오르기도 했다. 작업을 하다가, 잠을 자려다, 길을 걷다가 좋은 생각이 떠오르면 잠시 멈추고 메모를 해 놓았고, 그 생각을 글로 표현하면서 마냥 즐거웠다. 이 즐거움이 나누는 삶의 확산으로 이어져서 책을 쓰는 것보다 훨씬 커다란 즐거움을 얻게 될 지는 현재로서는 미지수다.

결과적으로 그렇게 된다면 더 이상 좋을 수 없겠지만 설령 그렇게 되지 않는다고 하더라도 나는 살아가면서 최선을 다해 이를 위해 노력해 보고자 한다. 기적이란 실로 우연한 기회에 뜻하지 않게 일어나는 것 아닐까?

2

내가 종강 즈음해서 학생들에게 즐겨 보여 주는 영화의 한 장면이 있다. 〈죽은 시인의 사회〉의 마지막 장면이다. 영화에서 참교육을 실천하고자 하는 선생은 모함을 받아 학교를 그만둬야 하는 상황에 처하고, 학교는 학생들에게 선생이 실제로 잘못했음을 입증하는 문서에 서명을 강요한다. 결국 학교를 그만두게 된 선생은 자신의 물건을 가져가기 위해 수업 중인 교실에 들르고, 쓸쓸한 걸음으로 교실을 빠져나가는 선생의 모습을 안타깝게 쳐다보던 한 학생이 책상 위에 올라가 "선장님! 나의 선장님!"을 외치며 학교의 부당한 조치에 책상에 올라서는 행동으로 항변한다. 그는 학교에서 퇴학당할 각오를 하고 그와 같은 행동을 했고, 다른 학생들도 그의 행동에 동참하면서 영화가 끝난다.

이 장면을 통해 생각해낼 수 있는 것들은 여러 가지일 수 있지만 내가 굳이 이 장면을 보여 주는 이유는 학생들에게 진정한 개인주의자가 되라는 메시지를 전달하기 위해서다. 내가 염두에 두는 개인주의는 다른 사람들에게 피해를 주지 않으면서 자신의 이익을 추구하라는 일반적인 것과는 다르다. 내가 생각하는 개인주의란 윤리적인 의미를 담은 것으로, 설령 다른 사람들이 올바름에 대한 생각 없이 그저 세태에 따라 표류한다고 해도 적어도 나만큼은 마땅히 지켜야 할 바를 지키고 살아가려는 태도를 말한다. 물론 경쟁이 지나치다는 표현만으로는 부족한 우리나라의 현실 속에서 올바름을 생각하며 살아가기란 정말 어렵다. 하지만 이와 같은 어려운 상황에서도 지킬 것을 지키고자 하는 의지를 가지고 적극적으로 나누는 삶을 살아가려는 것이야말로 진정한 개인주의자의 모습일 것이다.

내가 그리는 개인주의자는 사유와 실천의 조화를 추구하는 사람이다. "실천 없는 사유는 공허하며, 사유 없는 실천은 맹목이다." 우리가 아무리 지식을 많이 갖추고 있다고 해도 이를 바탕으로 올바름을 실천하지 않으면 그와 같은 지식은 공허할 수밖에 없다. 거꾸로 나름대로 올바름을 실천한다고 해도 이를 뒷받침할 수 있는 사유가 뒷받침되지 않으면 그러한 실천은 자칫 엉뚱한 방향으로 빠지기 쉽다. 진정한 개인주의자는 여러 경험을 정리해서 자기 것으로 만들 수 있는 능력을 갖춘 지혜로운 사람이며, 여기에서 내린 결론을 실천에 옮기는 사람이다. 그런데 최근에는 이와 같은 진정한 개인주의자를 만나기가 극히 어렵고, 그런 의지를 갖는 사람마저 쉽게 찾아볼 수가 없다. 심지어 사유와 실천 중 한 가지를 제대로 갖추고 있는 사람마저도 만나기가 힘들다. 적지 않은 사람들이 사유와 실천의 중요성을 간과하고 『어린 왕자』에 나오는 기차를 탄 사람들처럼 자신이 어디로 가고 있는지도 모른 채 달려가고 있는 것이다.

과거에는 대학을 입학하면 거의 자동적으로 국가와 민족, 그리고 그 안에서의 자신의 역할에 대해 고민해야 했다. 학생들은 당면한 절박한 시대적 문제를 앞에 놓고 싫든 좋든 올바름을 화두로 삼을 수밖에 없었다. 하지만 이러한 사회적 문제가 희석되어 버린 요즘, 오늘날의 젊은이들은 대학에 와서도 올바른 삶에 대해 고민해 볼 기회가 거의 없다. 이제는 자신이 의도적으로 관심을 갖지 않으면 올바른 삶이 무엇인지를 전혀 고민하지 않고서도 평생을 살아갈 수 있게 되어 버린 것이다. 이런 시대에 살면서 교양 과목을 강의하고 있는 나라도 올바름을 이야기해야 한다는 강박 관념에 사로잡혀 나는 종강에 즈음해서 진정한 개인주의를 이야기한다. 이러한 작은 외침이 바람에 흔들리는 촛불이거나 공허한 메아리라는 생각이 들지 않는 것은 아니다. 실제로 이는 변해 가고 있는 시대에 적응하지 못한 한 사람의 시대착오적인 몸부림일 수 있다. 그럼에도 나는 진정한 개인주의를 이야기하고 싶다. 그런 이야기를 하는 것은 학생들뿐만 아니라 내 자신을 새삼 되돌아보며 채찍질하는 계기가 되기도 하기 때문이다.

擧世皆濁我獨淸(거세개탁아독청)
衆人皆醉我獨醒(중인개취아독성)
온 세상 모두가 흐려 있어도 나 혼자만은 맑고 깨끗할 것이며,
뭇 사람들 모두가 취해 있어도 나 혼자만은 맑은 정신으로 깨어 있겠다.

위의 한시는 초楚나라 왕족인 굴원屈原의 「어부사漁父辭」에 나오는 한 구절이다. 나는 「어부사」 중에 굴원과 대화를 나누는 사람이 강조하는 유연한 태도 또한 좋아하지만, 오늘날과 같이 마땅히 지켜야 한다는 생각이 실종되어 가는 세상에서는 굴원과 같은 태도로 살아가는 것이 필요하다고 생각한다. 다른 모든 사람들이 세상과 타협한다고 해도 자신은 타협하지 않으려는 태도, 다른 사람들이 경쟁에만 매몰되어 살아간다고 해도 자신만은 나누는 삶을 살아가려는 태도, 다른 사람들이 진정으로 가치 있는 삶이 무엇인가를 생각하지 못하고

세태에 휩쓸려 간다고 해도 자신만은 그렇게 살지 않으려는 태도. 바로 이와 같이 살아가는 것이 진정한 개인주의며, 고난스러운 세태에 필요한 사람이다.

　내가 이 책에서 강조하고자 했던 유형의 개인주의자는 함께 살아가는 것의 중요성을 깨닫고 실천궁행하는 사람이었다. 그리고 그러한 실천을 단지 혼자 남몰래 해 나가는 것이 아니라, 주변 사람들을 끌어서 함께 해 나가는 사람이었다. 물론 나 또한 이런 유형의 진정한 개인주의자와는 한참 거리가 멀다. 하지만 나는 이러한 유형의 개인주의자야말로 제대로 된 삶을 살아가는 사람이라고 생각하고 있고, 이를 따르는 것이 마땅한 일이라고 생각한다.

진정한 개인주의란 사유와 실천을 조화시키기 위해 노력하는 것이다. '사유와 실천' 원년 멤버인 도훈, 보애와 함께

3

내가 이 책을 쓰고자 했던 이유는 나눔을 실천하는 사람들이 점차 많아져서 농촌뿐만 아니라 살면서 어려움을 겪는 사람들의 얼굴에 조금이나마 더 웃음이 번지게 했으면 하는 바람 때문이었다. 불문곡직하고 일단 시작해 보라! 누구나 처음에는 이런저런 문제로 나눔의

실천에 부담을 느낀다. 하지만 한 번 궤도에 오르면 너무나도 자연스럽게, 그리고 기쁜 마음으로 이런 저런 것들을 기획하고 해 나갈 수 있다는 사실을 알게 될 것이다. 나아가 진정한 기쁨은 명품을 사는 것 등을 통해 얻는 개인적인 만족보다는 자신의 조그마한 실천으로 고통스런 이웃들이 웃는 얼굴을 보았을 때임을 알게 될 것이다.

난 난 꿈이 있었죠
버려지고 찢겨 남루하여도
내 가슴 깊숙이 보물과 같이 간직했던 꿈
혹 때론 누군가가 뜻 모를 비웃음
내 등 뒤에 흘릴 때도 난 참아야 했죠
참을 수 있었죠 그날을 위해
늘 걱정하듯 말하죠 헛된 꿈은 독이라고
세상은 끝이 정해진 책처럼
이미 돌이킬 수 없는 현실이라고

그래요 난 난 꿈이 있어요
그 꿈을 믿어요 나를 지켜봐요
저 차갑게 서 있는 운명이란 벽 앞에
당당히 마주칠 수 있어요
언젠가 난 그 벽을 넘고서
저 하늘을 높이 날을 수 있어요
이 무거운 세상도 나를 묶을 순 없죠
내 삶의 끝에서
나 웃을 그날을 함께 해요.

— 인순이의 「거위의 꿈」

내가 살면서 바라는 것이 거위의 꿈일 수 있다. 하지만 이 거위의 꿈이 실현되는 것이 전혀 불가능한 것만은 아니다. 왜냐하면 나 같은 사람마저도 작지만 이렇게 실천을 하며 살 수 있다는 사실로 미루어 보았을 때, 조금만 관심을 기울여도 다른 사람들 또한 이러한 일, 아니 이러한 일 이상을 할 수 있음을 알 수 있으며, 그러한 사람들이 많이 생길 경우 내 꿈이 헛된 꿈으로 남지 않을 것이기 때문이다.

얼마 전 페이스북에 임용시험 준비를 하는 제자 한 명이 글을 올렸다. 열심히 공부해서 교사가 되어 반드시 함께 농활을 다니겠다고. 나는 이러한 생각들이 하나씩 둘씩 현실이 되어갈 때 꿈은 꿈으로만 남아 있지 않을 것이라고 믿는다. 실제로 조금만 생각을 달리하고, 조금만 더 노력하면 우리가 생각지도 못한 기적을 일궈낼 수도 있지 않을까? 아니 원대한 꿈에는 미치지 못하고, 그리하여 하늘을 날 수 없을지라도 작은 변화, 그것만으로도 충분히 가치가 있다고 생각하고 나를 포함해 주변에서 조그만 변화를 일으켜 보자.

함께 가자 우리 이 길을, 마침내 하나 됨을 위하여!

농활을 가는 방법

나는 믿고 싶다.
함께 땀을 흘렸던 모든 학생들이 자신이 속해 있는 어디에선가
꾸준히 어려운 이웃에 관심을 가지고 살아간다는 것을.
그리고 설령 지금 당장은 아니라고 하더라도,
살면서 언젠가는 더불어 사는 것에 대한 관심을 환기하여
주변 사람들과 함께 나누는 삶을 살아갈 것임을.

3장에서 나는 농활의 장점을 집중적으로 이야기했다. 간단히 정리하자면 농활은 많은 인원이 동원되는 경우에 적절히 활용할 수 있는 봉사 프로그램이다. 그런데 아무리 장점이 많다고 해도 농활을 가서 무엇을 할 것인지, 어떻게 준비해서 가야 하는지 등에 대한 구체적인 안내가 이루어지지 않는다면 직접 경험을 해보고자 하는 사람들에게 별다른 도움이 되지 않을 것이다. 이에 따라 나는 농활을 가는 방법을 상세하게 설명해야 할 필요성을 느꼈으며, 이하의 내용은 그에 관한 것이다.

여기서 제시하고 있는 내용들은 대학 수업을 담당하는 교수자로서의 경험을 근거로 한 것이다. 물론 더욱 일반적인 방식으로 서술을 할 수도 있겠지만 내가 알지 못하는 상황까지 포괄하기 보다는 나의 구체적인 체험을 이야기하는 것이 좋을 듯하여 1인칭 주인공의 시점에서 농활 매뉴얼을 소개해 보기로 한다. 책을 읽는 사람들은 내 경험을 참고하여 자신의 상황에 맞게 변형시켜 농활을 가보길 바란다.

1. 어떻게 준비해서 갈 것인가?

이 책에서 말하는 농활의 핵심은 농촌에 가서 직접 일을 하는 것이다. 하지만 이것만으로 농활의 소기의 목적을 달성할 수 있다고 말할 수는 없다. 학생들에게 도움이 되고, 나아가 그들이 계속적으로 실천 의지를 갖게 하기 위해서는, 그리고 농민들에게 어느 정도 도움이 되기 위해서는 농활에 관한 사전 교육이 필요하고, 일정한 사후 관리가 필요하다. "봉사 학습 프로그램의 지속성과 성공은 효과적인 관리에 달려 있다…… 관리적 차원의 중요한 관심이 없다면 그것은 또 하나의 일시적 교육의 유행과 실패한 사회적 프로그램이 될 것이다."[17] 이하에서는 농활을 가는 소기의 목적을 달성하기 위해 요구되는 사전 교육과 사후 관리 내용을 정리해 보도록 하겠다.

다른 봉사활동도 마찬가지겠지만 농활을 가기에 앞서 학생들에게는 사전 오리엔테이션이 필요하다. 오리엔테이션에서는 크게 세 가지에 대한 교육이 이루어질 필요가 있다. 첫째, 대체로 학생들은 농촌에서 일을 해본 경험이 없다. 따라서 학생들은 농촌에 가서 무엇을 어떻게 해야 하는지에 대해 어느 정도 불안감을 가질 수 있으며, 자칫 예의나 동기 등에 대해서 주의를 시키지 않을 경우 농민들의 불쾌

---

17 바바라 제코비, 『대학교육과 봉사학습-이론적 관점과 실제』, 조용하 역, 학지사, 2008, 285쪽.

감을 야기할 수도 있다. 때문에 교수자는 오리엔테이션을 통해 농촌을 방문했을 때의 유의사항과 준비물, 가는 곳에 대한 사전 정보와 일정 등을 적절히 고지해 주어야 한다. 둘째, 교수자는 오리엔테이션을 통해 조를 나누어 줌으로써 낯선 사람들과 함께 일을 하는 데서의 불편함을 최소화시켜 주어야 한다. 마지막으로 교수자는 농활이 단지 개인적으로 좋은 경험을 한다거나 농촌 일손을 돕는 데 그쳐선 안 되고, 농촌의 구조적인 현실에 대한 진지한 고민과 이해를 하기 위해 노력해야 한다는 것을 학생들에게 주지시킬 필요가 있다. 나아가 교수자는 학생들이 어려운 이웃들과 함께 살아가고자 하는 의지를 가져야 하며, 그것도 평생 가져야 함을 강조해야 할 것이다.

농활을 다녀온 후 교수자는 서로의 경험을 나눌 수 있는 시간을 마련할 필요가 있다. 이는 학생들이 자신의 경험을 정리하고, 장래에 봉사를 지속적으로 하겠다는 의지를 다지게 한다는 측면에서 중요하다. 평가 작업이 없을 경우 농활은 자칫 단순한 개인적 경험 이상의 가치를 가질 수 없게 될 수 있으며, 프로그램의 개선을 위해서도 이는 반드시 필요하다. 평가에서는 개선되어야 할 점과 더불어 긍정적인 것들에 대해서도 언급이 이루어져야 하며, 이를 통해 농활 프로그램은 더욱 발전적인 방향으로 나아갈 수 있게 될 것이다. 한편 사후 관리는 여기에 머물러서는 안 되며, 학생들이 계속적으로 나눔을 실천할 수 있는 방안이 마련되어야 한다. 봉사 모임을 만들어 학생들과 함께 계속적으로 실천을 하는 것은 한 가지 방법인데, 이는 단기에 그치고 있는 봉사활동의 문제점을 극복할 수 있는 방법이라 할 것이다.

그런데 항상 문제는 형식적인 지침이 아니라 구체적인 내용이다.

농활 기획자는 크게 (a)농활 가기 전의 준비, (b)농활 가서의 활동, (c)농활 갔다 와서의 정리로 나누어 각 항목별로 구체적인 매뉴얼을 마련하는 것이 좋을 것이다.

2. 가기 전에 준비해야 할 일

농활을 가면서 힘든 것은 가서 하는 작업이나 갔다 와서의 정리보다는 가기 전의 준비 과정이다. 물론 몇 번 하다 보면 수월해지지만 여러 사람들의 입장을 조율해야 하기 때문에 이런저런 번거로운 일들이 생길 수 있다. 그럼에도 농활을 갔다 와서의 긍정적인 효과를 감안한다면 이러한 일들은 그다지 문제라 생각되지 않는다. 대학의 교양 수업에서 가는 농활을 위한 준비는 수업 첫 시간에 하는 농활에 대한 간략한 소개, 그리고 농활을 가기 한 달 전부터 진행되는 준비와 오리엔테이션으로 나누어질 수 있다.

1) 학기 시작하는 날 또는 오리엔테이션 시간에 해야 할 일

먼저 강의 계획서에 농활을 간다는 이야기를 포함시키고, 강의 첫 시간에 농활의 필요성을 간단하게 주지시킨다. 이렇게 하지 않고 학기 중간에 갑자기 농활을 간다고 이야기할 경우 이를 모르고서 수강을 한 학생들이 당혹스러워 할 수 있다. 강의 첫 시간에 농활을 거론할 때에는 그냥 간다고 하는 데만 머물러서는 안 되고, 이에 대한 관심을 유발하는 것이 중요한데, 적어도 다음의 세 가지 정도는 주지시킬 필요가 있다.

(a) 농활의 당위성

(b) 농활이 재미있고 보람을 느낄 수 있다는 점.

(c) 교양 과목이 인성 교육을 지향할 필요가 있으며, 실천은 그 한
축이라는 점.

이 중에서 특히 중요한 것은 (b)와 (c)다. 사람들에게 당위를 이야기
하고서 그러한 방향으로 이끌고자 하는데 사람들의 일반적인 경향을
고려하지 않을 경우, 설령 처음에는 원하는 방향으로 이끌 수 있을
지 몰라도 조금 지나면 하나씩 둘씩 대오에서 이탈하는 현상이 나타
나게 되며, 결국 소기의 목적을 전혀 달성하지 못하게 될 수 있다. 때

농활을 가서 열심히 일하는 것도 중요하지만 그 못지않게 중요한 것은 학생들에 나눔에의 동기를 부여하는 것이다.
원기와 지효가 박스에 돌을 담아 나르고 있다. 이들은 농활에 단골로 참여하는 봉사꾼들이다.

문에 농활을 갈 때에도 당위적인 면이나 봉사 정신만을 강조하기보
다는 가서 재미있는 일들이 벌어질 수 있다는 것을 부각시킬 필요가
있다.

또한 교수자는 학생들에게 실천이 인성 교육의 한 축임을 확실하
게 주지시킬 필요가 있는데, 그 이유는 강의실 수업에 익숙해 있는
학생들이 농활 자체를 생뚱맞다고 생각할 수 있기 때문이다. 교수자
는 대학 교양 교육에서 신경 써야 할 부분이 사유와 실천이며, 두 가
지 모두의 중요성을 느낄 수 있는 계기를 마련한다는 차원에서 농활
을 가는 것임을 이야기해 줄 필요가 있다.

2) 농활 가기 전 학기 중에 해야 할 일과 유의사항

본격적으로 학기에 접어들면 농활을 가기 위해 해야 할 일들이 생
긴다. 이하는 그 구체적인 내용들이다. 이를 한 달 전에 해야 할 일, 2
주 전에 해야 할 일 정도로 나누어 설명해 보도록 하자.

(1) 농활 가기 한 달 전에 해야 할 일

(ㄱ) 가는 날짜와 시간, 모이는 장소, 가는 곳 등을 확정해서 공지를 한다.

농활을 가는 날짜는 교수자가 일방적으로 정해서는 안 되고, 학생
들과 농촌의 일정을 확인해 보고 결정을 해야 한다. 물론 농촌에는
겨울을 제외하고는 항상 할 일들이 적지 않다. 하지만 정말 일손을
필요로 하는 농번기라는 것이 있고, 이때에 맞춰서 농활을 가는 것
이 좋다. 내 경험상 가장 무난한 시기는 중간고사가 끝나는 바로 그
주 주말이나 그 다음 주 주말이다. 이는 대략 4월 말에서 5월 초, 10
월 말에서 11월 초 정도를 말하는 것인데, 이 중에서 10월 말에서 11

월 초는 농번기가 아니다. 그럼에도 이 시기에 농활을 갈 경우 밭에 깔려 있는 비닐을 제거하는 일을 함으로써 다음해 농사에 도움을 줄 수 있다.

　농활을 가기 위해 모이는 시간은 일하는 장소에 도달하기까지 걸리는 시간을 감안해서 결정해야 하는데, 그곳이 멀건 가깝건 아무리 늦어도 9시~10시 정도까지 도착할 수 있도록 만나는 시간을 정해야 한다. 그렇다고 새벽 6시 정도에 만날 약속을 정하는 것은 좋지 않다. 너무나도 당연한 이야기지만 그 시간에 일어나서 나오기가 힘들기 때문이다. 모이는 장소는 가급적 모든 학생들이 찾아오기 쉬운 곳이 좋고, 따라서 학교 정문 앞이 가장 좋지만, 불가피한 사정이 있을 경우에는 대절한 버스를 세우기가 비교적 용이하고, 농활을 떠나기에 편한 장소, 그리고 대중교통을 이용해서 찾아오기 좋은 곳을 선택해야 할 것이다.

　일할 곳은 버스를 타고 1~2시간 정도 걸리는 곳을 선택하면 무난할 것이고, 나름의 기준을 가지고 선택을 하면 될 것이다. 예를 들어 일할 지역을 선택할 때 부유한 농가는 차순위로 미루고, 고령의 어르신들이 농사를 짓고 계신 곳이나 유기농을 하는 등 모범이 될 수 있는 지역을 선택하는 것은 한 방법이다. 이러한 문제들은 일단 한 번 결정을 해 놓으면 그 이후에는 신경 쓸 일이 별로 없다.

　이상의 문제가 결정되면 농활을 가기 한 달 전 정도에는 학생들에게 이를 공지해 주어야 한다. 가는 날에 너무 촉박해서 공지를 할 경우 학생들이 대비를 하지 못하게 되며, 이로 인해 가고 싶어도 못 가게 되는 경우가 발생할 수 있기 때문이다.

(ㄴ) 학생들의 참여 여부를 미리 확인한다.

교수자는 농활 가는 날짜를 공지할 때 학생들의 참여 여부도 아울러 파악해야 한다. 시간이 지나면서, 그리고 당일에 참여하지 못하게 되었다고 통보하는 학생들이 반드시 있으며, 이에 따라 인원수 변경은 불가피하다. 그럼에도 참가 인원 파악은 봉사 수요자인 농촌에서 인원을 어떻게 배분할 것인지를 정하기 위해서뿐만 아니라 임대할 버스 대수를 정하는 데도 필요하다. 특히 수업을 듣는 학생 수가 많고, 한 번 이상 농활을 가고자 할 경우에는 인원 확인이 비교적 확실히 이루어질 필요가 있다. 예를 들어 토요일과 일요일 이틀에 걸쳐 농활을 가기로 정했다면 학생들의 참여 여부를 확인하면서 특정한 날 가는 인원이 편중되지 않도록 조정을 해줄 필요가 있다.

날짜 조정은 그리 쉬운 편이 아니다. 일요일 하루를 쉬고 월요일을 맞이할 수 있다는 이유로 대체로 학생들이 토요일에 가는 것을 선호하기 때문이다. 그렇다고 인원 조정을 하지 않고 그냥 간다는 것도 바람직하지 않다. 너무 많은 인원이 한꺼번에 농활을 갈 경우 상대적으로 교육적인 효과를 거두기 어렵기 때문이다. 일손을 돕는다는 차원만을 고려할 경우 여러 곳으로 분산해서 일을 하면 되기 때문에 하루에 많은 인원이 동원되어도 별다른 문제는 없다. 하지만 학생들과의 소통을 포함해 더 많은 교육적인 성과를 얻기 위해서는 하루에 가는 인원이 너무 많지 않은 것이 좋다. 내 경험으로는 가장 이상적인 숫자는 한 번 갈 때 30~60명 정도가 아니었나 싶다. 이런 이유로 나는 학생들이 원하는 날짜를 전체적으로 확인한 후 학생들에게 양해를 구하면서 특정한 날 지나치게 몰린다 싶으면 몰리지 않는 날 가는 것의 장점을 부각시킴으로써 날짜 조정을 유도했다. 예를 들어 토요일은 가는 곳이 멀어서 아침 일찍 출발해야 함에 반해, 일요일은 비교적 가까운 곳으로 가기 때문에 다소 늦게 출발하게 된다는 장점을 강조했고, 일요일은 차가 밀리기 때문에 비교적 일찍 작업을 마치고 돌아오게 된다는 이야기를 해주기도 했다. 이렇게 하는 경우 과연 인원 조정은 이루어졌다.

앞에서도 잠시 언급했지만 학생들은 여러 이유로 가고자 하는 날짜를 수정하거나 아예 가는 것을 포기한다. 사실 어느 정도의 날짜 수정이나 포기는 불가피하며, 이는 어느 정도 감수해야 한다. 하지만 지나칠 정도로 많은 학생들이 날짜를 수정하거나 포기할 경우에는 문제가 발생하는데, 특히 임의적인 포기는 농활 전체 예산에 영향을 주기 때문에 최대한 막아야 한다. 그럼에도 학생들이 '불가피한 이유'로 날짜 변경을 요청하는 경우에는 그 수가 너무 많지 않은 이상 날짜를 바꿔 줘도 별다른 문제는 없다. 피치 못할 사정이 있는 소수의 학생에게만 제한적으로 변경을 허용할 경우 쏠림 현상이 발생하는 것도 아니며, 임대하는 버스의 수 자체가 달라지는 것도 아니기 때문이다. 그래도 일단 가기로 한 날짜 변경은 안 되는 것이 원칙이라고 말해 놓을 필요가 있으며, 특히 농활을 가기 일주일 전부터는 변경이 불가하다고 못박아 놓을 필요가 있다. 그렇지 않을 경우 적지 않은 학생들이 편의에 따라 날짜를 바꾸려 하며, 단순히 날짜 변경 때문에 인솔자가 미리 지쳐 버리는 경우가 발생할 수 있다. 나아가 최악의 경우 임대해 놓은 버스를 당일에 취소해야 하는 경우가 생길 수도 있다.

학생들에게 농활 참여를 유도할 때에는 지나친 강요도, 지나친 자율도 모두 바람직하지 않은 것처럼 보인다. 한마디로 중용이 필요한 것이다. 내가 지나친 강요가 있어선 안 된다고 하는 이유는 정말 끔

찍하게도 가기 싫다고 생각하는데 억지로 따라간다고 했을 때, 그것이 바람직한 결과를 이끌어내지 못할 수도 있으며, 무엇보다도 본인의 자유의사를 존중해야 하기 때문이다. 이 밖에 가고 싶어도 아르바이트나 예배 참석 등 이런저런 이유로 주말에 피치 못할 사정이 있는 학생들이 있을 수도 있다. 때문에 내 생각에 농활은 필수보다는 선택이어야 할 것이며, 설령 많은 인원을 참여하게 하고 싶다고 해도 이를 권장하는 정도에 머물러야 할 것이다. 하지만 거꾸로 완전한 자유의사에 맡기는 것도 바람직하지 않다. 완전히 자율에 맡겨도 흥밋거리를 통해 관심을 유발할 경우에는 가겠다는 학생들이 많을 수 있다. 하지만 말 그대로 자율에 맡기고 참여에 엄격한 규제와 제한을 둘 경우 참여하고자 하는 학생들은 대폭 줄어들 수 있다. 주말의 휴식을 포기하고 농촌에 가서 일을 해야 하고, 아침에 일찍 일어나야 한다는 등의 부담이 그리 만만치 않기 때문이다.

나는 학생들에게 가겠다는 의지가 있을 경우뿐만 아니라 의지가 다소 부족한 경우에도 가급적 농활을 데려가는 방향으로 융통성을 발휘하려 하는 편이다. 그렇게 해서 농활을 간 학생이 결과적으로 어떤 생각을 갖게 되었는지는 알 수 없지만 그럼에도 나는 단 한 명이라도 더 실천의 중요성을 깨달을 가능성이 있다면 마땅히 그 가능성을 믿고 이끌어야 한다고 생각한다. 업무의 효율이라는 측면을 따지자면 엄격한 제한을 가해 놓고 거기에 맞추는 것이 좋을 지도 모른다. 실제로 한 번 결정한 것에 대해서는 변경이 불가능하도록 만들고, 이를 지키지 않았을 경우 불이익을 감수하도록 하는 것이 인솔자의 입장에서는 편하다. 하지만 다소 번거롭다고 하더라도 교육적인 측면을 감안하자면 나는 불편을 감수하는 것이 옳다고 생각하며, 때문에 학생들의 날짜 변경으로 인한 번거로움을 각오하는 편이다.

농활을 가지 않은 학생들에게는 대체 리포트를 제출해야 한다는 것을 주지시켜야 한다. 리포트는 학생들이 지나치게 부담을 느끼지는 않을 정도의 분량이어야 할 것이고, 이왕이면 농활과 관련한 자료를 몇 가지 제시하고, 이를 읽고 자신의 생각을 쓰게 하는 것이 무난하다.

(ㄷ) 버스 임대와 회비

대략적으로 인원이 정해지면 이에 맞춰 서둘러 버스를 빌려야 한다. 그 이유는 농번기가 대체로 향락철이기도 하기 때문에 자칫 버스 임대에 어려움을 겪을 가능성이 있기 때문이다. 만약 학교 버스를 임대할 수 있으면 이를 활용하는 것이 가장 무난하다. 버스비 내지 회비는 미리 걷는 것이 좋고(이때 회비를 낸 학생은 반드시 체크를 해 두어야 한다.), 학생들에게는 버스 임대료 때문에 부득이한 사정이 있어도 한 번 걷은 회비를 돌려줄 수 없으며, 갑작스레 일이 생겨서 가지 못하게 될 경우에도 일정한 불이익이 있을 수 있음을 주지시킬 필요가 있다. 이렇게 하지 않을 경우 농활 당일에 임의로 나오지 않는 학생들이 상대적으로 많으며, 그 수가 적지 않을 경우 곤란한 상황이 벌어질 수도 있기 때문이다. 예를 들어 농활 참여 의사를 밝힌 학생의 수가 70명이었고, 이에 따라 45인승 버스 2대를 빌렸다고 가정해 보자. 그리고 회비를 농활 가는 당일 아침에 1만 원씩 걷기로 했다고 생각해 보자. 만약 버스 한 대당 임대료가 35만 원이라고 한다면 버스비를 맞추기 위해서는 참가자 전원이 한 명도 빠지지 않고 약속 장소에 나와서 회비를 내줘야 한다. 그렇게 하지 않을 경우 버스 임대료가 부족하게 되는데, 그 부족액은 인솔자가 떠안는 방법 외에 다른 방법이 없다. 물론 약속을 어긴 학생에게 나중에 회비를 내라고 이야기할 수도 있고, 아예 회비를 많이 걷는 방법도 있겠지만 이는 그다지 좋은 방법은 아닌 듯하다. 회비를 미리 걷는 것만이 인솔자가 뜻하지 않은 곤란을 겪지 않을 수 있는 방법인 것이다.

(ㄹ) 학생들이 재미있어 할 프로그램 준비

학생들의 자연스런 참여를 유도하기 위해서는 농활의 당위성만을 강조하기보다는 그들의 관심을 촉발하는 흥밋거리를 준비할 필요가 있다. 하지만 이를 준비하는 것이 그리 쉽지만은 않다. 설령 준비를 해서 학생들이 즐거워한다고 해도(즐거워하지 않을 수도 있다) 막상 일거리가 있는 농민들의 입장에서는 농촌에 몰려와서 막상 일은 하지 않고 엉뚱한 것을 하고 있는 모습이 달갑게 보이지만은 않을 것 같다. 그런데 별다른 준비를 하지 않아도 학생들이 즐거워할 것이 있다. 바로 남녀 학생들이 함께 일을 하게 하고, 일을 끝내고 난 후 함께 어울릴 수 있도록 자리를 만들어 주는 것이다. 농활이 이성간의 만남이 주가 아닌 봉사활동임을 잊어서는 안 되겠지만 전혀 재밌거리가 없이 의무만을 강요할 경우 적지 않은 학생들이 금방 지쳐버리면서 농활에 긍정적인 생각을 갖지 않게 될 가능성이 있다. 물론 정말 순수하게 봉사만을 하고자 하는 학생들도 적지 않을 것이다. 하지만 그 못지않게 많은 학생들은 소위 남녀의 만남이 이루어진다는 사실을 상당한 장점으로 느끼는 듯하다. 당장 내게 물어볼 경우 겉으로 어떻게 대답할지는 모르겠지만 속마음은 이성과의 만남에 은근슬쩍 마음이 동할 것 같다는 생각이 든다. 징역살이 하면서 노동을 하는 것

도 아닌데 굳이 동
성들끼리 일을 할
필요는 없다. 향기
가 나고 풍경이 좋
은 곳에서 어떤 사
람을 만났을 경우
와, 고약한 냄새가
나는 최악의 환경
에서 동일한 사람
을 만났다고 했을

뒤풀이 시간은 학생들이 농활을 좋은 경험이라고 생각하게 하여, 계속적으로 우리 농촌에 관심을 갖게 하는 데 필요하다.

때 그 사람에게 긍정적인 생각을 가질 확률은 아무래도 전자가 높을 것이다. 만약 이것이 사실이라고 한다면 농활에 대해 좋은 느낌을 갖게 함으로써 평생 동안의 실천의 계기를 만들기 위해서라도 좋은 느낌이 드는 환경을 조성할 필요가 있다. 그리고 그 중 하나가 이성들끼리 같이 일을 하게 하는 것이다.

개중에는 이성과의 만남을 거론하는 것 자체가 그다지 유쾌하지 않은 학생들도 있을 것이다. 그들은 "봉사를 권유하면서 왜 이성과의 만남을 이야기하지?"라고 의아해 할 수 있다. 하지만 어떤 일들을 추진하고자 할 때 주체하는 입장에서는 평균적인 사람들을 염두에 둘 수밖에 없다. 우리나라의 상황을 감안해 볼 때, 아니 어떤 나라도 마찬가지겠지만 평균적인 사람들은 대체로 봉사활동을 하려는 생각으로 중무장되어 있지 않다. 만약 그랬다면 이 세상은 지금보다 훨씬 살기 좋은 곳이었을 것이다. 훌륭한 동기에서 농활을 가고자 하는 학생들은 이성과의 만남을 이야기하는 것이 더 많은 사람들에게 봉사활동에 대한 관심을 촉발하기 위한 선택이라고 생각하고 훌륭한 동기를 가진 만큼 자신의 마음에 다소 들지 않더라도 아량을 베풀어 주면 좋을 것이다.

나는 농활을 가는 동기를 굳이 일원화해야 한다고 생각하지 않으며, 동기가 일원화되는 경우도 거의 없다고 생각한다. 정도의 문제는 있겠지만 철저하게 이성 때문에, 또는 철저하게 봉사에의 의지 때문에 농활을 가는 경우는 그다지 많지 않을 것이고, 철저하게 봉사를 하겠다는 생각을 가져야 할 이유도 없다. 나는 그저 여러 동기 중에서 봉사에 대한 관심이 포함되어 있는 것만으로 좋다고 생각한다. 이런 문제에 대해 나는 비교적 느긋한 편이다. 이왕이면 모든 것이 완벽하게 이루어진다면 더욱 좋겠지만 단지 조금이나마 함께 하는 삶에 관심을 갖게 되기만 한다면(이것이 당장이 아니라도 좋다), 그리고 단 한 사람만이라도 그렇게 된다면 그것만으로도 괜찮다고 생각해야 하지 않을까? 0보다는 1이 나은 것 아닌가!

(2) 2주 전에 해야 할 일

농활을 떠나기 2주 전에는 학생들에게 좀 더 구체적으로 이야기를 해 줄 내용들이 있다.

(ㄱ) 준비물 공지

먼저 준비물을 이야기해 주어야 한다. 지금까지 내가 농활을 가면서 준비하라고 했던 것들은 다음과 같다.

회비, 식사 두 끼(필수), 장갑(이왕이면 코팅된 것), 물, 수건, 긴 옷, 운동화, 자외선 차단제, 모자, 여분의 옷과 내의, 마스크, 그 외 MT 갈 때 준비하는 것들.

　이 중에서 식사를 준비해 오라는 요구에 대해 의아해 하는 학생들이 간혹 있는데, 실제로 도움을 받으러 가는 것이 아니라 도움을 주러 가는데 왜 자신들이 식사를 준비해야 하는가라는 의문을 가질 수가 있다. 이러한 의문에 대해서는 농활이 조금이나마 농촌에 도움이 되기 위해 가는 것이며, 피해를 주러 가는 것이 아님을 이야기해 줄 필요가 있다. 한 농민 분의 이야기에 따르면 전문적인 일꾼 1명이 하는 일은 일반적인 학생 5~10명, 심지어 20명이 하는 정도로, 많은 인력이 동원된다고 하더라도 농가의 입장에서 엄청나게 커다란 도움이 되는 것은 아니다. 이러한 상황에서 농촌에 식사 준비까지 요청할 경우 도움이 되기는커녕 오히려 피해만 주고 오게 될 수 있다. 이러한 이유로 식사를 준비해 가는 것은 상식에 해당한다는 이야기를 해 줄 필요가 있다.

　얇은 긴 옷은 특히 봄과 여름에 필요한데, 이는 뜨거운 햇볕으로 인한 화상을 방지하기 위해서, 그리고 일을 하다가 피부에 상처가 날 가능성

제대로 복장을 갖추고 일을 하는 학생. 아무리 더워도 얇은 긴 옷은 화상이나 상처를 피하기 위해 필요하다.

을 줄이기 위해 필요하다. 이 밖에 아주 간혹 여학생들 중에서 힐에
가까운 구두를 신고 오는 경우가 있는데, 이러한 신발을 신고 일을
할 경우 밭에 엉뚱한 구멍을 냄으로써 농사를 망칠 수 있음을 주지
시켜야 한다.

 내 경우 회비는 대체로 농활 가는 당일에 걷었는데, 이는 별로 권
하고 싶지 않고 미리 걷는 것이 좋다. 미리 걷는 것이 좋은 이유는 무
엇보다도 돈을 쓰는 용도를 확정할 수 있기 때문이다. 회비는 거의
버스 임대료에 사용한다고 생각하면 되고, 그 외 남은 회비는 뒤풀이
때 사용하면 된다. 회비는 말 그대로 실비만을 걷었는데, 다소 호들갑
스러운 것인지는 몰라도 나는 회비를 직접 걷어 본 적이 없으며, 회비
가 내 손을 거쳐 사용된 적도 없다. 또한 모든 돈 관리는 회비를 걷
은 학생이 했다. 행사가 모두 끝난 후에 간략한 결산 보고가 이루어
지지 않는 것은 아니지만 회비가 투명하게 사용되고 있음을 확실히
하기 위해 이러한 조치는 필요하다고 생각했다.

 최근 들어서는 기름값이 올라 버스 임대료가 비싸져서 회비가 남
는 경우가 없지만 과거에는 뒤풀이 시간에 일부를 쓰고, 남은 회비를
일을 했던 시설에 기부를 했다. 얼마 남지는 않았지만 뒤풀이 시간에
학생들의 의견을 물어 기부를 했고, 회비를 걷었던 학생이 직접 모든
학생들이 보는 앞에서 시설장에게 전달을 했다. 학생들이 개별적으
로 이를 어떻게 생각했는지는 몰라도 그 상황에서 터진 함성과 박수
로 미루어 보건대 다들 뿌듯해 하는 분위기였던 것으로 기억한다. 하
지만 지금은 이것이 사실상 불가능하며, 내 주머니에서 비용이 많이
나가지 않으면 정말 다행이다.

(ㄴ) 사전 교육

농활을 가기 1~2주 전에는 사전 교육이 이루어질 필요가 있다. 이때에는 가는 곳에 대한 소개, 가서 하는 일, 모이는 장소와 날짜 등 농활과 관련한 제반 사항 등을 알려주어야 한다. 내가 공지가 아닌 사전 교육에서 이루어져야 한다고 생각하는 내용은 (a)농활 당일의 유의 사항과 (b)농활을 가는 이유 및 농촌이 안고 있는 구조적인 측면 등에 대한 설명이다. 나의 강의안부터 잠시 살펴보자.

농촌 봉사활동 교수학습 강의안 예시

1. 학습 목표
- 농민의 삶을 몸으로 느끼고 배워 본다.
- 농촌의 현실에 대해 진지한 고민과 이해를 도모한다.
- 어려운 이웃과 함께 하는 삶의 계기를 마련한다.
- 노동을 통해 수업 참여자들끼리 친분을 만들어 본다.

2. 개 요
- 농활의 의의
  1) 개인적인 좋은 경험
  2) 농촌의 부족한 일손 돕기
  3) 농촌에 대한 진지한 고민과 이해
  4) 나눔의 실천을 위한 계기 마련

3. 핵심적인 고려사항
- 사유 능력( ), 감성 훈련(○), 사유와 실천의 조화(○)

4. 강의 방법

 • 발표( ), 동영상 시청( ), 온라인 토론( ), 오프라인 토론( ),
 강의( ), 그 외(○)

5. 일정과 준비물

 1) 일정

   주요 활동은 오전·오후 작업, 그리고 간단한 마무리 시간으로 이
   루어진다.

   간단한 일정을 말하자면 다음과 같다.

시간	활 동	시간	활 동
~9 : 30	작업 장소 도착	~17 : 00	오후 작업
~12 : 30	오전 작업	~18 : 00	간단한 마무리
~13 : 30	점심 식사 및 휴식		

 2) 행선지와 일자

   • 농활 가는 장소 : 솔뫼 공동체, 가난한 마음의 집

   • 가는 날짜 : ○월 ○일(토), ○월 ○일(일)

   • 기간 : 하루(아침부터 저녁까지)

   • 출발지 : 학교 정문

   ※ 주말을 이용해 당일로 갔다 오며, 교수자가 지정한 4일 중 하루
   를 선택함.

 3) 준비물

   • 회비 1만 원, 모자, 목장갑, 긴 옷, 옷 여벌, 운동화, 식사 두 끼, 음
   료수, 수건, 자외선 차단제 등

6. 유의사항

  1) 가기 전 유의할 점

    • 못 가는 사람은 반드시 최소한 1주일 전에 보고해야 함.

    • 간다고 하고서 안 가는 경우는 불이익 있음 : 버스 임대의 문제 및 작업에 차질 초래

  2) 농활 가서 유의해야 할 행동

    • 농민 분들이 거부감을 느끼지 않게 행동에 유의한다.

    • 개인 행동을 자제한다.

    • 안전에 유의한다.

7. 마음가짐

  • 수업의 일환으로 끌려왔다고 생각하지 말고, 또한 하나의 행사로만 여기지 말고, 능동적으로 준비하고, 활동을 통해 농민에게도 삭으나마 도움이 되고, 그 가운데 우리도 변화시켜 나갈 수 있는 계기를 마련하겠다는 생각을 가져 본다.

8. 농활 갔다 와서의 평가나 소감문

  • 농활이 개인적 경험 이상의 가치를 갖기 위해서는 평가나 소감문을 통해 경험을 정리하는 작업이 요구된다. 농활 프로그램이 발전적이고 긍정적인 방향으로 나아갈 수 있도록 개선되어야 할 점과 함께, 칭찬할 만한 것들에 대해서도 적극적으로 의사를 개진한다.

9. 농활 대체 리포트

  • 부득이한 사정으로 농활을 가지 못하는 학생은 리포트로 대체가 가능하다.

  ※ 온라인 카페에 올려놓은 농활 자료를 읽고 소감을 정리 제출

  ※ 리포트 분량 : 2장

※ 제출 시기 : ○월 마지막 주 수업 시간까지

10. 참고 자료
• 온라인 카페에 올린 농활 글
• 사회봉사 과목으로서의 농활

(a)와 (b) 모두에 대한 사전 교육 방법으로 적절한 것은 자료 화면을 보는 것이다. 적절하게 선택한 자료 화면은 농촌의 현실을 파악하는 데 도움이 되며, 농촌에 가서 어떤 일을 하게 되는지, 유의해야 할 점은 무엇인지 등을 안내해 주는 역할을 한다. 자료화면 시청은 농촌 내지 농활에 대한 관심을 촉발하는 데 일방적인 강의보다 훨씬 효과적이다.

이와 같은 자료 화면을 보고 난 후 교수자는 위의 강의안에 포함되어 있는 내용들을 전반적으로 짚어 줄 필요가 있다. 예를 들어 교수자는 농촌에 가서 구체적으로 무엇을 하며, 어떤 마음을 가져야 하고, 유의할 점은 무엇인지 등을 개괄적으로나마 직접 설명해 줄 필요가 있다. 먼저 행동상의 유의할 점과 관련해 교수자는 식사나 뒤풀이 후의 정리, 그리고 화장실 사용 문제를 유념시킬 필요가 있다. 이 중에서 특히 화장실 사용에 대해서는 각별히 주의를 시킬 필요가 있다. 시골은 여전히 재래식 화장실을 쓰는 경우가 적지 않은데, 이에 익숙하지 않은 학생들이 서둘러 화장실을 빠져나오려다 보니 뒤처리를 제대로 하지 않는 경우가 있다. 이러한 문제 때문에 하루 종일 열심히 일을 해 놓고도 좋은 소리를 듣지 못할 수 있는데, 이를 방지하기 위해서라도 뒷정리에 유의할 필요가 있다.

다음으로 주의를 시켜야 하는 것은 개인 행동이다. 예를 들어 남녀 커플이 함께 농활을 오는 경우가 있는데, 대부분 열심히 일을 하지만 간혹 둘만 어디로 사라져 버리거나 농촌 분들의 입장에서 보았을 때 지나친 행동을 할 때가 있다. 이와 같은 학생들을 그대로 방치할 경우 전체적인 분위기가 흐려지고, 나아가 농민들께 불편함을 초래할 수 있다. 미꾸라지 한 마리가 물을 흐린다는 말이 있듯이, 단 몇 명만 튀는 행동을 해도 그 파급 효과는 적지 않을 수 있다. 이처럼 남을 생각하지 않고 임의로 행동할 경우 단지 자신들 뿐만 아니라 다른 많은 학생들까지 욕을 먹게 할 수 있다. 때문에 개인행동은 최대한 자제를 요청할 필요가 있다.

또 한 가지 주지시켜야 할 것은 안전 문제다. 농촌에 가서 일을 하면서 특별히 위험한 것은 없다. 그럼에도 안전 문제는 아무리 강조해도 지나치지 않은데, 예를 들어 농촌에 가면 작업 장소로 이동할 때

농활은 말 그대로 여러 명이 함께 하는 공동 작업이다. 다 같이 열심히 하면 열심히 한 만큼 보람을 느끼게 되지만 일부가 게으름을 피우면 전체적인 분위기가 흐려진다.

에 트럭을 타는 경우가 있다. 이때 무릎을 꿇고 앉는 것이 불편해 트럭 화물칸 턱에 걸터앉으려 하는 경우가 있는데, 이렇게 할 경우 사고의 가능성이 있다. 교수자는 이를 주의시켜야 하며, 직접 농촌에 가서도 사고 예방을 위해 최선을 다해야 한다.

마음가짐과 관련해 교수자는 최선을 다해 일을 할 것을 학생들에게 요구해야 한다. 농활에 참여하는 모든 학생들이 열심히 일해서 농민들께 도움을 드리고, 본인 또한 새로운 계기를 마련하겠다는 생각을 갖는 것은 아니다. 또한 많은 학생들은 난생 처음으로 농촌에서 일을 하며, 농사일이 쉬운 것이 아니기 때문에 금세 지칠 수 있다. 이런 상황에서 일부 학생들이 나태한 모습을 보일 경우 이로 인해 다른 사람들마저 힘이 빠지고, 일이 더욱 힘들게 느껴질 수 있다. 거꾸로 이야기하자면 열심히 땀 흘리는 모습은 다른 사람들이 힘을 내어 일을 하는 데에도 도움을 줄 수 있다는 것이다. 교수자는 학생들에게 이러한 점을 명심하게 하고, 일일 농활은 기껏해야 하루도 아닌 한

교수자는 학생들이 올바른 마음가짐으로 열심히 일을 할 수 있도록 최선을 다해야 한다.

나절 동안의 일이니 이왕 하는 것 최선을 다해 일할 필요가 있음을
말해 줘야 한다.

이 밖에 교수자는 자신이 만들어 놓은 온라인 게시판 등을 이용해
사전 교육에 포함되었으면 하는 내용이나 자료 등을 올려놓으면 좋
은데, 게시판은 예컨대 농활 당일 폭우가 쏟아지는 등의 돌발 상황
에 대처하기 위해 연락처를 올려놓거나 수업 시간에 말하지 못했던
내용을 추가하고자 할 경우에, 학생들의 질의에 응답하기 위해, 농활
대체 리포트 또는 농활을 가는 이유 등에 관한 자료를 올려놓는 데
활용하면 좋을 것이다.

3. 당일에 해야 할 일

농활 가는 날의 일정은 아침에 출발하기 전에 할 일과 도착하자마자
할 일, 점심시간, 작업 시간, 그리고 뒤풀이 시간 등으로 나누어 볼
수 있다. 대략적인 하루 일정은 다음과 같다.

시간	활동	시간	활동
~7 : 20	집합과 출석체크	~1 : 00	점시 식사 및 휴식
7 : 40	출발	~17 : 00	오후 작업
~9 : 30	작업 장소 도착	~18 : 00	뒤풀이와 정리
~12 : 00	오전 작업	18 : 00	출발

1) 출발하기 전

아침에 약속 장소에 도착을 하면 와 있는 학생들부터 출석 체크를 하고 버스에 태우면 된다. 대체로 약속 시간에 정확히 모든 학생들이 와 있는 경우는 사실상 없고, 특히 이른 시간에 만나는 것이기 때문에 늦는 학생들이 적지 않다. 이에 따라 실제로 출발하고자 하는 시간보다 다소 이른 시간에 집결을 시키는 것이 좋다. 버스를 타고 가면서 중간에 휴게소에서 쉴 수도 있지만 그렇게 할 경우 시간이 생각보다 지체될 수 있으니 가급적 출발하기 전에 구입할 것을 구입하고 미리 화장실에 갔다 오게 할 필요가 있다. 늦게 오는 학생들을 기다려주는 시간은 인솔자가 알아서 정하면 된다. 단 너무 지체되는 경우는 없어야 할 것이다.

2) 도착해서

학생들이 일찍 일어났기 때문에 대체로 일할 장소에 도착할 즈음에는 잠을 자고 있다. 그런데 잠에서 깨고 나서는 한동안 동작이 굼

농활 장소에 도착해서 본격적으로 일을 하기 위해 준비하는 모습.

뜨고, 추워할 수 있기 때문에 도착하기 10여 분 전에는 학생들을 깨워서 워밍업을 시킬 필요가 있다. 도착해서는 화장실 갔다 올 사람은 갔다 오게 하고, 옷 갈아입을 사람은 갈아입게 하는 등 서둘러 작업할 준비를 시킨다. 방금도 언급했지만 도착하고 나서 학생들을 재촉하지 않으면 불필요하게 시간이 많이 지체되니 이 부분에 특히 유념해야 한다.

일할 준비가 되면 곧장 모이게 하여 대략 10명 정도를 한 조로 팀을 나누어 준다. 팀장은 고학번 학생이나 군대를 갔다 온 학생이 맡으면 좋고, 가급적 남녀를 골고루 섞어 주는 것이 이런저런 이유로 좋다. 어떤 일을 하는가는 상황에 따라 다른데, 이에 대해서는 그곳 주민이 설명을 해주는 데 따르기만 하면 된다. 일은 전혀 기술이 필요치 않은 단순 작업인 경우가 대부분이며, 짧은 시간 내에 노하우를 터득할 수 있는 것들이라 그다지 걱정을 하지 않아도 된다.

학생들이 일할 준비를 하고 나와서 조별로 앉아서 간단하게 오리엔테이션을 받고 있다.

3) 일을 할 때

　일은 오전 작업과 오후 작업으로 나누어지는데, 인솔자는 가급적 학생들과 함께 일을 해야 할 것이고, 말 그대로 모범이 되기 위해 열심히 일을 해야 한다. 학생들이 여러 곳으로 분산되어서 일을 할 경우에는 한 곳에만 머물지 말고, 학생들이 일하는 곳을 두루 방문하여 함께 일을 하는 것이 좋다. 이는 교육적인 효과와 학생들과의 소통을 위해 중요하다. 뒷전에서 일을 시키기만 하고 본인은 별다른 작업을 하지 않을 경우 교육 효과라는 측면에서는 아예 가지 않느니보다 못할 수 있으며, 짧은 시간이라도 함께 일을 한 경우와 그렇지 않은 경우에 학생들이 인솔자를 보는 눈빛이 다르다. 인솔자가 어떤 경우에도 잊어서는 안 되는 것은 활동의 교육적인 효과와 농민들에 대한 실질적인 도움이다. 다시 말해 교육적인 효과를 얻기 위해서 농민들에게 도움을 주는 것을 망각해서는 안 되고, 거꾸로 농민들에게 도움을 주기 위해 교육적인 효과를 잊어서도 안 되는 것이다.

학생들이 지쳐갈 무렵 기운을 북돋우기 위한 한 가지 방법은 하이파이브를 하는 것이다.

내가 일을 하면서 자주 하는 것은 하이파이브다. 하이파이브는 학생과 소통을 하겠다는 의지의 표명이라 할 수 있으며, 일에 지쳐 힘겨워할 때 새로운 힘을 불어넣기 위해 하는 것이다. 이것이 아무 것도 아니라고 생각할 수도 있고, 또한 불필요하다고 생각할 수도 있지만 학생들의 마음을 열게 하는 데에는 하이파이브만큼 좋은 방법은 없는 듯하다. 예컨대 일을 하면서 좀 더 학생들에게 가까이 다가가기 위해 일일이 붙잡아 놓고 호구 조사를 할 수는 없는 노릇이고, 그렇다고 입을 꼭 다물고 일만 할 경우에는 학생들이 편하게 다가설 수도 없을 것이다. 하이파이브는 특히 점심을 먹고 나서 2-3시 정도에 효과를 발휘하는데, 하루 일과 중 가장 일이 힘들 때인 이 시기에 서로 기운을 북돋아 주기 위해서라도 하이파이브를 자주 할 필요가 있다.

4) 점심 시간

점심 시간은 학생과 인솔자가 친해질 수 있는 시간이기보다는 함께 일을 한 학생들끼리 서로를 알아갈 수 있는 시간이다. 이 때 대부분의 학생들은 식사를 준비해 오지만 피치 못할 사정으로 준비를 해 오지 못한 학생들이 있는데, 이들이 굶지 않게 적절히 배려를 해주어야 한다. 또한 음료수도 충분히 공급해 줄 것을 잊지 말아야 하며, 식사를

학생들이 따가운 햇살을 피해 버스를 그늘 삼아 식사를 하고 있다.

하고 난 장소를 깨끗하게 청소할 것을 주지시켜야 한다. 가급적 점심은 팀원들끼리 하도록 분위기를 조성해 줄 필요가 있으며, 조금만 분위기를 만들어 주면 팀원들끼리 친해지는 계기를 만들 수 있다. 점심시간은 가급적 길지 않게 1시간 내외로 잡는 것이 좋은데, 너무 많이 쉬어 버리면 오후 작업이 힘들어질 뿐더러 일을 하는 시간이 휴식에 비례해서 짧아지기 때문이다.

5) 뒤풀이 시간

뒤풀이 시간은 봉사라는 측면보다는 교육적인 측면과 흥밋거리를 제공하여 봉사활동에 대한 긍정적인 생각을 갖게 하기 위해 필요한 시간이다. 이러한 시간을 가짐으로써 상대적으로 일을 하는 시간이 짧아질 수 있겠지만 좀 더 장기적인 안목에서 보았을 때, 다시 말해 교육적인 효과를 얻기 위해서는 이와 같은 시간은 반드시 필요하다. 적지 않은 학생들은 농사일이 처음이라 어느 정도 이상의 노동을 하면 완전히 지쳐 버리게 된다. 심지어 몸이 약한 학생은 오전부터 지친 기색을 보이기도 한다. 때문에 하루 종일 노동만을 하기란 쉽지 않고, 그렇게 할 경우 재미는 그다지 없고 오직 노동만을 했던 하루라는 생각을 하게 될 가능성이 적지 않다. 그리고 이러한 생각이 머리에 박힐 경우 봉사가 지겹다는 생각을 하게 될 수가 있는 것이다.

이러한 문제를 극복하고 학생들이 농활을 또 가고 싶다는 생각을 갖게 한다는 차원에서 재미를 곁들일 필요가 있는데, 그 방법이 바로 뒤풀이다. 뒤풀이는 하루 동안 함께 일을 한 조원들끼리 모여 간단하게 막걸리와 다과를 나누면서 게임 등을 하는 시간으로, 굳이 많은 것들을 준비하지 않아도 조금만 계기를 만들어 주면 알아서들

현재 가장 열심히 나와 농활을 가고 있는 박지용 교수님이 '가난한 마음의 집' 원장님
을 학생들에게 소개하고 있다.

즐겁게 논다. 이때 지나친 과음은 피하도록 주의를 줄 필요가 있다. 그렇지 않을 경우 돌아올 때 용변 등을 위해 버스가 수시로 멈출 수밖에 없는 상황을 맞게 된다. 인솔자는 뒤풀이를 할 때 돌아가면서 노고를 치하해 주면 좋은데, 너무 오래 한 곳에 머물면 젊은이들끼리의 친목에 오히려 해가 될 수 있으니 상황을 봐서 적절히 빠져 줄 필요가 있다.

출발 시점이 되면 게임 등을 마무리 하게 하고, 간단하게 주민 대표와 인솔자의 이야기를 듣는다. 그리고 나서는 뒤풀이 장소를 깔끔하게 치우고, 화장실을 다녀오게 한 후 버스에 올라탄다. 아무리 하루 동안 열심히 일을 했다고 해도 마지막 마무리를 잘하지 않으면 좋은 인상을 줄 수 없으니 깨끗하게 용변을 보는 것과 뒤풀이 장소를 깔끔하게 치우는 것을 잊지 않도록 한다.

뒤풀이 비용은 차량 임대에 사용하고 남은 회비, 지역주민과 인솔자의 각출로 해결하는 것이 무난하다. 일을 한 곳에서 다과와 막걸리 등을 준비해 주시는 경우가 많지만 인솔하는 입장에서 볼 때 이것이

작업을 마무리하고 농활을 간 학생들이 모두 모여 뒤풀이를 하고 있다.

여간 송구스러운 것이 아니다. 그곳에서 이를 준비하게 되면 사실상 도움이 전혀 되지 않는 경우도 생길 수 있기 때문이다. 회비의 일부를 뒤풀이에 어느 정도 사용하기 위해서는 버스 임대 비용을 최소화해야 한다. 이는 싸게 버스를 임대하거나 버스에 타는 학생들의 수를 최대화함으로써 가능하다. 그런데 이렇게 할 경우 버스 임대료가 비싸지는 먼 곳으로 농활을 가기가 어려운데, 최근 버스 임대료가 높아지면서 뒤풀이 비용 문제는 고민을 해보아야 할 현안으로 대두되고 있다. 학생들의 주머니 사정을 감안한다면 뒤풀이 비용에 쓸 수 있을 만큼 회비를 여유 있게 걷는 것이 쉬운 일은 아니다. 만약 학교나 기업 등 후원을 해주는 곳이 있다면 이런 문제가 해결될 수 있는데, 이러한 후원을 과연 받을 수 있을지가 의문이다.

6) 돌아와서

일단 학생들이 버스에 올라타면 사실상 농활 일정은 마무리된다. 돌아오는 시간은 너무 늦어지지 않도록 일정을 조정할 필요가 있고,

특히 일요일은 차가 막힐
것을 염두에 두어야 한
다. 돌아와서의 일정은 각
조의 몫이다. 하지만 일
찍 도착했다면 몰라도 너
무 늦게 돌아왔을 경우에
는 또 다른 뒤풀이 시간
은 나중으로 미루고 귀가

버스에서 하루 동안의 고된 노동으로 지쳐 잠든 학생들.

를 하도록 이야기해 줄 필요가 있다. 피곤하고 지친 상태이기 때문에
깔끔한 마지막 마무리가 이루어지지 못할 수가 있는데, 도착 장소에
이를 즈음해서는 버스에 버려놓은 쓰레기 정리를 잊지 않도록 주지
시킬 필요가 있다. 내 경우 최종 마무리는 버스에서 내리는 학생들과
최종 하이파이브를 하며 하루 동안의 수고에 감사를 표하는 것이다.

4. 농활 이후

농활을 다녀온 후에도 교수자가 해야 할 일은 남아 있다. 먼저 교수
자는 농활에서의 경험을 서로 나누거나 정리할 수 있는 방안을 마련
할 필요가 있다. 이는 학생들이 자신의 경험을 정리하고, 장래에 봉
사와 관련한 의지를 다지게 한다는 측면에서 중요하다. 이러한 작업
이 이루어지지 않을 경우 농활은 단순한 개인적 경험 이상의 가치를
가질 수 없게 될 수 있다. 정리 작업은 온라인상에 글을 올리는 방법

도 괜찮고, 미리 온라인상에 올려놓은 농활과 관련해서 읽어 볼 만한 자료와 직접적인 경험을 결합해서 소감을 간단하게 제출하게 하는 것도 좋다.

농활소감문

미디어학부 김지은

농활 논문에서는 농활을 가야하는 이유로 젊은이들이 우리 사회에서 살아가고 있는 많은 사람들에 대해서 진지하게 고민해야 한다고 주장한다. 나는 이 문장이 농활을 가야 하는 가장 타당하고 적절한 이유라고 생각한다. 많은 친구들이 대학에 들어오고 나서, 대학에서는 그저 취업을 위한 준비와 함께 학점 관리에만 목숨을 걸고 하는 경향이 있다. 나 역시도 그러했지만, 이번 농활을 통해서 우리 사회에서 함께 살아가고 있는 여러 사람들에 대해서 생각해 볼 수 있는 계기가 되어서 너무 좋았다.

그리고 농활 논문에서 인상 깊었던 문장 중에 하나는 '사유 없는 실천은 맹목이고, 실천 없는 사유는 공허하다'라는 문장이었다. 아직까지 많은 대학생들은 올바른 인격 형성을 위해서 '그저 인문학 공부만 많이 하면 되겠지'라는 생각을 많이 한다. 그렇지만 인문학 공부는 사유 능력을 키우는 데 도움이 될 뿐 실천이 결여된 사유능력은 인격 형성에 큰 도움이 못 된다는 사실을 이번 농활을 통해 깨달았다. 그저 사회적으로 열악한 환경의 분들을 머릿속에서만 생각하고 걱정한다고 해서 그 분들에게 직접적인 도움이 되지 않는다. 그분들에게 도움을 주고 싶다는 생각을 실천으로 옮겨야지만 그분들에게 직접적인 도움이 되는 것이다.

그렇지만 논문에도 나와 있다시피 생각을 실천으로 옮기는 일은 생각보다 상당히 어려운 일이다. 이를 위해서 필요한 것이 도덕적 감성이라고 논문에 나와 있다. 도덕적 감성이라는 것이 무엇인지 잘 몰라서 인터넷 검색을 해보니 도덕적 감성은 의욕을 자극하고 행위를 유발하는 것이라고 나와 있었다. 이러한 도덕적 감성은 교수님이 농활가기 전 시간에 보여 주신 다큐멘터리를 통해서 깨달을 수 있게 되었던 것 같다. 힘들지만 다른 사람을 도와주는 것이 얼마나 기쁘고 소중한 일인지 영상을 통해 느낄 수 있었고 또한 농활을 가기 전 충분한 동기부여가 되었다. 그리고 농활을 가서는 직접 내 행동을 통해서 그것을 경험할 수 있어서 좋았다.

그리고 논문에서는 사회봉사과목의 문제점 중 하나로 지도교수가 봉사활동에 함께 참여하지 않는 것을 들고 있다. 그렇지만 이번 농활을 통해서 교수님이 함께 땀 흘려 일하시는 모습을 볼 수 있어서 더 좋았던 것 같다. 얼굴에 빨간 볼터치를 하시고 밀짚모자를 쓴 채로 여기저기 뛰어다니시면서 일하시는 교수님 모습을 보면서, 힘들었지만 계속해서 일을 할 수 있었다.

처음에 농활을 지체장애인 시설인 가난한 마음의 집에서 운영하는 포도밭으로 간다고 했을 때 혹시나 그분들과 만나서 이야기를 나누는 일을 하게 되면 그분들이 상처를 입지 않을까 걱정했었다. 나는 물론 한번 그냥 봉사활동을 갔다 오는 것 이지만, 그분들께는 이런 젊은 학생들과 만나서 이야기를 나누는 것이 흔치 않은 기회이기 때문에, 헤어지고 나서 오는 공허함이 크시지 않을까 걱정했었다. 그렇지만 논문에서 나와 있던 것처럼 그분들과 직접 만나는 것이 아니라 단순히 농사일만 도와주는 농활이었기 때문에 그 분들께 직접적으로 부정적 영향을 끼치 않았다는 데서 더 좋았다.

이번 농활을 통해서는 도덕적 인성함양을 위한 실천의 중요성, 함께 일하는 즐거움, 여러 가지 과일과 곡식에 대한 소중함을 느낄 수 있었던 좋은 계기가 된 것 같다. 첫째로, 학교에서 많은 공부를 하고 지식을 쌓는 것도 좋지만, 이런 실천적인 행동을 통해 더 많은 것을 배울 수 있다는 것을 깨달았다. 조금이나마 어려운 환경에 처해있는 분들께 도움이 된다는 생각에 너무 기뻤고, 보람 찼다. 뿐만 아니라 경영학과 분들과, 경찰대 분들과 함께 일하면서 많은 것을 배웠다. 처음 보는 사이이지만, 서로 협력하고 도와주면서 함께 일하면서, 개인주의적인 관계가 아닌 서로 협동하는 마음을 기를 수 있었던 좋은 기회가 되었다. 또한 농활을 통해 농산물에 대한 소중함 느낄 수 있었다. 포도 하나를 재배하는 데에 얼마나 큰 노력과 시간이 들어가는지 절실히 느꼈고 포도 외에도 많은 농산물들의 소중함을 한 번 더 일깨워 주는 좋은 계기가 되었던 것 같다.

다음으로 필요한 것은 농활에 대한 평가다. 이는 농활 프로그램의 개선을 위해 필요하다. 평가에서는 개선되어야 할 점과 더불어 긍정적인 점들에 대한 구체적인 언급을 요구할 필요가 있으며, 농활을 준비할 때부터 마무리가 이루어지기까지의 과정을 부분별로 나누어서 검토를 하는 것이 좋을 것이다. 이를 통해 농활 프로그램은 장점을 살리고 단점을 보완하면서 더욱 발전적인 방향으로 나아갈 수 있게 될 것이다. 이 밖에 어려움을 함께 나누려는 노력이 필요한 윤리적 이유 등에 대한 수업을 하는 것도 좋다.

또 한 가지 해야 할 일은 학생들의 봉사활동 증명서를 만들어 주는 것이다. 이를 위해서는 학생들의 주민번호가 필요한데, 이를 취합해서 봉사를 했던 곳으로 보내 사회복지 봉사활동 인증관리에 등록을 하거나 직접 봉사활동 증명서를 만들어 줄 것을 요청해야 한다. 필자가 현재 농활을 가고 있는 곳은 모두 증명서의 직접 발급이 가능하거나 봉사활동 인증관리에 등록이 가능하다. 하지만 다른 곳에서도 증명서나 봉사활동 인증관리 사이트에 등록이 이루어질 수 있는지에 대해서는 아는 바가 없다. 만약 이것이 가능하지 않다면 이것이 가능할 수 있도록 정부 기관 등에 요청할 생각이다.

이처럼 봉사활동 증명서 발급까지 모두 정리가 되면 한 학기 동안의 농활 일정은 완전히 마무리된다. 만약 사진을 찍거나 동영상을 제작하는 사람을 별도로 둘 수 있다면 이들이 찍거나 제작한 자료를 학기 말에 함께 보는 것도 농활의 효과를 높이는 한 방법일 것이다. 하지만 나는 이를 실행해 보지 못했다. 농활에 관한 제반 사항을 사실상 내가 모두 관리하고 처리해야 했기 때문에 그것까지 신경을 쓸 겨를이 없었기 때문이다. 과거에는 사진을 찍는 것 자체에 대해서마저도 왠지 부정적인 생각이 없지 않았다. 별로 일도 하지 않았으면서 공연히 생색을 내는 것 같기도 하다는 생각에 사진을 찍지 않으려

했던 것이다. 그런데 이 또한 지나고 보니 편견일 수도 있다는 생각이 들었고, 최근 들어서는 오히려 자료를 남겨서 이를 공유하면 농활의 효과가 더욱 지속될 수도 있다는 생각을 한다. 이러한 이유로 근래에는 사진을 찍기도 하는데, 그럼에도 일손을 돕는 것이 사진을 찍거나 동영상을 만드는 것보다 중요하다는 생각에 자료를 만드는 것은 사실상 포기하고 있다. 하지만 별도로 자료 화면을 만들어줄 제작자가 따라 갈 수 있다면 나중을 위해서라도 자료는 만드는 것이 좋을 듯하다.

앞에서도 언급한 바와 같이 지금까지 언급한 내용은 필자가 대학에서 교양 교육을 담당하면서의 경험을 정리한 것이다. 만약 단체나 기관 등의 지원을 받아 농활을 갈 수 있다면 인솔자는 내가 겪을 수밖에 없던 몇 가지 어려움들을 해결할 수 있을 것이다. 이 경우 농활은 인솔자와 준비자의 작업이 어느 정도 분리되어서, 재정적인 문제를 걱정하지 않으면서 시행될 수 있을 것이다. 예를 들어 관공서가 주관하여 주민들이 농활을 가게 된다면 준비자들은 가고자 하는 사람들의 확보를 위해 관내에서 홍보를 하고, 여기에서 결정된 인원에 맞춰 버스를 임대하면 그 역할을 다하게 된다. 인솔자는 준비가 다 끝난 상태에서 신청자들과 함께 농촌에 갔다 오기까지의 일만 맡으면 된다. 이처럼 농활을 주관하는 사람이 혼자가 아닐 경우 일에 대한 분담이 이루어질 수 있으며, 뒤풀이 비용 등을 감안해 회비를 걷을 수 있기 때문에 뒤풀이에 대한 부담도 덜 수 있을 것이다. 봉사활동 시간을 채워야 하는 사람들이 적지 않다는 점을 감안해 보았을 때, 농활에 대한 수요는 분명 있을 것이다. 설령 없다고 해도 이를 만들어내기 위한 정부 등의 뒷받침이 있을 경우 수요는 만들어질 수 있을 것이며, 또한 만들어져야 한다.

5. 질의/응답

이번에는 질의/응답 형식을 빌어 상기 내용에서 빠진 부분이나 선명하게 드러나지 않았던 부분을 살펴보도록 하자.

Q 1. 몇 박 며칠로 가는 것이 좋은가?

농활을 갔다 올 수 있는 방법은 다양하다. 가장 대표적인 것은 방학을 이용해 여러 날을 다녀오는 것이다. 하지만 내가 염두에 두고 있는 농활은 하루 일정으로 다녀오는 것이다. 여러 날 다녀오는 농활과는 달리 이와 같은 방식의 농활은 가는 사람도 그렇게 부담을 느끼지 않고 다녀올 수 있다. 이는 1박 2일이라는 형식을 취할 수도 있다. 예컨대 MT와 일손 돕기를 병행한 농활도 가능하다.

Q 2. 무엇을 준비해서 가야 하는가?

기본적인 것은 다음과 같다. 회비(차비), 모자, 목장갑, 얇은 긴 옷, 옷 여벌, 식사, 운동화, 음료수, 수건, 자외선 차단제 등. 개인적으로 간다면 모든 것을 현지 조달할 수 있는 방법이 있으니 별 문제가 없지만 학교에서 가고자 할 경우 반드시 준비해야 할 것은 차량과 식사다. 이 밖에 인솔자가 간단한 의약품을 준비하는 것이 좋다.

Q 3. 어디로 갈 수 있는가?

현재 내가 가는 곳은 경기도 가평 율길리 소재 정신지체 장애인 시설인 '가난한 마음의 집'과 충북 괴산군 이평리 소재 유기농 공동체인 '솔뫼공동체'다. 이 중 솔뫼공동체의 블로그 주소는 http://blog.daum.net/solmoefarm이고, '가난한 마음의 집'의 카페 주소는 http://www.kamajib.com다. 이 밖에 갈 수 있는 곳은 얼마든지 있으며, 농촌사랑운동본부의 인터넷 사이트인 http://www.ifarmlove.com/index.jsp를 방문해서 요청을 하면 적절한 곳을 소개해 줄 것이다. 특히 일손이 간절히 요청되는 곳을 파악해서 그러한 장소로 농활을 간다면 실질적이고도 효과적인 봉사활동이 이루어질 수 있을 것이다.

Q 4. 봉사활동증명서를 만들어 주는가?

내가 방문하는 두 곳은 봉사활동증명서를 만들어 주고, 하루 8시간의 활동을 인정해 준다. 아마도 활동을 인정받는 것은 크게 어려움이 없을 것이다. 그럼에도 농촌은 말 그대로의 복지 시설이 아니기 때문에 아직 활동 증명서 시스템이 제대로 구축되지 않은 상태일 수 있다. 이러한 상황이라면 내가 직접 나서서라도 봉사활동을 인정받을 수 있도록 정부 기관 등에 요청할 생각이다.

Q 5. 언제 가서, 무엇을 하는가?

농촌은 겨울을 제외하면 거의 항상 일이 있다. 물론 농사일 경험이 있는 사람이 할 수 있는 것과 그렇지 않은 것이 있을 수 있는데, 초보자들은 가장 단순한 작업을 하면 된다. 나는 대학의 특성상 매학기 중간고사가 끝나고 집중적으로 일을 하러 가는데, 4월 말에는 비닐 깔고 그 위에 흙덮기, 묘종심기, 말목 박기 등을, 10월 말에는 비닐걷이를 주로 했다. 그리고 8월 말에는 고추 수확 등을 했는데, 가서 해야 할 일은 별로 걱정할 필요가 없다. 작업을 담당하시는 분들이 계시고 그 분들이 지침을 내리는 바에 따라 작업을 하면 되기 때문이다.

Q 6. 어떤 모임이 농활을 갔다 오는 데에 적합한가?

봉사활동을 하고자 하는 모든 사람들이 농활을 갈 수 있다. 예를 들어 대학 교양 수업이나 봉사 관련 수업 뿐만 아니라 고등학교에서도 농활을 갈 수 있고, 관공서 등이 지역 주민들을 위해 버스를 마련해서 갈 수도 있다. 이러한 방법은 방송국, 연예인, 회사나 종교 단체 등도 마찬가지로 활용할 수 있다.

Q 7. 인솔자는?

이 또한 다양하게 생각해 볼 수 있는데, 대학에서는 과목을 담당하는 교수가 책임자로 함께 가면 되고, 고등학교에서는 담임 선생님이나 담당 선생님이, 만약 관공서에서 버스를 마련해서 간다면 담당 공무원이 책임을 맡으면 된다. 하지만 이처럼 인솔을 하고 다녀올 경우 인솔자에게는 일정한 수당을 지불할 필요가 있다.

Q 8. 무엇을 하는 것이 농활 효과를 지속시킬 수 있는가?

개인적으로는 갔다 온 사람들끼리 봉사 모임을 만드는 것이 좋을 듯하다. 교수자가 봉사 모임을 만들어서 운영을 할 경우 학생들의 지속적인 나누는 삶을 도모할 수 있게 된다. 농활을 가서 함께 땀을 흘리게 되면 서로에게 끈끈한 무엇인가를 느낄 수 있다. 그리고 왠지 뿌듯하다는 생각이 든다. 이처럼 고무된 상황에서는 모임을 만들기가 비교적 용이하다. 농활이 계기가 되어 함께 하는 삶을 고민하는 모임들이 많이 생겨났으면 좋겠다.

6. 농활의 효과

지금까지 나는 농활을 준비하는 단계에서부터 마무리하기까지의 구체적인 방법을 설명했으며, 농활이 훌륭한 봉사 프로그램이라는 것을 이야기했다. 나는 농활이 봉사활동을 하는 사람들에게 뿐만 아니라 농촌에 계신 분들에게도 좋은 활동임을 강조했다. 그런데 이러한 이야기가 단지 필자만의 생각에 불과하며, 실질적으로는 별다른 효과가 없다고 생각하는 사람이 있을 수 있다. 이하에서는 농활이 좋은 프로그램이라는 생각이 단지 나만의 생각이 아님을 보이기 위해 학생들이 온라인상에 올린 글이나 리포트로 제출한 글, 봉

늦가을의 비닐걷이는 농촌에서 처음으로 일을 하는 사람들에게 매우 적합한 활동이다.

사를 하러 갔던 곳인 '가난한 마음의 집' 원장님의 글, 그리고 학생들을 인솔해서 갔던 선생님의 글을 실었다. 이를 통해 독자들은 지금까지의 필자의 주장이 단지 주관적인 느낌에 불과한 것이 아니라 어느 정도 객관성을 갖는다는 사실을 알 수 있을 것이다. 이러한 글들은 정리된 글이 아닌 체험담이기 때문에 더욱 생생하게 농활의 모습을 전달하고 있을 수 있다. 여기에는 내가 지금까지 한 이야기들의 내용이 곳곳에 묻어있을 것이며, 독자들은 대략 어떤 맥락에서 하는 이야기인지 짐작할 수 있을 것이다. 나는 그들의 이야기 속에서 농활이 갖는 장점이 어느 정도 드러나리라 생각한다. 농활의 실효성에 의문을 품는 사람들은 내가 어떤 자료를 제시해도 계속해서 의문을 제기할지도 모른다. 그런 분들은 의문을 제기하면서 부정적인 생각만 하려 하지 말고, 직접 농활을 가 볼 것을 권해 본다. 그리고 한 번의 경험으로 농활에 대한 생각을 정리하려 하지 말고, 더 나은 방향이 무엇인지를 고민하면서 열린 마음으로 농활의 장단점 등을 파악하려 해보길 바란다.

1) 학생들의 후기

ㅋㅋㅋ

정말 색다른 경험이었답니다…ㅋㅋㅋ

처음에 모이는 장소에 갔을 때 사람들이 많이 안 와서 친구랑 많이 헤맸는데요~~ 나중 되니깐 사람들이 하나 둘씩 모이더군요~~

첨엔 거기 계신 아저씨 아줌마들이랑 농활 가는 줄 알았어요ㅠㅜㅋ

여튼 도착한 장소 충북 괴산… 공기 엄청 좋더라구요˘^˘–^ㅋㅋ

오전엔 간단한 풀뽑기하구… 본격적으로 리얼 삽을 들고 삽질할 땐…왠지 모르게 땡기더군요.ㅋㅋ

이게 말로만 듣던 삽질!!!!! ㅋㅋㅋ 삽질의 생명은 각도라는 걸 거기서 알게 되었죠˘˘ㅋㅋㅋ

여튼… 힘은 좀 들었지만. 농촌 봉사활동이란 것이 이런 것이구나 하는 생각이 들었죠..ㅋㅋ

중간 중간 쉬는 타임에 가치 갔던 사람들이랑 얘기를 못 나눠서 아쉽네요.

친구들이랑 많이 가서… 친구들이랑 수다 떠느라˘˘ㅋㅋㅋㅋ

정말 즐거웠구염˘

교수님 팅 안 시켜 줘서 절대 안 삐져요.˘ㅋㅋ

약간만 실망 했을 뿐…ㅋㅋ

전 괜찮은데… 딴 애들은 실망한 듯.

아마… 밤에 조심하셔야 할 꺼예욤˘˘^0^ㅋㅋㅋ

ㅋㅋㅋ

그럼… 수업시간에 봐요˘^0^ㅋ

재수강하고픈 수업이지만… 장학금을 위해서… A+ 받을 꺼예요 ˘^–^ㅋㅋㅋ

그럼 전 이만˘˘

— 채병규

*

아침에 일어나선… 후홋 5시 30분에 일어났는데 '이걸 가야 하나…

아님 늦잠 잤다 하고 레폿으로 대체할까˜?' 고된 생각으로 약 5분을 소비한 후… '에잇 그래도 몸으로 때우고 말아야지' 하는 생각으로 친구와 함께 너구리라는 넘이 있는 롯데 월드 앞으로 향했죠 ㅎㅎ

아침부터 이게 웬일인지 현금인출기가 작동을 하질 않아 __;; 이거 버스 바닥에 앉아가면 어떡하지 하는 약간 걱정스런 마음과 함께 갔는데 ㅎㅎ 머 나중에 버스 자리에 앉아 갔죠 __;; 친구한테 돈 빌리고 ㅎㅎ

좀 부끄러운 말일수도 있지만 대학 들어와서 첨으로 가는 농활이어서 그런지 디게 많이 기대했습니다^^ 근데 머 막상 갔다 와보니 뿌듯함만이 남았죠 ㅎㅎ

가는 길의 안에서 친구들 아니면 친한 사람들이 없으니 서로 대화도 없고 그냥 자기들끼리만 재미있게 놀구^^ ㅎㅎ 그런 분위기였죠… 새벽에 다 못잔 잠을 조금이나마 채우려고 자다 일어났더니 약간 울렁거리는 시골길을 버스가 엉금엉금 기어가면서 차장 밖엔 버드나무 가지들이 우리들을 마을로 못 들어가게 하는지 ㅋㅋ 터턱터턱 부딪히는 소리가 들렸죠…

도착해선 빠지면 다시 살아나오지 못할 것 같은 화장실에 가서 일을 본 후 ㅋㅋ 바로 실전투입…

트럭을 타고 올라가는데 우왓 무릎 뽀개지는 줄 알았어요. 그리곤 안 되겠다 싶어 일어서서 친구의 등을 잡았는데 마치 말 타는 꼴이 된 ㅋㅋ 이랴˜˜!!

약 5분 정도 올라가서 내려선 언덕으로 올라갔는데˜* 우왓 약간 구라 좀 섞어서 드넓디 넓은… 밭이 나타났는데… 나중에야 머 일을 다 마쳐서 그런 생각 안했지만, 첨엔 그냥 '아 여기 오늘 밭이랑 좀 확

보기에는 낭만적일 수 있지만 막상 트럭을 타고 가면 기다리는 것은 만만치 않은 밭일이다.

실히 만들고, 바로 뭘 좀 심다가 가겠구나…' 했는데 이게 왠…

첨에 이랑 끝부분 좀 더 확실히 틔어 주고 담엔 바로 비닐 덮어씌우기. 그때부터 삽질의 하루가 시작되어선… ㅎㅎ 완전 전신운동 삽질 주특기 만들기 프로젝트에 들어갔죠 ㅎㅎ 거의 반을 했나. 중간에 질퍽거리는 흙을 만나서 고생을 하곤 밥을 먹었죠 ㅎㅎ 꿀맛이었는데…

이때 교양같이 듣는 사람들이랑 예전보단 많이 친해졌죠~* 서로 이야기도 해가며 약간~ 뻘쭘한 분위기 가운데 밥을 다 먹곤^^ 아래에 있는 계곡으로 가서 양말 벗고 물속에 들어가 더위를 식히며 물장구(?)도 치고 ㅎ 아쉽게도 한명도 물속에 풍덩하질 않았지만 ㅋㅋ 넘 악담인가^^ 그 후에 다시 올라가선 삽을 부여잡고 영차영차~* 일을 하기 시작해서…

비닐을 다 덮어씌우고… 언제쯤이더라 다시 한 번 더 휴식 시간을 가지면서 삶은 달걀과 막거른 술을 마시면서 ㅋㅋ 쉬다가 또 일어나선 이제 부터 거의 본격적으로 콩을 심기 시작했죠. 2개씩 흙 부분을 떼어서 손가락으로 쑤욱 집어넣고 양쪽에 흙을 약간 모아 주고. 그리고

그 뒤에선 잡초가 나지 않게 북을 주고^^* 재미있었습니다~*

저는 솔직히 일하는 후반부에는 너무 힘들어서(하지만 뭐 안 힘든 사람 있었겠나요^^ 제가 뺑끼부린 거죠~^^) 삽 들고 옆에 서서 헥헥거리고 있었지만... ㅎㅎ 모든 것이 끝난 밭을 보았을 땐 정말 말이 못 나올 정도로 뿌듯했습니다^^ 사진기를 가지구 갔으면 일하기 전과 작업한 후에 사진을 찍고 싶었을 정도로 뿌듯했죠^^

기진맥진한 듯한 사람들과 함께 다시 트럭을 타고 ㅎㅎ 수녀님의 익사이팅한 운전 실력관 달리 트럭을 사랑하시는 아저씨의 조심스럽게 가는 트럭을 타고 다시 집으로 돌아와선 ^^ 다시 또… 빠지면 못 나올 것 같은 화장실에서 일을 본 후^^ 마을 입구의 느티나무 아래로 걸어가선 ㅎㅎ 버스에 타서 휴식을 취했습니다^^

그때 상황으로 봐선 애들 도저히 버스 밖으로 다신 나오지 않을 것 같았지만, 음… 우리의 성한 선생님이 애들을 위해서 또 뒤풀이를 마련해 주시는데 안 나갈 사람 어딨겠나요 ㅋㅋ 밖에서 응원도 어쩌다가 하게 되고 자리에 음료수와 과자가 깔리니깐 애들도 너나할 것 없이 다시 나와서 ㅎㅎ 또 넘버쓰리 선배들과 함께 재밌게(?) 막걸리를 거의 다 비우고 버스를 타고 설로 돌아왔죠… ㅎㅎ 아참 그 느티나무 뒤에 소… 진짜 디게 디게 순하게 생겼었는데 가까이 가니깐 경계하는지 계속 음메에~~~~~~~~~~~ 거리던데^^

여튼… 아 오래간만에 땀 흘리며 재미있게 보낸 하루였습니다~* 그리고 돌아올 땐… 아무도 돈 주고 살 수 없는 뿌듯함과 함께요^^

비록 사진기를 안 들고 가서 단체사진 한 방 없었지만... 모두들의 가슴속엔 그 이상의 무엇인가가 자리 잡고 있을 것 같네요^^*(아닌가~? ㅎㅎ)

재희와 연진이. 이들은 현재 유학 중임에도 여전히 나눔에 대한 관심의 끈을 놓지 않고 있다.

그리고 이 모든 것을 뛰어넘어 젤 좋았던 것은… 다른 교양시간에는 느껴보지 못했던 교양같이 듣는 사람들끼리 나름대로 친해졌다는 건데요 ㅎㅎ 사람마다 친해진 정도의 차이는 있겠지만 이러한 교양이 있다는 것 자체가 너무 좋았고 거기 참여하고 있다는 저도 참 기뻤습니다… 저는 그 ㅋㅋ 느티나무 앞에서 첫 번째로 응원한 아이(?)구요 ㅎㅎ 앞으로 만났을 땐 서로 인사라도 하고 지냈으면 좋겠습니다… ㅋ

머 인사를 했는데 안 받아 줬다거나 이러면 수소문한 후 전화번호를 알아내서 전화를 주신다면 밥이라도 사드리죠 ㅋㅋ 진짜~!!! ㅎㅎ

그럼 몸 피곤하실 텐데… 푹 쉬는 일욜이 되셨으면 합니다…

휴우~ 실험보고서 쓸 게 많네요~* 그럼 전 이만 휘리릭~~~~~!!! ㅂㅂ2~*

너무 길었나~? 그냥 쭈~~~~~~~욱 썼는데 ㅎㅎ

— 하얀새벽

*

근데요… 제 생각에는 우리가 일을 디게 열심히 한 것 같아요. ─_─

이 정도로 팔이 쑤시는 건 처음이야…ㅠ__

^^ 그래도 너무 즐거운 시간이었습니다.

특히, 같은 강의실 안에서 수업을 함께 듣고 있었던 이름도 몰랐던 많은 사람들과 대화할 수 있었던 것.(지금도 이름은 잘 기억이…^^;)

무엇보다도 중요한 것은, 말없이 무언가를 실천할 수 있었다는 것.

그 넓디넓은 산비탈이 비닐로, 흙으로, 마지막엔 콩 모종으로 조금씩 조금씩 채워지는 모습을 확인하면서, 느꼈던 뿌듯함.

수녀님께서 이걸 오늘 안에 다하면 기적이라고 말씀하셨다죠.

하지만 우리들은 그 기적을 일궈내지 않았습니까?? 아하하하하하.

(그런데 이것은 계략일 수도 있어요. 교수님께서 말이죠. 우리와 수녀님 중간에서 싸바싸바…하셨을 수도. 기억하시죠?? 첫사랑 이야기. 만우절날 우리의 가슴을 허탈하게 만들었던 그 이야기. '뻥이야!')

^^ 교수님의 모습은 굉장히 보기 좋았어요.

어르신들과 반갑게 인사하시는 모습에서 이곳에 가끔씩 들르는 것이 아니라는 것을 느꼈구요. 아이들과 허물없이 장난치시는 모습을 보면서 굉장히 좋으신 분이구나 라고 생각도 했습니다.

땀을 흘리시고 얼굴이 빨개지고 힘든 기색이 역!력! 하셨지만서도…

^^ 끝까지 학생들을 독려하시고 함께 하신 모습이 기억에 남습니당.

더 많은 즐거운 시간을 보냈으면 하는 바람입니다.

ㅋㅋ 수업 시간에 뵈요.

어제의 그 실천을 통해 예전보다 한 가지라도 더 많은 생각을 가지게 되었을 것입니다. ^^ 더 깊고 넓은 사유를 기대하면서.

즐거운 휴일 되시고…^-^)/

— 재밍

*

급하게 부산을 내려오는 바람에 후기도 이렇게 뒤늦게 올립니다..

그날 어떤 일을 했는지는.. 다른 분들이 밑에 상세하게 적어 놓으셨군여.

덕분에 전 편하게 후기를… (*__)

으흠~

저도 복 받은 남자…(사실 빠른 순간 판단력을 갖춘 날쌘 남자)에 속하였기에 사과꽃을 따러 갔습니다. 쉽지만은 않은 노동을 요했습니다.

또 그중에서도 병충해에 끈질기게 살아남아 상품 가치가 있는 것들만 선별해 시장으루 나가지만. 상상할 수도 없는 낮은 가격에 농민들의 피땀이 거래되는 현실이… 참으로 안타까웠습니다.

멍든 사과가 맛이 이상하다며 쓰레기통으로 던져 넣던 제 자신이 한없이 부끄러웠습니다. 말로만 듣고 가식적으로 내뱉던 농민의 피땀. 그것을 극히 일부분이지만 느꼈다는 것이 나름의 보람으로 남습니다.

무엇보다도 이번 농활로 인해 진심으로 존경하는 분이 생겼다는 것 또한 이번 농활로 얻은 값진 보람 중에 하나였습니다.

아 참… 교수님께서는 학부생 시절부터 쭉.. 이곳에 농활을 오셨더군요.

그냥… 그러셨다구여.

허락 없이 함부로 교수님에 대해 언급한 점, 죄송합니다…(__)

학점에 상관없이 자발적으로 가셨던 카페 분들… 그 분들의 해맑은 웃음이 참 인상적으로 남습니다.

저도 기회가 된다면 그분들의 친구가 되고 싶네여~

넘 감상적으로 후기를 쓴 것 같네여.^-^;

가서 농땡이만 부리다 왔는데… -_-;;

이번 주에 가시는 분들도 많은걸 느끼고 오시길~^^*

아 참~

교수님~ 그 카페 주소 좀 갈쳐 주세여~~

그리구… 그… 제가 했던 말은.. 영원히 함구해 주시길~~ (__)v

— 박주한

*

먼저 너무 늦게 후기를 올리는 것에 대해 민망하네요…ㅋㅋㅋ;;

그날은 너무 추웠던 날로 기억되여~ 그래서 걱정 마니 했는데 막상 일을 시작하니깐 입고 있었던 외투도 벗었지요…;;ㅋㅋ

전 사과 따는 일을 했는데 재미있기도 하면서 쬐금 힘들었어여~ 일이 힘들었던 건 아니고 안 익은 사과를 따면 죄성하니깐 신중을 좀 기했더니~ 쩜 어렵더라고여~;;; 전 덩치가 작은 편이라 나무위에 올라가서 사과를 땄는데여~ 가지에 불안불안 서서~;; 사과를 따면서 하늘 보면 기분이 어떤지 안 보신 분은 모를 꺼예여~ ㅋㅋ ^^ 중간에 잘 익은 사과 하나도 잘 닦아 한입 베어 먹는데~ 우와~~~~~~완전 완전 완전 맛있었어요^^ㅋㅋ 친구들이랑 서로 한입 더 먹겠다고 난리피웠어요~ㅋㅋ (사실 배도 살짝 고픈 상태이기도 했지만~ㅋㅋ) 근데 꼭 죄성스럽다는 말을 남겨야 할 꺼 같아요~;;

사실 일 마니 못해드리고 왔자나요;; 거기 있었던 시간보다 차에서
잔 시간이 더 많았던 것 같아;; 좀 마니 민망스럽지만요… 다음에 또
농활 가게 되면 그때 두 배로 열씨미 할께요^^ ㅋㅋ 그래도 그날 쪼끔
이라도 도움이 되었다면 좋겠는데…잘모르겠어요… ;;

저희가 도움을 주고 온게 아니라 도움을 받고 온 것 같아요… 새로
운 경험과 기분! 교훈! 그런 것들이요.

다른 분에게도 농활 마니 추천하고 싶네요^^

농활 후기~ 끝!!

— 이은화

*

정말 최악의 컨디션으로 진짜 눈을 찢어가면서…ㅠ…ㅠ

5시에 일어나서 부랴부랴 준비해서 농활을 하러 갔습죠.

정말 날씨 거지같았습니다. 비왔다 바람불었다~~~쉭쉭 정말 추해
지기 딱 좋은 날씨구나… 이런 생각하면서 떠났어요.

차 속에 들어가서 한참 동안이나 기다리고 있는데 출발을 안하더
군요. 뭐 잠들었죠. 한잠 아주 잘 자고 일어났는데도 도착 안했더라구
요?? 생각보다 멀구나…이런 생각과 동시에 멀미가…

헤헤~도착하니까 왜 이렇게 배가 고픈지… 근데 도착하자마자 내
려서 바로 일하라고 하더군요…

열심히 해야지 하는 생각으로 정말 씩씩하게 걸어가서… 수수를 거
두기 시작했어요.

정말 열심히… 땀방울 송글송글…

수녀님께서 하시는 일 거들면서 대화도 하면서~ 생각보다 많이 아

주 아주 많이 힘들더라구요.

오직 밥 생각뿐… 그리고 산에 올라간 사람들은 어떻게 일하고 있을까, 이런 생각과 함께…

수녀님께서 약 40분 정도 밥 먹는 시간을 주셔서 잠실에서 사온 김밥을 막 미친 듯이 입속에 쑤셔 넣었죠…

뭐 숨을 쉴 수 없을 정도였으니… 알 만하죠?? 그리고 나서… 버스 아저씨한테 버스 열어 달라고 해서… 버스에서 잠 좀 자구…

예비역 형들은 군대에서의 작업 실력을 뽐내며 농활을 가서도 동생들을 잘 이끄는 십장 역할을 해준다.

다음은 밭에 씌운 비닐 벗기기… 이거 정말 보통일 아니더라구요… 정말 대박으로 힘들었어요… 다만… 이런 일을 수녀님들이랑 아이들이 다 도맡아서 하고 있다는 생각을 하니… 더 힘을 낼 수 있었지요…

내가 이 후기를 쓰는 가장 중요한 이유 중 하나인… 따뜻한 매실차랑 초코파이..ㅠ..ㅠ

세상에 태어나서 그렇게 초코파이 맛있게 먹은 적이 없었습죠. 최고였어요. 그리고 어찌나 든든한지.

기운이 천하장사…야햇햇 근데 산에서는 막걸리 걸쭉하게 했다면서요??

아, 부럽다. 산은 재밌었다면서요??

아, 부럽다. 남정네들도 멋졌다면서요…??(교수님 포함..ㅠ..ㅠ)

뭐 보람 있었습니다… 다시 기회 있다면 한번 더 가도 좋을 듯.

이런 일 젊으니까 불끈불끈 해내지… 나이 들어봐요, 골골거리느라 못하죠.

아무튼 농활 덕분에 감기 걸려서 많이 아픈 중이에요.

보람도 있었고…초코파이에 따뜻한 정도 배운… 그리고 먹고살기 참 힘들다..이런 생각도 들었던 보람찬 하루였어요~~

— 최희정

*

농민 학생 연대 활동. 농활.

잘 하고 돌아온 것인지 의심스럽습니다.

민폐를 끼치고 돌아온 것만 같아 너무나도 죄송스러운 마음입니다.

제대로 도와드린 일이 비닐 뜯은 것 밖에는 없는 것 같네요. ;;

단순하게 비닐 뜯는 일밖에 도와드릴 수 없는 것이 너무나도 한탄스러웠습니다.

농민들께서 하시는 일의 백분의 일도 하지 않았는데도 온

'사유와 실천' 1대 회장 김미연. 정신병원에 가서 환우들을 위해 기타 치고 노래를 부르던 앳된 소녀가 어느덧 나이가…. '사유와 실천'은 최선을 다해 나눔을 실천하려 했던 미연이를 비롯한 집행부원들로 인해 지금까지 명맥이 유지되고 있다고 해도 과언이 아니다.

몸의 이곳 저곳이 말썽을 부리는군요.

물론 농사꾼의 자식이 아닌 이상 농삿일에 익숙하지 않는 것이 당연한 일이겠지만 말입니다.

아무튼 허술하게 도와드리고서 엄살 부리는 것 같아 죄송스럽습니다. 또 기회가 되서 도와드리러 가게 된다면, 그때는 좀 더 능숙한 솜씨로 도와드리겠습니다. ^-^)/

턱없이 부족하기만 했을 듯한 저희의 도움을 너그러이 받아들여주신 농부님들과 교수님께 감사드립니다.

이렇게 좋은 경험을 할 수 있게 해주셔서 정말 감사드립니다. ^-^

— 김미연

*

26일 아침… 새벽부터 일어나서 분주하게 설치고, 어찌나 가기 싫던지, 비도 내리고. 그래두 힘든 몸을 이끌고 간 농활만큼 너무 보람된 하루였습니다~~

생전 처음으로 고추밭에 가서 비닐도 뜯어보고, 친구들과도 더 친해질 수 있었고, 교수님의 색다른 모습과 진정한 대학 생활이라는 것도 조금이나마 느낄 수 있었던 경험이 된 것 같습니다…ㅎㅎ

솔직히 다른 사람보다 열심히 하지 않고 요령피운 것 같아 괜히 민망한 감이 없지 않습니다..ㅎㅎ

다음날 군데군데 쑤시기도 했는데 이제 조금이나마 알 것 같습니다~

사람들이 왜 봉사활동을 하고 또 교수님께서도 힘드시면서도 항상 웃으시면서 농활을 가시는지. 앞으로는 고추하나를 보면서도 많은 생

각을 하게 될 것 같습니다. 어쨌든 참 힘들고도 뜻 깊은 하루였습니다.^0^

— 김유정

*

대학교 들어올 때부터 농활은 꼭! 가보고 싶었었는데 토요일(26일)에 드디어 갔다 왔네요~~^^

자자~ 이제부터 후기… 들어갑니당 ~(^^~)(~^^)~

26일에 2시간 30분밖에 못 자구 새벽부터 뎌 나갔는데 왠걸~ 무슨 이유에선지 버스에서

1시간 45분이나 기다리게 하시더군여. ㅜ.ㅜ

잠도 못 이루고… 추적추적 비 오는 새벽부터 나온 제가 불쌍하다는 생각을 잠시…했습니다^^;;

아침에 비가 와서 약간 걱정을 했었는데요

8시가 넘으니까 날씨가 점점 개이더니~~ 도착하니까 하늘이 새파란게 날씨가 참 좋더라구요^^*

날씨 덕분에 기분 좋게 일을 시작할 수 있었어요~~^^

우리가 할 일은 고추밭의 비닐을 제거 하는 거였는데 조금 해보니까 약간의 요령이 생기더라

일을 하면서 환하게 웃고 있는 모습이 마치 이 책에서 이야기하는 모든 것들이 잘 되어 갈 것이니 걱정 말라고 하는 듯하다.

구요^^

돌아다니면서 친구들이 하지 않은 곳만 도맡아서 했습니다...ㅎㅎ

(고추들이 완전 쓰러져버린 곳만 골라 다닌듯...-_-)

고추밭 2개랑 작은 하우스 안의 비닐을 벗겼는데 작은 하우스에서는 교수님의 능력!을 볼 수 있었어요 +_+;;

온갖 잡초로 인해 비닐을 벗겨낼 수가 없는 상황이었는데 짠~! 어느새 교수님께서 등장하시더니~~ 샤샤샤샥~~~~~ 잡초들을 마구 뽑아 주시더라구여....ㅋㅋㅋㅋ

그 일을 하기 직전에 교수님은 막걸리까지 한 잔 하셔서 양 볼은 발그레해지시구... 머리는 나풀나풀~~ 그리고 올 최대 유행이 될 거라는 파란 츄리닝…+_+;;

ㅋㅋㅋ 참으려고 했지만 웃음이 나옴은 어찌할 수 없었어여^^;;;

그런데 수해 때문인지 수확하지 못한 고추들도 참 많구… 여기저기에 마구 쓰러져버린 고추들도 많더라구요.

참 안타까웠어요.

저도 그렇게 맘이 안 좋았는데 직접 농사를 하신 분들은 얼마나 마음이 아프셨을까… 하는 생각이 들었습니다…^^;;

음~ 어쨌든! 친구들이 다들 열쉬미 해주구~~

저와 마찬가지로 다들 이 방면에 타고난 몸인지라^^;; 일은 무사히~ 스피드하게~ 자~알 끝마쳤구요 ^^

덜컹 덜컹~~ 거리는 트럭 뒤에 쪼그리고 앉아 움찔움찔 저려오는 다리를 움켜잡고 무사히 산에서 내려왔져…^^;;

그리고 집에 가는 차 안에서는 죽은듯이-_-;; 잠이 들었다가 "선아야~ 이제 곧 휴게소야~~" 라는 친구의 한마디에 눈을 번쩍!! 뜨구

선... 눈을 빛내며 휴게소 도착만 기둘렸져 +_+;;

휴게소 도착하자마자 화장실 갔다오구˘˘ ㅋㅋㅋ

음료수 한 잔 사마시구…^^ 글케절케 해서 농활 마치구 집에 무사히 도착했어요^^

다음날 힘들 줄 알았는데… 제가 워낙에 천하무적인지라 전˘혀… 진짜 아무렇지도 않더라구요…ㅋㅋㅋ (친구는 밤새 끙끙 앓구 온몸을 파스로 도배했다던데^^;;)

쿠쿠˘ 암튼! 이번 농활… 참 기억에 남을 것 같아요^^

쓰러져 있던 고추들이… 아직 머리 속에 생생한데… 내년에는 꼭! 풍성하게 거두시길 바라며…^^;;

교수님과 울 학겨 친구들 모두 수고하셨구여˘˘˘˘

농촌 아찌와 고대 학생들도 수고수고….^^ 으훗˘˘˘ ^-^

참참!! 일하다 중간에 먹은 배의 꿀맛…

잊을 수가 없네요˘˘˘ +_+ 정말 어찌나 달던지… 우후˘ 이번 농활에서 잊을 수 없는 것 중 하나에요^^ ㅇㅏ… 또 먹구 싶다…^^;;;

— 박선아

＊

장난 아니었습니다.˘˘

그날 같이 갔었던 모든 분들이 공감을 하겠지만, 교수님의 특출난 의상.

21세기를 강타할 패션이라는 교수님의 말씀에 배를 먹다가 튀어 나오는지 알았음다..=ㅁ=

어찌 되었건… 트럭을 타고 삐걱삐걱 산을 올라 가면서, 점점 뒤로

쏠리는 듯한… 앞에 앉은 사람들의 몸무게를.

어떻게든 이겨보겠다는 일념 하에 꿋꿋이 버티고 있다가 내린 곳은. 한눈에 보이는 고추밭.

벗…… but…… 일해 보니 장난이 아니였네여..+_+

아이고, 허리야. 같이 간 일행 중에 벙거지 모자에 안경에 붉은빛의 후드티를 입은 분과 그의 일행들이 어찌나 웃기던지..;;

모르는 사람이었지만..덕분에 많이 웃었네요..(--)(__)(^^)

ㅎ헤헤 ~~

교수님 쉬는 동안 석유통에 부어온 듯한 그 걸쭉한 막걸리 한 잔…두 잔… 드시더니 1970년대 패션을 압도한 파란색 츄리닝 위에 거에 대비되는 빨간 테두리가 되어진 투명 모자와 그에 버금가는 볼을 보는 순간.

교, 교수님…(허, 허헉…)

17살 소녀 시집가는 날인지 알았음다..^ㅁ^;;

사실, 교수님…

제가 그때, 4번에 걸쳐 교수님의 하이 파이브를… 가위를 내고 뒤돌아 버린 그 당찬(?) 소녀가 저랍니다..+_+;;

아무튼…

10월 26일 토요일 농활은 추웠지만… 마음만은 따뜻한 농활이었어요.

교단에서의 교수님 모습과는 다른 어떠한 모습도 보고, 그 어떠한 모습이란 낫질을 할 때의… 그 남성미 넘치는(?)

하핫○○

남을 도우는 기쁨을 알았고 또 나 하나로 인해 다른 사람이 피해를 볼 수 있다는 사실도 또다시 깨달을 수 있었던 좋은 시간이었습니다.

교수님과 그리고 다른 친구들과 같이 다시 한번 농활 가는 것은 찬성인데요. 교수님의 낮은 성적으로 인한 재수강으로 가는 건…+_+:;; 사양할게요..^^

교수님이 전부 A 주신다고 하신 거 꼭 지키시길 바라면서…

빨간 모자의 가위소녀는 이만…

— 행복한 나를

*

농활을 다녀왔습니다. 처음 농촌 봉사활동을 간다는 소식을 접하는 순간부터 기다려지던 계획이었습니다. 역시나 소중한 경험이었고, 육체가 힘든 만큼 좋은 생각을 많이 가지게 하는 농활이었습니다. 저는 3학년입니다. 곧 졸업과 함께 많은 해야 할 일들이 저를 기다리고 있습니다. 때론 그것들이 압력으로 다가올 때도 있습니다. 하지만 잠시 이런 일상의 답답함을 벗어나 순수한 땀을 흘리며 느끼는 자연은 잊지 못할 추억이 되었습니다. 그래서 봉사는 베푸는 즐거움이라고 말하는가봅니다.

대부분의 농촌이 그렇듯 그 곳 또한 각 집의 농사일을 서로 도와가며 하는 두레가 행해지고 있었습니다. 저희가 간 5월 1일은 토마토하우스의 모종을 심었습니다. 모두 힘을 모아 9개 남짓의 하우스를 심었습니다. 저는 이렇게 심은 토마토가 얼마나 농민의 수입이 될까 궁금해졌습니다. 그리고 물었습니다. 갑자기 같이 심으시던 할머니 할아버지 아주머니 아저씨는 이에 대해 할 말이 많으신 듯 입을 열어 주셨습니다. 하나같이 악순환의 반복이라고 하셨습니다. 농촌에서 할 일이 없으니 할 수 없이 농사를 지어야 한다는 씁쓸한 한마디도 놓치지 않으셨습니다.

또한 우리 같은 농활이 없으면 품을 돈을 주고 사야 한다고 하시더군요. 이렇게 농사를 지어 얼마 안 되는 수입에 품까지 사면 정말 남는 게 없을 듯 보였습니다. 이런 농촌의 현실을 우리가 기억하고 각 방면에서 힘이 되어야 할 것이라 생각했습니다.

그러나 이런 고된 농촌 현실도 할머니, 할아버지, 아주머니, 아저씨의 따뜻한 마음을 뺏을 순 없는 모양입니다. 못하는 우리의 실수도 잘한다 해주시고 "함께 마시는 미덕이지" 하시며 한 사발 내미시는 막걸리는 제 마음까지 배부르게 해주었습니다. 그리고 앞의 고된 하소연 속에도 농촌을 사랑하는 마음은 전혀 줄지 않은 것 같았습니다. "우린 무공해 농사만 짓는다"고 자부하시던 그분들의 미소와 "농촌에 시집온다는 사람이 있으면 도시락 싸서 말린다" 하시면서도 농촌이 좋아 시집오신 토마토 하우스 주인의 웃음 섞인 농담이 아직도 저를 웃음 짓게 합니다.

— 이선미

*

이제 와서 글 쓰는 게 넘 늦은 건가 싶기도 하지만. 농활 넘 잼있었어요.

새벽에 과연 일어나서 갈수 있을까 했는데 일찍 일어나서 간만에 새벽공기도 쐬어 보구. 오랜만에 소풍가는 기분으로 고속버스타고 농촌까지도 가보구. 일하면서 뿌듯함도 느껴보고 좋았습니다.

저희는 여러 사람이 가도 각자 힘들어 하고 피곤해하고 지쳤는데,

그 일이 적은수의 인원이 다 하실 수 있을지 걱정이 되네요.

그리고 21세기에도 농촌의 일들은 모두 사람 손을 직접 거쳐 가야 된다는 것이 농사지으시는 분들을 존경하게 됐습니다. 우리가 쉽게 먹는 토마토가 그렇게 고생 끝에 우리 식탁까지 올라온다는 것에 새삼 감사함을 느꼈습니다.

농활이라는 단어를 들어 보기만 했지, 이렇게 직접 실천해 보면서 힘들기도 하였지만 보람을 느끼는 하루이기도 했습니다.

오랜만에 좋은 공기두 마시고 또 다들 힘들어하면서도 즐거워하는 것 같아 좋았습니다.

교수님도 넘 즐거워 보이셨고요.

정말 기회가 된다면 다시 한 번 가보고 싶네요. ^^

— 김현정

*

1일날 농활 다녀온 학생인데요.

정말 좋은 경험이었습니다.

흐흐.^_^

처음에는 정말 어디 소풍가는 생각으로 갔었는데.; 일이 장난이 아니더군요. 지금도 온몸이

말할 수 없을 정도로 뻐근거려요.;

근데 교수님은 오늘도 또 가신다니~! 대단해요.ㅋ

어제 교수님의 일하는 모습이.ㅋ 정말 멋졌어요.^^ 삽질 하실 때가 젤루 멋있는.ㅋㅋ

암튼 정말 좋은 일 많이 하시는 것 같아요.

다음에도 기회가 된다면 꼭 가보고 싶네요.

— 이보현

＊

때는 슬슬 여름이 다가오고 있던, 어느덧 녹음이 푸르르기 시작한 5월이었다. 그때의 나는 한참 중간고사를 마치고 지쳐 있었다. 학업에 대한 보상심리 때문인지 무언가 재미있고 색다른 것을 찾고 있던 와중에 박현주 교수님으로부터 농활에 대한 소식을 들었다. 하루 동안 농촌에 가서 일손도 돕고 같이 일하는 사람들끼리 놀기도 하며 즐거운 시간을 보낼 수 있는 프로그램이라고 하셨다. 나는 지금껏 줄곧 도시에서만 살았고, 조부모님도 친척도 모두 도시에 살았기에 내게 시골이란 항상 달리는 고속도로 옆에 펼쳐진 풍경뿐이었다. 그래서였을까, 나는 농활이라는 단어, 특히 그중에서도 '농'이란 글자에 새삼 가슴이 부풀어 올랐다. 결국 나는 호기심, 기대, 그리고 긴장되는 마음으로 농활을 가게 되었다.

버스에 몸을 싣고 머릿속에 그려지는 것은 햇볕이 따듯한 농장에서 과실나무를 가꾸면서 사람들끼리 정답게 이야기하는 그런 모습이었다. 그런데, 그날은 비가 내리고 있었고 내가 속한 조에게 주어진 일은 말똥을 포대에 담아 창고로 옮기는 일이었다. 순간 아프고 싶은 마음이 들 정도로 거부감이 들었다. 비오는 날, 말똥이라니.. 하지만 불평을 하는 사이, 나를 태운 차는 이동을 하고 있었고 어느새 내 앞에는 다량의 말똥더미와 포대자루 그리고 삽만이 있을 뿐이었다.

우리 조 사람들 모두 몇 분간 멍하니 있었고 당황했지만, 이내 우리 모두가 농활에 온 것임을 자각하고 다 같이 일을 하기 시작했다. 처음에는 말똥이 신발이나 옷에 묻을까봐 무척 몸을 사리면서 일했다. 그러면서 생각했다. '아, 왜 말똥을 포대에 담아서 창고에 놓으란 거지? 이 말똥들은 어디다가 쓰는 거야.' 이렇게 스스로에게 질문하자 답이 금방 나왔다. 농사에 도움이 되게끔 거름을 주기위해 말똥이 있는 것이고 이것을 효율적으로 관리할 수 있게 포대에 넣는 것이란 것을. 스스로 내가 무엇을 하고 있는지. 그리고 내가 하는 일의 중요성을 생각하니 일에 대한 거부감은 씻은 듯이 없어졌다. 오히려 지금 일을 열심히 잘 해내면 나중에 그것이 가을 즈음에 큰 결실로 다가올 것을 생각하니 의욕이 불타올랐다. 그렇게 열심히 일을 하다보니 어느덧 모르는 사람들끼리도 서로 친해져서 가벼운 농담을 하며 일을 하게 되었다. 아마 그들도 나와 같은 생각의 전환을 느꼈을 것이리라.

　일을 모두 마친 후에는 다 같이 가볍게 술을 마시며 오늘 한 일들에 대한 저마다의 뿌듯함에 대하여 이야기하며 다음에 또 농활에서 만나자고 약속을 하였다. 나도 물론 선뜻 그러자고 약속했고 나 스스로에게도 다시 올 것을 약속했다. 농활이 이 날 나에게 준 것은 평소에 느낄 수 있는 단순한 즐거움과 보람만이 아니다. 농활은 나에게 좀 더 고차원적인 깨달음과 교훈을 주었다. 그것은 내가 단순히 자연을 소비만 하는 사람이 되는 것이 아니라 스스로 자연에 들어감으로써 그 속에서 내가 갖는 의미에 대해 알게 해주었다는 것이다. 자연 속에서의 내가 느낀 재미와 뿌듯함, 그날의 모든 감정은 앞으로 계속 나의 가슴속에 있을 것이다.

— 김선재

*

　농활을 가면 얻는 것이 참 많다. 땡볕 아래에서 평소 농민들이 하던 힘든 일들을 하면서 많은 땀을 흘리게 되지만 흘린 땀만큼 값진 것들을 얻을 수 있다.

　우선 농활은 좋은 추억이 된다. 사람들과 힘을 모아 서로 도와가며 땀 흘려 일을 하는 것은 사실 굉장히 힘들지만 나중에 생각해 보면 정말 재미있었던 추억으로 남는다. 소중한 인연도 얻을 수 있다. 원래 힘든 일을 함께 하면 정이 쉽게 든다고, 고작 몇 시간 함께 활동하더라도 몇 달을 알고 지낸 사람처럼 친근하게 느껴진다.

　또한 부족한 농촌의 일손을 도왔다는 뿌듯함을 느낄 수 있다. 농활에 갔다가 오는 날이면 힘든 일을 했기 때문에 몸은 무겁지만 마음은 뿌듯함으로 인해 한결 가볍다. 그래도 농민들이 그 힘든 일을 또다시 할 것이라는 생각을 하면 마음은 여전히 무겁다. 내가 자꾸 농촌을 찾게 되는 이유도 바로 이것 때문인 것 같다.

　음식의 소중함도 알 수 있다. 돈이 있다면 너무나도 쉽게 사고 배부르면 남겨 버리는 음식들은 우리가 먹고 버리는 것만큼 쉽게 만들어지는 것이 아니다. 농촌의 어려움을 알게 되니 음식을 쉽게 남길 수가 없다. 내가 얻은 것 중에 가장 소중한 것은 뭐니뭐니해도 봉사의 필요성을 느끼게 된 것이다.

　나는 농활에 가기 전까지는 형식적인, 그리고 강제적인 봉사활동만을 해왔었다. 항상 어려운 이웃을 도와야한다고 생각은 했지만, 봉사활동이 내 삶의 우선순위는 아니었다. 첫 번째 농활도 수업 때문에 간 것이었으니 사실상 반 강제였다. 그러나 직접 농민들의 생활을 체험해 봄으로써 얼마나 농촌의 일이 힘들고 또한 얼마나 일손이 부족한지를 가슴깊이 느끼게 되었다. 이러한 농촌의 어려운 현실에 대한 진지한 고민을 하게 되었고, 나아가 농촌뿐만 아니라 곳곳의 어려운 이웃의 문제에 관심을 가지기 시작하였다. 내가 내린 결정은 '나누며 살자!'였다. 농활에 다녀온 이후, 봉사활동은 필수적인 것이라고 생각하게 되었으며 작은 것부터 하나하나 실천하고자 노력하고 있다.

농활은 단순히 농촌의 일을 돕는다는 것에만 의의가 있는 것이 아니다. 농민과 연대하여 봄으로써 나눔의 의지가 활활 불타올라 어려운 이웃들에게 나누며 살아가게 될 것이다. 농활은 힘들지만 행복한 활동인 것 같다. 한번 가보면 정말 재미있다고 느끼게 될 것이다. 나누는 것은 생각보다 재미있고 행복한 일이다.

— 서은경

＊

2011년 10월 8일 토요일, '글쓰기와 읽기' 교수님과 친구들, 그리고 다른 학교 사람들과 가평의 가난한 마음의 집으로 농활을 다녀왔다. 대학생이 되면 농촌 봉사활동을 꼭 한 번 가보고 싶었다. 하지만 늘 생각만 했지, 기회가 있을 때는 미루곤 했었다. 이번 '의무' 농활을 기회로 대학생이 되어 해보고 싶었던 농활을 제대로 체험하게 되어 처음엔 당혹스러웠지만 생각해보니 좋은 과제라는 생각이 들었다. 굳이 공부를 하지 않아도 우리는 평소 움직이는 활동을 하기보다 앉아있을 때가 많다. 친구와 카페에서, 수업시간에 책상 앞에서. 그렇게 학교, 집을 오가면서 과제하고, 수업듣기를 반복한다. 농활을 가면 그 곳에서 잠깐이나마 벗어날 수 있고, 친구들과 땀 흘리며 봉사할 수 있을 것이라는 생각이 들어 들떠있었다. 게다가 내 하루 동안의 봉사가 농촌에서 일하시는 분들에게 힘이 된다는 교수님 말씀에 열심히 해야겠다고 다짐도 했다.

처음에 상상한 활동은 사과 비닐 씌우기, 딸기 따기처럼 농작물을 다루는 일이었다. 그러나 실제로 한 작업은 공사장에서 일하는 것 같았다. 쇠파이프를 분리하거, 당기고, 옮기고를 반복했다. 농사를 지을 때 저절로 뚝딱 비닐하우스가 생기는 것이 아님을 새삼 느꼈다. 비닐하우스를 새우고, 조여서 고정시키고, 그 안에서 농사를 짓고, 다시 분리하는 작업을 해마다 하신다니. 우리가 농활을 오지 않았다면 어떻게 다 하셨을까 싶어 안타까웠다. 농산물 가격이 그 노고에 비해 훨씬 못 미쳐 농촌은 점점 살기 어려워지는데 일손까지 부족한 것을 보면서 농촌의 현실을 비디오를 봤을 때보다 더욱 뼈저리게 느꼈다. 우리가 4, 5시간을 일했는데도 전부 일을 끝내지 못한 것을 보면서 더 열심히 하지 못한 것이 죄송하고, 돌아올 때 마음에 걸렸다.

포도 비닐하우스를 분리하면서 '포도가 정말 힘든 과정을 통해 얻어지는 결과물구나'라는 것을 깨달았다. 그래서 앞으로 포도 한 알을 먹어도 감사함을 느끼겠다고 다짐했다. 포도만이 아니라 모든 농산물들은 정성스런 과정을 지나 만들어질 것이다. 하지만 평소에 서울에 살면서는 먹고 싶은 과일을 마트에서 쉽게 사먹기 때문에 앞으로 포도움, 농산물로 소중함을 알기 어렵다. 농촌이 어렵다 하지만 전해 듣는 것과 직접 경험하고, 몸소 체험하는 것은 역시 다르다. 이번 기회로 나는 내가 먹는 음식 하나하나에 조금이나마 감사함을 느낄 수 있게 된 것 같아 기쁘다.

내가 깨달은 점은 농촌의 어려움, 감사함뿐 아니었다. 내가 수강신청을 잘해서 참 좋은 수업을 듣고 있고, 알찬 경험을 좋은 사람들과 하고 있음을 알았다. 교수님께서 가장 열심히 해주셨다. 교수님의 그런 모습이 우리들이 열심히 일을 하는데 원동력이 되었다. 하는 내내 몸은 정말 힘들었다. 얼굴이 익어서 빨개지고, 몇몇 친구들은 얼굴과 몸에 상처도 생겼다. 그러나 다들 웃는 얼굴이었다. 다른 사람이 하지 않으면 나도 하기 싫어지고, 쉬고 싶다. 하지만 친구들은 한 명도 쉬엄쉬엄 일을 하거나, 꾀부리지 않았다. 행여 피해가 갈까 쉬지도 않고 열심히 하는 친구들을 보면서 나도 열심히 움직였다. 이 경험을 통해 교수님께 감사함, 친구들에게 고마움과 자랑스러움을 느꼈다. 다른 학과 친구들이 우리 학과 애들을 보며 하는 이야기를 들었다. "쟤네는 어떻게 저렇게 열심히 해, 미디어 학부야?"라고 하는데 기분이 무척 좋았던 기억이 난다.

힘든 일을 함께하고, 기억에 남는 경험을 함께 공유해서인지 교수님, 친구들과 서로 돈독해지고, 친해진 기분이 들었다. 그 후 글읽기 수업에 더 집중할 수 있게 되었고, 반 분위기가 더 활기차졌다. 그리고 사유 능력, 인성함양과 실천이 함께 이루어져야 한다는 교수님의 말씀이자 이 수업의 목표가 원래 내게는 멀고 추상적으로 느껴졌지만 이번 농활을 하고 나서 조금씩 그 의미가 뚜렷해지는 것 같다. 수업의 커리큘럼에 따라 가게 된 농활이지만 농활을 가기 전에 생각한 것 보다 더 큰 보람을 느끼고 돌아왔다. 논문에서도 읽은 대로 순수하고 자발적인 동기로 농활을 가는 것도 중요하지만 보람찬 경험을 하고 동기부여를 해 지속적인 농활, 봉사를 하는 것 또한 '실천'을 행하는 좋은 방법이라는 것도 이번 농활을 통해 배운 점이다.

― 김홍실

*

    대학교 생활의 반을 마무리한 지금, 그 동안 내가 다녀왔던 2번의 농촌 봉사활동을 되새겨 보았다. 처음 갔던 농활은 2011년 4월이었다. 화창한 날씨를 기대했지만 아쉽게도 아침부터 비가 조금씩 내리더니 점심시간까지 비는 그치지 않았다. 하지만 조금씩 비가 멈추어서 오후에는 포도농장까지 갈 수 있었다. 포도농장까지 가는 길 중 일부분은 비포장 도로 중에서도 험한 길이었다. 비까지 와서 더 조심해서 길을 걸어가야 했지만 오랜만에 아스팔트 도로가 아닌 흙과 돌로 난 길을 걸으니 기분이 좋았다. 나는 김포에서 오래 살고 있어서 농촌에 관한 많은 이야기들을 들었지만 직접 농촌 일을 하게 된 것은 그때가 처음이었다. 포도농장에서 포도나무의 껍질을 벗겨 주는 일을 했다. 단순한 일인 것 같지만 의외로 많은 힘이 들었고 시간도 오래 걸렸다. 기계의 발전으로 농촌 일 중 힘든 일이 많이 줄었다고는 하지만 여전히 농촌 일은 사람의 정성과 손길이 많이 필요한 일이고, 그렇기에 아직도 일손이 부족하다는 농촌의 현실을 조금이나마 몸으로 느끼게 되었다. 나의 첫 농촌 봉사활동은 농촌의 현실을 알게 되었다는 것 외의 더 많은 의미를 갖는 봉사였다. 봉사의 사전적 의미는 '국가나 사회 또는 남을 위하여 자신을 돌보지 아니하고 힘을 바쳐 애씀'이다. 하지만 대학에 들어오기 전까지 대부분 내가 한 봉사활동은 대학교에 가기 위해 필요한, 남에게 보여 주기 위한 봉사시간을 채우기 위해 한 의무적이고 반강제적인 활동이었다. 남을 위하여가 아닌 나를 위한 일종의 '투자' 였다. 진정한 봉사라고 부를 수 없는 마음과 태도를 가지고 활동을 했었다. 이렇게 의미 없고 표면적인 봉사활동을 마치고 새로운 마음가짐으로 대학을 들어와 첫 번째 봉사활동이 농촌 봉사였다. 처음으로 자발적으로, 아무런 대가를 바라지 않고 참된 봉사활동이라 부를 수 있는 봉사를 했다. 그때, 같은 과 친구들과 함께 갔는데 서로 잘 몰랐던 동기들과도 친해 질 수 있었던 시간이었다. 평소 대외활동을 따로 하지 않았던 나에게 농촌 봉사활동에서 만난 다른 학교 친구들은 또 다른 인연이 되어 봉사활동이 끝난 이후에도 연락을 하고 지금까지 친하게 친구로 지내고 있기도 하다. 첫 농촌 봉사활동을 마치고 시간이 지난 후, 나는 또다시 고등학생 때의 태도를 가지고 '어떤 봉사활동을 해야 멋있는 스펙이 될 수 있을까?'라는 생각을 하게 되었다. 2012년 4월, 1년 후 다시 간 농촌 봉사활동은 신입생이었던 그때의 내가 가졌던 봉사에 대한 마음가짐을 다시 한 번 내게 깨우쳐 주었다. 봉사에 대한 진정한 의미를 앞으로도 계속 잊지 않기 위해 매해 한 번은 농촌 봉사활동에 가기로 계획을 하였다. 나 이외에도 많은 학생들이 농촌 봉사활동을 함께 하고 농촌 봉사활동을 통해 많은 의미를 찾길 바란다.

— 조유진

2) 농활을 함께 간 교수들의 글

나는 농활을 왜 시작했나…

살다 보면 나름대로 자기만족을 하고, 위안을 하며 현재의 조건에 만족한다고 하면서도 마음이 허하고 외로울 때가 있다. 사람들이 흔히 말하는 누군가를 위해서 산다는 거, 실은 자기 삶의 동기 부여라는 생각을 할 때가 있었다.

그런 동기 부여를 하지 못한다면 나는 참으로 외롭게 살게되지 않을까 하는 불안감, 내 목표만 향해 외롭게 달려가다가 그 목표가 달성되는 순간, 그것이 무의미해지는 순간을 맞이하고 싶지 않다는 생각이 들 때, 그때 시작한 일이 농활이었다. 이미 성공적으로 서울여대 아이들을 대상으로 농활 활동을 하고 있던 선배가 함께하자는 제안을 했던 것이다.

학기 시작할 때 성적 반영비율을 미리 공지하고 당일 날짜가 될 때까지 학교 스쿨버스를 대절해 준비한 후 대진대학교 논리학 교양강좌를 듣는 학생들과 서울여대, 고려대 학생들이 연합해서 가평에 있는 '가난한 마음의 집'이라는 지체장애인 시설에 딸려 있는 포도농장으로 농활을 갔는데, 120명 정도 되는 아이들이 일사분란하게 포도나무에 비료도 주고 낡은 철사들을 제거해 나가자 시설 원장님 말씀, "15명이 수일에 걸쳐 할 일을 반나절 만에 끝내게 되었어요." 이 말을 전해 들은 아이들의 뿌듯한 표정을 잊을 수 없다. 어쩌면 내 얼굴에도 나타나 있었을 수도…

바쁘게 나를 위해, 오직

최지윤 선생이 뿌린 씨앗은 앞으로 아름드리 나무로 자라게 될 것이다. 최 선생, 여러 모로 늘 응원하외다!

내 가족을 위해 살아가는 내 삶을 되돌아보고, 의미부여를 하고자 하지만 어쩌면 그 무엇을 통해서도 답을 찾을 수도 내릴 수도 없는 문제가 있다. 공허감.. '지금 내 옆에 있는 사람들이소중하다는 것만 느끼면 되겠지'라고 위안하다가도 주변 사람들로, 사랑하는 가족들로도 채워지지 않는 마음의 빈 공간이 있다. 어쩌면 그 무엇으로도 채워 줄 수 없는 공간인거 같지만… 그러면서도 무언가 가득 밀고 들어올 수 있을 것이라고 기대를 했던 것은, 가슴이 뛰고 싶었나 보다. 가슴이 뛰는 삶을 살고 싶어졌던 것이다. 그것이 바로 나에겐 농활이었다.

— 최지윤

*

김성한 교수와 함께 한 농활

매 학기 나의 강의를 듣는 학생들과 농활을 다닌 지도 이제 2년이 넘었다. 내가 맡은 수업에서 농활을 가게 된 계기는 김성한 교수의 권유 때문이었다. 별 의미 없이 시작하게 된 농활이 내 삶에 있어서도 작은 변화를 낳았다. 그 동안 잊고 있었던 삶의 행적을 기억하고 다시 희망의 싹을 틔우는 일이 그것이다. 이런저런 이유로 한 동안 내려놓고 살았던 '함께 살아가는 따뜻한 사회'의 가치를 가슴 속에 북돋고 실천하는 계기가 된 것이다.

첫 학기 농활을 계획했을 때에는 활동의 의미가 나에게 분명하게 설정되지 못했기 때문에 김성한 교수의 지원에도 불구하고 몇 가지 시행착오가 있었다. 학생들에게 준비사항을 점검하게 하고 버스를 예약하는 번거로운 문제들, 예상하지 못했던 자질구레한 상황들에 대한 대처, 학생들의 갖가지 요구사항들을 충족시키는 것 등 한 학기 세 번 정도 가는 농활은 귀찮은 문제들이 많았다. 이런 문제들은 여러 형태로 매번 일어나기도 한다. 그러나 그런 잡다한 일들도 학생들과 함께 일하는 과정에서는 소소한 문제가 되어 금세 사라진다. 막상 지역에 도착해서 일하는 과정에서 소극적이던 학생들도 자신의 작은 노동이 다른 사람에게 도움이 된다는 일에 기뻐한다. 일하는 기쁨뿐만 아니라 다른 학교 학생들과 비록 한나절 동안이지만 일하면서 맺게 되는 인연 또한 즐거워한다. 함께 일하고 얘기하고 막걸리 한잔 기울이면서 동시대를 사는 젊은이로서의 유대감을 넘어서 가끔 특별한 연인으로 발전하게 되는 학생들도 종종 생긴다.

강단이라는 공간은 학생과 교수라는 직분을 구분하기 때문에 학생들과 좀 더 인간적인 공간을 마련하는 데에도 농활은 많은 도움이 된다. 헐렁한 작업복과 밀짚모자를 쓰고 들판에서 일하다 보면, 왠지 지역주민일거라는 확신을 들게 하는 나의 촌스러운 외모 때문에 '아저씨, 화장실은 어디예요?'라고 묻는 여학생들이 많다. 그러면 나는 '아가씨가 직접 찾아보세요'라고 우스갯소리로 말하기도 한다. 일을 마치고 막걸리 한잔 하면서 여흥에 취하면 춤도 추고 노래도 부른다. 나로서는 쑥스러운 일이지만 학생들은 그런 우스꽝스런 모습에 인간적인 매력을 느낀다고 하니 마다하지 않는다. 나도 즐겁다. 이렇게 농활은 수업을 같이 듣는 학생들과 나누는 일종의 '유쾌한 일상 탈출'이자 서로에 대해 더 깊이 이해하는 시간이 된다. 학교로 돌아와서도 여흥이 해소되지 못한 학생들은 다시 모여 일상 탈출을 이어가기도 한다.

80년대라는 시대 공간 속에서 대학을 다녔던 나로서는 농활이라는 활동이 그리 낯설지 않다. 당시 대학가에는 농활뿐만 아니라 공활(공장지역 활동), 빈활(빈민지역 활동) 등 다양한 연대활동이 있었다. 나는 학생회에서 빈민분과장을 맡아 철거지역 연대활동을 하기도 했다. 철학 공부를 업으로 삼아 더 낳은 세계를 이론적으로만 접근하는 동안 세계와 현실은 내가 몸담은 구체적인 현실 공간이 아닌 책 속의 글자 속에 갇혀 버리게 된 같다.

지금 우리 사회에서 가장 큰 문제가 되고 있는 것 중의 하나는 젊은 이들의 일자리 문제다. 대학의 사회적 기능이 대기업 정규직 일자리를 얻기 위한 마지막 징검다리로 전락한 것은 가슴 아픈 일이다. 이런 사회 현실은 청년들의 넓고 따뜻한 가슴을 더욱 움츠러들게 한다. 더 나은 삶과 세상을 꿈꾸고 '함께 살아가는 따뜻한 사회'의 가치를 희망하고 공유할 수 있는 체험의 기회가 대학에서 더 다양하게 보장되어야 한다. 청년 세대들이 느끼는 사회 진입의 벽은 두려움과 막막함의 대상으로 청년들의 심장을 짓누르고 있는 실정이다. 이러한 사회 현실에서 대학의 윤리 교육과 교양 교육은 냉혹한 사회 현실을 가리고 미화시키는 마취제로서가 아니라, 삶과 직장에서 겪게 될 부당함에 발언하고 저항할 수 있는 가치관의 토양이 되어야 할 것이다.

농활을 다녀오면 학생들과의 수업 분위기도 좀 더 개선된다는 것을 느끼게 된다. 항상 뒷자리에서 먼 창을 멍하니 바라보던 학생들도 좀 더 반짝거리는 눈동자로 내 말에 귀를 기울인다. 마치 이전에는 나를 재미없는 꼰대로 생각했다가 여전히 재미는 없지만 조금은 통하는 부분을 찾은 것 같은 눈치다. 다음 학기 농활 때 부를 노래 하나와 춤동작을 미리 연습해 둬야겠다.

— 박지용(경희대학교 후마니타스칼리지 객원교수)

*****

　저는 2011년 5월과 6월에 가평으로 두 차례 다녀왔던 제 농활 경험에 대해 몇 자 올려 저처럼 농활의 진정한 취지를 잘 몰라 실망하거나 포기하려는 분들에게 또다시 작은 동기 부여를 할 수 있지 않을까 합니다.

　저는 운이 좋게도 당시 경희대에서 근무하시던 김성한 교수님을 통해 이 농활 모임에 대해 알게 되었습니다. 농활에 대해 남다른 열정을 가지고 계신 김성한 교수님의 인품에 끌려 농활에 한번 가보고 싶어도 직장에, 육아에, 또 다른 많은 개인적인 일로 기회가 되면 가겠다는 마음으로 미루고 있었습니다. 그러던 올해 5월 많은 학생들과 함께 농활을 가신다는 말씀을 전해 듣고 계속 미룰 수만은 없다는 생각에 제 학생들에게도 농활 공지를 해보았습니다. "바쁜" 학교생활로 많이 가지 않을 거라는 제 생각과는 달리 가겠다고 나서는 학생들이 많아 놀랐습니다.

　첫 농활로 가평에 가는 날 아침, 마음먹고 가는 농활이니 "열심히" 도와드리고 와야겠다는 생각과는 달리 아침부터 내린 비로 인해 우리는 마을회관에 있어야 했습니다. 60명에 가까운 학생들은 언제 일할 수 있냐며 물어왔고 농활이 처음이었던 저는 당황했고 학생들에게 비가 그칠 때까지 기다리라는 말밖에 할 수 없었습니다. 다행이 뒤풀이로 준비했던 막걸리를 몸 풀기 용으로 마시면서 한두 시간을 그렇게 보낸 뒤 학생들이 지쳐 갈 때 쯤 비가 멈췄고 오후에는 풀 뽑기 등 간단한 일들을 할 수 있었습니다. 그렇게 저의 첫 농활은 일다운 일은 못하고 돌아왔고 제 학생들도 이번 농활에 대해 실망이라는 이야기를 해 왔고 저는 이를 김성한 교수님께 전달하고 불평했습니다.

그러나 며칠, 한두 주가 지나고 나니 실망과 불평스러운 마음 대신에 작은 일이지만 남에게 도움을 주는 행위를 했다는 마음으로 작은 뿌듯함이 마음속에 자리 잡는 것을 느낄 수 있었을 때 두 번째 농활을 간다고 하시는 김성한 교수님의 말씀에 첫 농활에서 학생들의 불평이 있었음에도 불구하고 또 농활 공지를 해보았습니다. 불평은 온데간데없고 서로들 농활 간다는 학생들의 반응에 정말 놀라지 않을 수 없었습니다. 첫 번째 농활과는 다르게 두 번째 농활에서는 학생들저 모두 열심히 일할 수 있었고 일은 힘들었지만 모두들 즐겁게 해주었습니다.

포도 밭 비닐하우스 철거 작업을 하고 밭도 갈고 김선재 학생처럼 말똥을 치우는 어려운 일을 하는 학생들마저도 즐거워하는 눈치였습니다. 이세한 학생을 비롯한 경희대 학생들, 숙명여대 학생들의 일 열심히, 그리고 잘 하는 모습에 감탄이 절로 나왔습니다. 요즘 아이들은 어려운 일 하는 것 싫어한다는 일반적인 사회적 편견이 깨지는 기회였고 이런 이타적인 학생들의 모습에 우리 농촌이 더 나아가 우리나라의 미래가 일부 언론에서 보도되는 것과는 달리 밝을 수밖에 없다는 생각이 들었습니다. 다가오는 10월의 농활에서는 진정한 봉사의 의미를 다시 한 번 되새기고 실천에 옮기는 기회가 되었으면 합니다.

— 박현주

3) 봉사 수요자의 농활에 대한 평가

제가 원장으로 있는 '가난한 마음의 집'은 그리스도의 정신인 가난과 비움을 모토로 삼는 성인 정신 지체인 시설입니다. 1992년 9월에

설립되었구요. 99년에 지금 살고 있는 가평 율길리로 이전을 했습니다. 이전하고 나서는 포도 농사를 지으면서 28명의 장애인들이 더불어 살아가고 있습니다.

김성한 교수님이 학생들과 함께 이곳에 와서 일손을 거들어 주신 것은 아마도 2000년 정도부터였을 겁니다. 그때부터 지금까지 매년 한 번도 빠지지 않고 찾아와서 농사일에 많은 도움을 주고 계십니다. 특히 우리 시설 일만 도와주시는 것이 아니고 동네 분들 일까지도 도와주셔서 '가난한 마음의 집'이 이곳에 정착하는 데도 적지 않은 힘이 되었습니다. 우리 시설이 장애인 시설이라 주변의 시선이 곱지만은 않은데, 많은 학생들을 동원하여 일을 해 주셔서 이곳 분들의 사랑을 받을 수가 있게 되었지요. 학생들이 와서 일을 해 주는 것은 생각을 해 보지 않았던 것이고, 또 교수님이 제안을 했을 때 별로 도움이 되지 않을 것 같아 시큰둥했는데, 지금은 올 때를 기다리게 됩니다. 마을 분들도 그렇게 말씀하시죠.

농활은 노동의 가치를 되새기게 하며, 모두가 합심 노력할 경우 서로에 대한 신뢰감을 쌓을 수 있다.

전에는 도시에 살았고, 그래서 농사일에 대해 많은 생각을 해 보지 않았는데, 막상 농사일을 하면서 교수님과 학생들의 도움을 받고 나서는 농활을 오는 것에 대해 아주 긍정적으로 생각하게 되었습니다. 무엇보다도 농촌은 일손이 부족한데, 농번기에는 특히 그렇습니다. 이때 일손이 공급될 경우 아무리 일을 서툴게 해도 상당한 도움이 됩니다. 교수님은 제게 종종 묻습니다. 정말 도움이 되냐고. 제가 이 자리를 빌어 확실히 말씀드립니다. 분명 도움이 됩니다. 그것도 많이 도움이 됩니다. 그러니 걱정하지 말고 학생들 데리고 계속 와 주세요. ^^

그런데 이처럼 일에 관한 도움이 아니라고 하더라도 농활을 오는 것은 그 자체로 농촌에 도움이 될 수 있습니다. 젊은 학생들이 방문한다는 것 자체가 농촌에 활력이 될 수 있거든요. 제가 적지 않은 나이임에도 이곳에서는 가장 나이가 어린 축에 속하는데, 이런 곳에 젊은 사람들이 온다는 것만으로도 농촌은 힘을 얻습니다. 일을 많이 하건 적게 하건 그건 문제가 아닐 수 있습니다. 이왕이면 일을 많이 해주면 좋겠지만 그것이 아니라도 젊은 사람들이 농촌에 일손을 도우러 왔다는 사실만으로도 농촌은 활기를 띱니다. 특히 우리 시설에 여학생들이 찾아오면 난리가 납니다. 남자들만 있는 시설에서 늘 남자들만 보고 사는데 갑자기 젊은 처자들이 여럿 방문하니 기분이 어떻겠어요. 이왕이면 학생 중에서 봉사자로 이곳을 오는 분들이 있었으면 좋겠는데 아무래도 이곳이 서울에서 가까운 거리가 아니다 보니…

저는 농활이 농촌과 봉사자에게 두루 도움이 될 수 있다는 교수님의 말에 적극적으로 찬성합니다. 앞에서 말했지만 농활은 농촌에 도움이 됩니다. 농촌은 겨울을 빼고는 늘 일거리가 있습니다. 이 말은 농촌에 오면 언제든지 일손을 거들 수 있다는 말이죠. 아무리 일이 서툴

러도 사람들이 많을 경우 일손을 확실히 덜 수 있습니다. 나는 봉사자
들에게도 좋은 봉사활동이 될 수 있을 것이라 생각하는데요. 당장 좋
은 일을 했다는 보람도 보람이지만 하루 동안 일을 해 보면 농사가 얼
마나 힘든 것인지를 알게 될 것입니다. 그렇게 되면 밥을 먹으면서도
농촌에서의 경험을 떠올리면서 쌀 한 톨이라도 아끼려는 생각을 갖게
되지 않을까요? 외국에서 들여온 농산물을 먹을지 한 번쯤 더 생각해
보게 될 것 같습니다.

이런 경우가 일어나지 않는다고 하더라도 지금까지 농활을 왔던 학
생들이 뒤풀이 시간 때 보여 준 모습은 그들이 좋은 경험을 하고 있다
고 확신을 하게 합니다. 이곳저곳에서 게임을 하다 터지는 시끌벅적한
고함 소리와 노래 소리만 들어도 그들이 얼마나 그 시간을 즐겁게 보
내고 있는지를 짐작할 수 있습니다. 봉사와 재미가 깃든 농활, 여러분
들도 꼭 한 번 경험해 보세요!!!

— 가난한 마음의 집 원장 김경철

4) 학생들의 강의 평가에 드러난 농활의 효과

지금까지의 내용이 학점 때문에 또는 인간관계 때문에 부득이하게
쓴 글이라는 생각을 하는 사람을 위해, 농활의 효과를 공연히 과장
하고 있는 것이 아닌가라는 의문을 품는 사람을 위해, 그리고 농활
이 분명 효과적인 활동임을 확신시키기 위해 학생들이 한 강의 평가
주관식 문항을 공개해 본다. 주지하다시피 강의 평가는 익명성이 보
장되기 때문에 자신의 솔직한 심정을 기탄없이 쓸 수 있는 공간이다.
이는 어떤 목적을 가지고 이야기를 할 필요가 없기 때문에 농활에
대해 학생들이 솔직하게 어떻게 생각하고 있는가를 확인할 수 있는

장場인 것이다. 물론 많은 학생들이 지나치게 과찬을 해줌으로써 원래의 내 모습보다 불필요하게 훨씬 부풀려져 공개되는 것이 그리 탐탁하지는 않다. 그럼에도 이를 공개하는 목적이 '나'에 초점이 맞추어진 것이 아니라 '농활의 실효성'에 맞추어져 있는 것이라 생각하고 읽어보기 바란다. 나는 직접적으로 농활을 거론하고 있는 학생들뿐만 아니라 강의를 긍정적으로 평가하고 있는 학생들 또한 농활을 다녀옴으로써 수업 자체에 대해 긍정적으로 말하고 있다고 생각하며, 이는 내가 농활이 훌륭한 교육 프로그램임을 확신하고 계속해 나가야 한다는 생각을 갖게 하는 원동력으로 작용해 왔다.

느낀 점이나 건의하고 싶은 내용을 적으세요. (500자 이내)

1. 유쾌한 강의이다. 내용을 쉽게 이해할 수 있고, 교수님과의 상호작용도 활발했다. 농활을 가는 기회가 있었는데, 힘들긴 했지만, 의미 있는 시간이었다.
2.
3. 학생들에게 지루하지 않게 수업하시려고 노력하는 교수님의 모습이 보기 좋았다. 강추
4. 일단은 인간과 윤리라고 하면 정말 딱딱한 내용일 것 같아서 괜히 지루하거나 재미없는 수업일 것 같아서 걱정을 많이 하였다. 허나 교수님께서 너무 유머러스하시고 모든 원리를 알기 쉽게 설명해 주셔서 좋았다. 그리고 토요일이나 일요일에 수업을 듣는 학생들이랑 다 같이 농활을 간 것도 좋았다.
5. 토론이 너무 힘들다. 수업을 하실 때 '원주'라는 지명을 말씀하시면서 아는 사람의 실제 있었던 일이긴 하지만 너무 강조한것 같다. 굳이 '원주'라는 지명을 쓰지 않고 그냥 '어느 지방'이라고 말할 수도 있었을 것 같은데요.

6. 봉사활동에 대해 다시 한 번 생각하게 되었다.

7. 너무 좋다. 꼭 추천한다.

8. 인간과 윤리 강의에 딱 맞는 주제와 과제로 수업에 있어서는 대체적으로 좋았던 것 같다. 그리고 교수님께서 유머 감각이 넘치시고, 개념에 대한 설명도 일일이 예를 들어 주시면서, 알기 쉽게 설명해 주셔서 즐겁게 수업을 할 수 있었다.

9. 교수님도 재밌고 수업 내용도 나에게 도움이 많이 되는 주제여서 좋았다. 토론을 통해 진지하게 생각해볼 수 있어서 좋은 것 같다

10. 설명해 주시는 내용이 매우 흥미 있고 학생들의 관심을 끌어 수업을 잘 이끌어 나가십니다. 여러 가지 자료들을 많이 활용하셔서 학습내용에 따른 사례들을 많이 제시해 주십니다. 다른 학우들에게도 추천해 주고 싶은 과목입니다.

11. 윤리에 대해서 쉽고 재밌게 배울 수 있었던 수업이었다.

12 시간표에 인간과 윤리 시간이 맞지 않아 수업을 뺄까도 생각해 보았으나, 수업을 한번 들어 보고 교수님의 유머와 수업 내용이 마음에 들어 듣게 되었습니다. 역시나 수업은 재미가 있었고, 얻는 것 또한 많았습니다. 한 학기 동안 수고 많으셨습니다.

13. 재미있고 분위기도 좋았습니다. 농활이 생각보다 많이 힘들고 재미있지만은 않았지만 독특하고 좋은 경험이었습니다.

14. 현장학습을 통해 하루지만 정말 뜻 깊은 경험을 할 수 있었고 수업을 통해서 봉사활동을 할 수 있었다는 점도 좋았다.

15. 강의 내용은 심오한 반면에 청강생수가 많아서 수업 분위기가 좋지 않은 것이 매우 아쉽다.

16. 철학적인 주제니 조금은 지루할 수도 있을 텐데 교수님께서 설명도 잘 해 주시고 수업 분위기도 좋다. 하지만 나에겐 조금 힘든 수업이었다. 철학적인 주제에 대해 토론을 하라 하셨는데 나는 그에 관한 생각이 별로 없었으므로.

17. 친구들의 권유로 듣게 된 강의, 절대적으로 친구들에게 강추할 예정입니다.^^ 교수님~ 한 학기 동안 수고 하셨구요~^^ 대체 수업으로 간 농

활도 뜻있는 경험이었습니다.^^ 내년에는 꼭 연애도 하고 결혼도 하세요
~ 교수님은 결혼은 못하시는 게 아니라 안 하시는 게 아닐까 생각했습
니다^^ 수고하셨어요^^

18. 최고의 수업 김성한 교수님의 성의 있는 수업 재밌었습니다.

19. 우선 교수님께서 수업을 잘 이끌어 나가셔서 좋았다. 수업시간에 농
활을 갔다 왔는데 대학 들어와서 농활이라는 것을 처음 가본 것이었
다. 정말 유익하고 좋은 경험이었다. 이렇듯 교수님께서는 다방면에서
학생들에게 사유와 실천에 대해 전해 주려고 많이 노력하신 것 같다.
아무튼 한 학기 동안 인간과 윤리 수업을 들으면서 얻어 가는 내용이
많아 유익한 수업이었다고 생각한다.

20. 강의를 통해서 윤리적인 지식만 아니라 직접 농활을 체험해 봄으로써
윤리적인 내용을 실생활에 적용하고 실천하는 법을 배운 것 같다. 지금
까지 남을 위한 봉사를 해본 적이 거의 없었는데 농활을 통해서 세상
을 보는 눈이 더 넓어진 것 같다. 앞으로도 이 강의를 통해 배운 것을
실천하기 위해 노력할 것이다.

21. 사유와 실천. 이번 학기 인간과 윤리 수업에서 얻어가는 가장 중요한
말인 것 같다.

22. 없다.

23. 한 학기 동안 재미있는 수업을 들었습니다.

24. 딱딱한 수업일수도 있는데 교수님의 설명이 재밌고 참 좋았던 것 같
다. 농활을 통해서 몸으로 직접 느끼고, 농촌의 현실이나, 노동의 힘든
것, 그리고 일을 하고 내가 뭔가 도울 수 있고 해냈다는 것에 참으로 기
뻤다. 교수님과 직접 체험해 볼 수 있어서 좋았고, 인간미가 넘치는 수
업이었던 것 같아 남는 게 많다.

25. 조금 지루하기도 했지만 즐거운 수업이었습니다.

26. 이렇게 수업시간이 지루하지 않고 재밌고 즐거웠던 건 처음이었다. 열
정적인 교수님의 강의는 최고 농활이라는 체험하지 못했던 경험도 좋
았다.

27. 윤리에 대해 다시 한 번 생각해 보게 되었다. 너무 재밌는 수업이었다.

28. 교수님과 함께 한 농활, 단순한 지식의 공부가 아닌 끊임없이 생각해
봐야 하는 수업이 흥미 있었다. 필수 과목이면 좋을 것 같다.

29. 이 수업을 들으면서 항상 느낄 수 있었던 것은, 교수님이 정말 재밌으
시다는 겁니다. 인간과 윤리라는 과목명이 자칫 고리타분하게 느껴질
수 있겠지만, 교수님의 유쾌한 강의 방식으로 재밌는 수업으로 느껴졌
습니다. 농활을 가기 전에는 굉장히 부담이 되었지만, 막상 다녀와 보
니 또 다른 좋은 추억으로 느껴졌습니다. 또한, 카페를 통해서 토론을
참여했던 일도 예상외로 재밌었습니다. 이번 학기 때 들은 교양 과목중
제일 재밌었던 과목이었습니다. 교수님^^ 너무 좋아요.~~~~~ 교수
님이 다른 과목을 강의하신다면 그 과목을 꼭 듣고 싶습니다.

30. 모두 알찬 내용이지만 한 시간 내에 다루는 내용이 조금 많게 느껴질
때도 있습니다.

31. 인간과 윤리 과목 이름만 들으면 지루할 거 같았는데 교수님의 수업
방식이 너무 재미있어서 아침 1교시 수업이었지만 늘 기분 좋고 즐거운
강의였습니다.

32. 제가 화요일 1, 2교시 수업 듣는 학생인데 출석을 10분 늦게 부르시는
게 참 좋아요. 아침에 학생들을 배려해 주는 선생님 마음에 감동받았
습니다. 수업도 재미있구요.

33. 대학에 입학하여 이런 수업을 들을 수 있어 좋았습니다. 인터넷상으
로 학생들과 토론 수업을 하고 농활도 갔다 오는 등 인생 공부를 하는
데 많은 도움이 되었습니다.

34. 제겐 농활이 조금 힘들었어요… 추워서…ㅜㅜ

35. 뚫린 관점을 얻게 된 좋은 수업이었다.

36. 재밌어요 ㅋ

37. 일상생활에서 잊고 있는 것을 꺼내어 뭔가 큰 깨우침을 주신다.

38. 수업도 좋았고, 농활도 뜻깊었습니다!

39. 사람이 살아가면서 생각해야 할 것들을 배웠다. 한번쯤은 꼭 들어봐
야 할 것 같은 강의이다. 농활 프로그램도 좋고, 여러 가지 동물의 도덕
적 지위나 성, 안락사 등 좋은 주제였던 것 같다.

40. 정말 다른 학우들에게 추천하고 싶은 과목이에요. 교수님의 재치와
    센스. 지루하지 않게 많은 시청각 자료와 그 외의 부수적인 정보들이
    참 유익했고요. 농활은 정말 잊을 수 없습니다. 말로 백번 듣는 것보다
    한번 체험하는 것이 확실히 낫다는 말. 정말 절실히 깨달았습니다. 그
    리고 토론하는 것도 정말 유익했습니다. 무언가에 대해 깊이 생각해 볼
    수 있는 계기였습니다. 인간과 윤리 화이링 ㅎㅎ

41. 감사합니다.

42.

43. 한 학기 동안 정말 즐거운 수업이었습니다. 농촌봉사활동도 너무 좋
    았어요^^

44. 교수님의 재치 있는 강의가 좋았어요.

45. 윤리 과목이라 그런지 평소에 생각하지 못했던 걸 생각해 보는 시간
    을 많이 가지게 되었던 것이 참 좋은 수업이었던 것 같음.

46. 재미도 있고 여러 가지 생각해 볼 것도 많은 좋은 강의~

47. 너무 알차고 재밌는 수업이었습니다. 친구들의 말만 듣고 솔직히 공부
    열심히 안 해도 되겠구나 하는 생각으로 수강신청 했던 게 사실이나,
    기대했던 것 이상으로 제게 많은 생각을 남겨 준 수업이었습니다. 교수
    님 감사합니다.

48. 인간과 윤리. 김성한 교수님의 진정한 인간다운 면모와 실천하려고 노
    력하는 모습에 반했습니다. 처음 가보는 농활. 교수님 덕분에 많은 것을
    깨달았습니다. 감사합니다.

49. 교수님의 수업방식이나 농활을 가는 것 좋은 것 같애요.

50. 교수님 강의 너무 재미있고 좋았다 그러나 1교시 수업이여서 출석을
    많이 못했다 그래서 너무너무 아쉽다 재수강 꼭 해서 제대로 수업 듣
    고 싶다.

51. 조금 힘들었지만, 농활 갔던 것도 좋았구요^^ 배우는 내용이 지금까지
    생각해 보지 않았던 내용도 있어서 조금 어렵기는 했지만 많은 걸 배웠
    습니다.

52. 교수님께서 정말 즐겁게 수업을 듣게 해주신다.

53. 농활을 처음 가보았는데 힘들었지만 나름대로 즐거웠던 것 같습니다.

54. 교수님이 너무 재치 있으시고 수업시간에 쓰여졌던 준비자료가 좋았던 거 같다.

55. 정말 좋은 수업이었습니다. 평소에 윤리를 별로 좋아하지 않았는데, 조금 철학적으로 보는 눈을 배웠습니다.

56. 교수님께서 지루하지 않게, 재미있게 수업을 진행해 나가셔서 즐거운 시간이었다고 생각한다. 다만, 1, 2학년들이 대부분인 수업이어서인지 많이 소란스럽고 산만한 점은 개선되었으면 좋겠다.

57. 농활 너무 재미있었고 유익한 경험이었습니다. 그리고 두 번 이루어진 인터넷 토론도 여러 가지 사회문제에 대해서 생각해 볼 수 있는 계기가 된 유익한 경험이었구요. 다른 학우들에게도 추천해 주고 싶습니다.

58. 재미있었고, 유익했습니다.

59. 너무 애들이 시끄러워서 집중할 수 없었어요 ㅠㅠ

60. 재밌었습니다. 즐겁게 수업해서 좋았습니다.

61. 교수님이 너무 재밌으신 거 같아요. 재미있는 강의였습니다.

62. 재미있고 생각하게 하는 수업, 토론할 때 조금 압박이 있지만 다 나를 성장하기 위한 거니까? ㅋㅋ 좋았어요 한 학기 동안 ^^

63. 농활 힘들었지만 재미있었어요~ㅋ

64. 좋았다.

65. 농활도 수업도 너무 기억에 남아요.

66. 색다른 수업이었다. 많은 영상들을 보여 주시면서 자칫 지루할 수 있었던 수업이 너무 재밌었고 교수님이 일단 너무너무 좋으셨다.

67. 교양과목이라 그런진 모르겠지만 너무 시끄럽더군요.

68. 수업 분위기가 문제가 많았다고 생각합니다.

69. 재밌었어요.

70. 한 학기 동안 수고하셨습니다 재미있는 강의였습니다.

71. 노력하시고 주관이 뚜렷하신 교수님 너무 멋져요.

72. 교수님 한 학기 동안 넘 재밌었어용~! 수고하셨습니다~~

73. 교수님이 학생들에게 참 잘 대해 주시는 것 같다. 원래 교수님과 학생

사이에는 보이지 않는 벽이 존재하기 마련인데 그런 느낌 없이 편안하고 재미있는 강의였다. 농활과 카페 토론 등 평소에 접할 수 없는 활동이 많아서 특별했던 수업이었고, 교수님께서 간간히 보여 주시는 비디오도 눈을 뗄 수 없는 재미있는 내용과 사회 저변의 일들도 알 수 있는 좋은 내용이 많았다. 사회에서 이슈로 다루어지지만 깊게 생각해 보기는 어려운 주제들에 대해서도 심도 있게 생각해 볼 수 있는 시간이었다.

74. 시험이 서술형으로 이루어진다고 해서 이번 학기 때 신청한 건데, 이번 기말고사 때는 외운 거 그대로 적는 식으로 출제된다는 말에 처음으로 수업 들은 거 후회했습니다 ㅜㅜ 외운 거 그래도 적으면 분별력이 없다고 생각합니다 ㅜ 뭐 준비는 열심히 하겠지만;; 이 과목은 학생의 생각도 많이 중요한 것 같습니다. 그리고 한 번도 수업에 졸지 않고 임했습니다 ㅋㅋ 교수님 너무 위트 있으시고 ㅋㅋ 동영상 자료도 많이 보여 주셔서^^ 정말 좋은 다큐도 많이 보고~ 마니 배웠습니다.^^

75. 제발, 성적 잘 주십시오ㅜㅜ

76. 좋았습니다^^ 온라인 토론이 참 좋았습니다~

77. 이 수업 진짜 좋아요 !

78. 한 학기 동안 좋은 강의해 주셔서 감사합니다. 매 시간 너무나 즐거운 시간이었습니다. 또 교수님을 뵙고 싶어질 거 같습니다.

79. qq

이제 농활이 최소한 형식적인 봉사활동이 아니라는 정도는 독자들이 충분히 알게 되었다고 생각한다. 한마디로 이는 봉사자와 봉사 수요자 모두에게 긍정적인 효과를 발휘할 수 있는 프로그램인 것이다. 글을 올리고 평가를 한 학생들 중에는 지금도 계속 만나고 있는 학생도 있지만, 지금 어디에서, 무엇을 하며 지내는지 모르는 학생들이 대부분이다. 하지만 나는 믿고 싶다. 함께 땀을 흘렸던 모든 학생들이 자신이 속해 있는 어디에선가 꾸준히 어려운 이웃에 관심을 가지고 살아간다는 것을. 그리고 설령 지금 당장은 아니라고 하더라도, 살면서 언젠가는 더불어 사는 것에 대한 관심을 환기하여 주변 사람들과 함께 나누는 삶을 살아갈 것임을.

얼마 전 이익현 할머니께서 내 손에 살며시 쥐어주신 금반지. 나는 이 반지의 의미를 평생 가슴에 담아두고 살아가기 위해 노력할 것이다.

지은이 김성한

고려대학교 불문학과를 졸업하고 동 대학교 대학원 철학과에서 박사학위를 받았으며, 현재 숙명여대 의사소통센터에 재직하고 있다. 저서로는 『생명윤리』, 『인간 본성에 관한 철학 이야기』(공저), 논문으로는 「도덕에 대한 발달사적인 접근과 메타 윤리」, 「오늘날의 진화론적 논의에서 도덕이 생래적이라는 의미」, 역서로는 『동물 해방』, 『사회생물학과 윤리』, 『프로메테우스의 불』, 『동물에서 유래된 인간』, 『섹슈얼리티의 진화』 등이 있다.

어느 철학자의 농활과 나누는 삶 이야기

2013년 5월 15일 초판 1쇄 발행
2013년 11월 20일 초판 2쇄 발행

지은이 김성한
펴낸이 권오상
펴낸곳 연암서가

등록 2007년 10월 8일(제396-2007-00107호)
주소 경기도 고양시 일산서구 대화동 2232번지 402-1101
전화 031-907-3010
팩스 031-912-3012
이메일 yeonamseoga@naver.com
ISBN 978-89-94054-37-7 03190

값 15,000원